创意媒体

CREATIVE MEDIA

BFA-MCMC

PART I 第一辑

主编 王鸿海 卢斌

执行主编 牛兴侦

社会科学文献出版社
SOCIAL SCIENCES ACADEMIC PRESS (CHINA)

《创意媒体》编委会

主　　任　王鸿海

副 主 任　宋鸿荣　王承廉

委　　员　（按照姓氏笔画排序）
　　　　　　马宁顺　　牛兴侦　卢　斌　司徒兆敦
　　　　　　巩如梅　　刘汁子　吴　昊　周登富
　　　　　　郑雅玲　　段　佳

主　　编　王鸿海　卢　斌

执行主编　牛兴侦

· 创刊词 ·

构建创意媒体创新发展研究平台

通览人类社会的发展变迁,每一次信息技术革命都成为科技进步和社会发展的重大推动力,不仅促进了经济社会的快速发展,而且对社会文化和人类文明产生了深刻的影响。造纸术、印刷术的发明,不仅带来了图书、报刊和印刷业的繁荣,而且对人类数千年来的思想交融、知识积累、文化传承、文明演进产生了重要影响;电子技术的发展,带动了电影业、音像业和广播电视业的兴盛,开启了人类电子文明的新纪元;计算机技术、数字网络技术和现代通信技术的出现,更是给人类社会带来了翻天覆地的变化,在政治经济、文化教育、社会交往、生活娱乐等方面带来了新的变革,把人们带入了前所未有的信息社会和知识经济时代。

今天,在数字化和网络化的全球浪潮席卷下,人类社会的信息生产和传播模式发生了极大变革,特别是以电脑、手机等为代表的新媒体作为现代媒体的集大成者,不仅把文字、图片、音频、视频等多种信息传播载体融于一体,而且还能实现互动传播。SNS(社交网络服务)、微博等自媒体的出现更是使得人人都有可能成为信息的发布者,土豆、优酷等视频分享网站的风行更使人们成为拍客和播客,使得 UGC(用户生成内容)模式成为了 Web 2.0 概念的典型特征。

我们欣喜地看到,随着新媒体的崛起,人类社会正在逐步还原信息内容的原生态价值,由过去的"内容无价而广告有价"回归到"内容价值"本身。信息化这一知识经济的先决条件,使得原本隐含在人类劳动中的"创意"内涵,越来越被作为现代生产的主流含义凸显出来,从制造到创造、从工业化到艺术化,直至上升到创意经济的高度。而互联网和数字技术也激活了信息的发散运动,植根于普罗大众的草根创意借助互联网平台开始出现,《一个馒头引发的血案》《老男孩》等网络短片、微电影在亿万网民中广为流传开来,《愤怒的小鸟》《植物大战僵尸》等小型工作室的游戏产品在全球市场火爆异常,在渐行渐近的知识经济时代彰显出由创意肇始形成的版权内容的巨大商业价值。

发展文化创意产业需要三方面的人才,即创意人才、创意经营人才和创意管理人才,这也决定了创意产业教育的三大领域,即创意教育、创意经营教育和创意管理教育。其中,创意教育是以培养创意人才为目标的,可以说这是整个文化创意产业教育的基础和核心——因为,如果没有创意人才、没有创意,那么所谓创意经营、创意管理也就成了一句空话。

北京电影学院现代创意媒体学院为满足不同社会群体不断增长的多层次、多样化的教育需求,在北京电影学院雄厚的办学基础上拓展新的学科专业和发展空间,着力培养国家急需的既精通影视艺术又能掌握现代科技的数字影视制作、新媒体艺术、网络艺术、动漫游戏设计制作和影视媒体经营管理的复合型人才。北京电影学院现代创意媒体学院作为国家教育部批准设立的一所本科层次全日制学历教育的高等院校,下设文学、导演、表演、摄影艺术与技术、视觉艺术、录音艺术与技术、动漫艺术、传媒管理8个系别,开设有戏剧影视文学、广播电视编导、戏剧影视导演、表演、录音艺术、摄影、影视摄影与制作、戏剧影视美术设计、绘画、数字媒体艺术、动画、公共事业管理、文化产业管理13个专业。北京电影学院现代创意媒体学院以强综合、厚基础、重实践作为办学理念,把以人为本、传承创新、教授治校、学术治学作为办学指导思想,基于科技与艺术结合的教育发展理念,成为国内一流的媒体创意教育和产学研一体化发展机构。

为适应北京电影学院现代创意媒体学院的发展需要,学院积极创办了《创意媒体》学术集刊,以此促进学院的人才培养与教学、科研工作,为学院的可持续发展创造良好的学术基础和文化氛围。《创意媒体》将着力体现"前沿性、创新性、科学性、可读性"的办刊思想,不断提高办刊水平、活跃学术气氛,通过促进学术灵感的产生和学术观点的碰撞,达到营造良好学术环境、整合优质学术资源的目的。我们由衷地希望《创意媒体》能够构建起一个多元的创意媒体创新发展的学术研究平台,深度探讨知识经济背景下的创意经济发展与媒体产业、影视市场、文化传播等领域中的热点问题。对此，我们提倡"学术争鸣"，崇尚学术创新，力求及时关注和研讨创意媒体发展的新技术、新方法、新成果、新进展；我们鼓励采用交叉学科研究方法，旨在借鉴不同领域和学科的思维模式，来促进现代创意媒体和影视创意产品的突破发展。期待《创意媒体》在广大读者、作者的共同支持和呵护下，办出特色与水平，成为促进我国文化创意内容产品和传播媒体产业发展的重要研究平台！

北京电影学院现代创意媒体学院院长

目 录

·影视传播·

中国电影与韩国的国际碰撞
　　——中国电影通过软实力追赶好莱坞 …………… 布莱恩·耶西斯 / 1
逃离扁平的世界
　　——立体电影Z轴空间与美学探究 …………… 高　盟　刘跃军 / 22
电影观赏的三个转向 ………………………………………… 巩继程 / 29
产业规模再次升级　经营模式悄然转型
　　——2012年中国电影业发展评析 …………………… 朱玉卿 / 38
探究中国艺术电影的市场化运作 …………………………… 李南南 / 52
政府行政管理对电影产业发展助推作用的分析研究 ………… 于　超 / 61
2012年中国电视媒体的融媒战略述评 ……………………… 李璐瑶 / 71
浅析2012年中国声乐类选秀节目 …………………………… 刘小诶 / 77
《中国好声音》"制播分离"商业模式分析 …………………… 孙淑珍 / 86

·动漫游戏·

反观中国"美术片"中的国际化元素 ………………………… 孙　进 / 93
对中国动画电影"品牌化"策略的思考 ……………………… 於　水 / 101

动画作品中色彩语言的表意功能
——以动画系列电影《魁拔》为例…………………………李　静／108
2012年中国游戏行业热点综述…………………………………李晓彬／120
国产游戏的品牌化发展方向………………………张兆弓　刘跃军／128
对于游戏设计源头——游戏性的探索…………………………李　刚／138

·版权经济·

论我国电视节目模板的著作权保护……………………………高冠群／146
中韩电影贸易竞争力比较研究…………………………………庄增晗／163
版权与电影：市场经济下的中国电影…………………………管燕秋／172

·广告营销·

2012年电影映前广告市场现状和发展趋势………………刘　嘉　查　巍／179
社交媒体铸就中国低成本电影"盈"销新时代…………………刘　磊／198
新媒体时代的电影营销…………………………………………阎晓娟／206
电影项目的企业广告植入策略研究……………………………顾洪洲／213

·网络媒体·

微电影的发展策略研究……………………………马　卫　史玉红／227
2012年台网联动现状和发展趋势………………………………赵梦萍／242

·创意设计·

浅析互联网品牌中的动漫形象…………………………………曹　鑫／250

·演艺娱乐·

中外影视产业基地对比研究 ………………………………… 李明嵩 / 259

·文化会展·

浅谈我国文化会展业发展现状及其作用 ……………………… 李南南 / 269
动漫展览在移动互联网时代的设计传播研究 ………………… 王馨欣 / 275

·影视传播·

中国电影与韩国的国际碰撞
——中国电影通过软实力追赶好莱坞*

布莱恩·耶西斯**

【内容提要】 本文旨在讨论笔者对于2012和2013年中国当代电影通过跨国制作增强国际吸引力的理解，采用由外及里的角度进行分析。为了达到这一目的，笔者分析了两大促成中国电影行业快速转型的发展因素：(1) 不断增加同韩国（中国重要的贸易伙伴）电影行业从业者和公司在电影后期制作方面的合作；(2) 中国电影在国际电影节上广受好评，特别是2013年举办的第十八届釜山国际电影节上电影制作人、创作团队及外国影评人对于中国电影的反应。笔者认为，中国电影通过国际联合制作的形式，提升其对于特定的国际观众的吸引力和国内电影的软实力及未来发展空间。

【关键词】 中国电影　国际合作　软实力

自中国共产党第十七届五中全会讨论制定"十二五"时期发展规划以

---

* 本研究课题得到了韩国基金、韩国研究学院和澳大利亚—韩国基金会的资助。
** 布莱恩·耶西斯（Brian Yecies），澳大利亚伍伦贡大学传播与媒体专业教授，韩国大邱启明大学客座教授（韩国学术界全球学者）。著有《韩国电影的变迁》《韩国电影：1893～1948》等著作，并在《韩国学报》《亚太周刊》《亚洲电影》《澳大利亚历史研究》《第一个星期一》《韩国研究国际评论》《韩国研究周刊》《韩国周刊》《韩国观察》《澳大利亚国际媒体》《历史银幕》等杂志上发表了大量论文。
本文翻译：周璐，北京电影学院现代创意媒体学院。

来，中国电影行业就变得比以往任何时候都更加国际化，即增加了国内与国外在电影制作、后期制作和观众接受方面的融合，这也帮助中国电影行业形成了一种新特点。这些发展变化逐渐使得中国电影更加吸引国内外观众，反过来又增加了中国潜在的软实力，即中国制作的媒体产品在视觉上更加震撼人心，在情感上更加扣人心弦。

近年来，中韩两国电影行业本着互惠的精神，紧密地合作在一起，特别是第十八届釜山国际电影节在2007年将冯小刚导演的《集结号》（2007）作为开幕电影进行播放。釜山国际电影节给予这部动作战争片的突出地位显示出中韩两国在电影上的合作向前跨了一大步，不仅因为该片制片方——华谊兄弟在当时是最具潜质且有能力驾驭大制作的民营公司，而且还因为韩国动作及特效专家——韩国战争电影《太极旗飘扬》（2004）的原班团队在《集结号》中投入了大量精力。中韩两国电影行业紧密而又持续的联系把釜山国际电影节的焦点都聚集到了中国电影之上。釜山国际电影节是目前世界上最大的亚洲电影节和亚洲电影市场，同时也是将中国电影推广到全球电影行业的关键之地。这种由非中国行业领军者及从业者（及政府官员）引导的对于中国文化内容的瞩目，是中国软实力不断增强的关键因素。为使这种软实力更加有效，需要一国文化内容的消费者首先能够接触此国文化内容，其次正如术语所暗示的，能够通过自己选择或通过原产国之外人员的推荐，而不是被任何形式所迫，接触这些文化内容。所以当个人或团体愿意接触通过口口相传推广的别国的文化内容时，通常特别令人印象深刻，这的确也是软实力成功的一个秘密所在。中国电影的这两个发展变化结合在一起，不仅能够促进中国电影的跨国制作——无论全部或部分在中国国内或国外制作，或同非中国合作方合作制作，而且能够扩大传统意义上对于"中国民族电影理解"的范围。

一　中韩电影联合制作逐步深入

自2010年10月中国共产党十七届五中全会召开以来，电影制片人、观众及政策制定者经历了快速变化及挑战，2012年正是深入观察中国电影行业的绝佳时机。通过国际合作、广泛的共同制作、协同制作安排及全球范围内技术精湛的从业人员提供的特效和后期服务而制作的数部"高概念"类型电影，中国国内电影的制作已经达到了一个新高度。2012年初，外国电影（主要为好莱坞电影）准入数量由 20 部增加到 34 部，增长了 170%。① 另外，多功能放映厅影院的数量继续增加，到 2013 年增加至 15000 家，这对于 2012 年估计的 11200 家、2010 年底的 6000 家及 2008 年底的 1500 家来说，是极大的增长。3D 电影（商业机构而非艺术剧院统计）上映数量激增，创造新票房纪录的影片以 3D 类型电影为主。另外，无论小成本还是大制作的中国电影在其片尾致谢中加上国际特效、后期及音效公司（员工）、外国咨询公司及经理的名字已经成为一种常态，这显示了东亚出产的影片越来越多地通过合作进行制作。②

大多数读者可能对这些统计数据都非常熟悉，对中国电影行业未来的潜在影响也非常熟悉。然而，读者不完全明白的则是，外国人如何理解中国电影的这些快速发展变化。毫无疑问，中国电影行业及中国文化在这些方面的"开放"，在促进国内电影成为中国新兴"支柱产业"上发挥了重要作用。很多私人公司对该扩张战略作出了很多贡献，2013 年末大连万达集团通过王健林总裁提出的在 2017 年将把青岛打造成中国最新的电影中心的大规模投资计划，成为业界领袖。③ 由于万达在中美两国（万达在 2012 年 5 月以 26 亿美元收购了位于美国的电影连锁公司 AMC Theatres）都是极具实力的放映商，竞争影院运营商意识到他们需要同万达建立联系，正如之前他们希望获得大规模的影片发行而不得不同中影集团建立合作关系一样。2013 年，由于中国已经拥有众多影院设施以及两个大型国家级电影节，业界所有目光都聚焦到了万达及其青岛计划之上。万达能够建成电影中心，但观众会前往观看吗？

鉴于这些发展变化，不消说，好莱坞主要电影公司将在中国快速实现经

---

① 34 部外国电影仅指利润分红电影；同时国内放映的外国电影还有一些固定费率电影。由于政府的正式安排，这 34 部电影在票房销售方面自然能够享受特权。然而，有时固定费率电影的售票也会优先，特别是在《敢死队》（2010）成功之后，新兴发行人开始向好莱坞电影超额支付费用，以确保影片的多样性。固定费率体系的其中一个好处是电影的原始外国制片人/发行人，不必非得信任当地合作伙伴准确上报票房收入，票房收入上报问题已经成为毒害全球电影行业的一大问题。所以，外国制片人/发行人只需在收到所有付款后，才向当地合作伙伴提供影片。

② 除了本文讨论的韩国后期制作公司提供很多帮助之外，来自泰国的后期制作公司，如 Oriental Post 公司、Postique 公司及 Kantana Laboratories 公司，对中国电影也作出了极大的贡献。

③ 克利福德·库南，*Hollywood Reporter.com*，"中国万达作为好莱坞顶级支持商启动 82 亿美元电影基金"，2013 年 9 月 21 日，详见 www.hollywoodreporter.com/news/chinas-wanda-unveils-82-billion-633772。

济和文化梦想中分得一杯羹。这听起来似乎不言而喻，但上文提及的国际化及跨国化战略实为中国电影行业在电影制作的数量及质量方面，如何继续缩小同好莱坞的差距，同时继续坚持协同合作之路。

两部影片揭示了中国电影继续保持上升势头靠的是超自然奇幻题材这一事实，即动作浪漫片《画皮Ⅱ》（2012年，乌尔善导演），中国最卖座的电影之一，该片根据中国志怪合集《聊斋志异》改编；周星驰和郭子健2013年导演的动作喜剧片《西游降魔篇》。这两部影片对于中国电影及电影历史来说都非常重要，因为它们在2012和2013年各自都是中国历史上票房最高的国产电影。这两部影片都超过了之前的预测：《画皮Ⅱ》票房收入超过7亿人民币（折合1.15亿美元）；《西游降魔篇》票房赢利12.4亿元人民币（折合2亿多美元），几乎是《画皮Ⅱ》票房的两倍。这两部电影放映头几天的收入就达到了总收入的大半，并且这两部影片的票房表现远超同期在华放映的几乎所有好莱坞影片。① 根据"中国2012年度十大影片"排名，《画皮Ⅱ》是当年中国放映的票房第三影片，打败了好莱坞大片《碟中谍4》、《复仇者联盟》、《少年派的奇幻漂流》、《黑衣人3》、《冰河世纪：板块漂移》和《地心历险记2：神秘岛》，但未能战胜《泰坦尼克号》（1997）3D重制版。② 并且，根据2013年"中国年度票房"临时数据，《西游降魔篇》已经战胜了好莱坞大片《钢铁侠3》、《环太平洋》、《速度与激情6》及《超人：钢铁之躯》。③ 难怪美国电影行业中的大公司和外国影评人现在都紧紧盯住中国电影市场正在发生的大事。

对于国外的电影观察员来说，中国制作的电影类型的范围开始有所扩大——尽管扩大速度与大多数人期盼的相比有些缓慢，但是中国电影的商业市场开始扩大。中国广电总局官员同好莱坞主要公司就"警告"交换了意见。一些媒体头条，如《中国电影审查机构的警告：合拍片的"合"还不够》④ 和

---

① 尽管《画皮Ⅱ》未在韩国进行商业发行，也未在BIFF进行放映，但该片在2012年11月9日韩国光州国际电影节的"家庭电影"板块（此举非常奇怪）进行了放映。
② 见：无名氏，*Screen Daily.com*，《2012年中国票房概览：中国成为世界第二大市场》，2013年1月21日，文章详见：http://www.screendaily.com/china-box-office-round-up-2012-china-becomes-worlds-second-biggest-market/5050843.article。
③ 票房魔咒网，《中国年度票房》，文章详见：www.boxofficemojo.com/intl/china/yearly。
④ Laurie Burkitt，《华尔街日报——中国：中国实时报道》，2012年8月27日，文章详见：http://blogs.wsj.com/chinarealtime/2012/08/27/warning-from-china-film-watchdog-not-enough-co-in-co-productions/. Accessed 22 November 2012。

《中国为好莱坞感到脸红》①,仍在为电影的功能与目的、本地与国际电影公开上映,以及中国与好莱坞、中国与其他国家就其他形式电影的合作前景等论争火上浇油。同时,正如大多数观察员所认识到的那样,获批引进的外国电影的类型同那些国内允许制作的电影之间有很多的分歧(更不用说那些国内官方制作的电影),同通过互联网下载(包括合法及非法下载)或街上购买的不计其数的国际电影之间产生巨大分歧。②

同电影周边市场遭遇的挑战形成对比的是中国整合营销传播(IMC)活动的史无前例的扩张,其中包括卡通人物授权、商业推广、主题公园及房地产开发、移动及网络游戏、广告植入及促销搭卖等商业项目,这些项目都是为了竭力延长一部电影及与其相关的知识产权的商业生命,并无限增大其收益。中国主要的私人电影公司从未放慢"一种资源,多种利用"(OSMU)的脚步,这些周边产品及推广策略为一部电影资源衍生出了非常多的副产品(例如网络游戏、电影人物文具盒、鞋子及背包)及搭卖活动(例如麦当劳的儿童套餐)。在好莱坞,这被称为"斯皮尔伯格"或"乔治卢卡斯"方法,即全方位的周边产品营销策略。鉴于好莱坞纵向及横向整合处于领先地位,近期游戏文化出现的繁荣景象及全球范围内推出的超高速宽带网络——帮助整合网络及移动游戏,所以许多当地和国际观察员正在殷切观察《画皮Ⅱ》周边网络及移动多玩家在线角色扮演游戏,该游戏由北京麒麟网文化股份有限公司为电脑和手机玩家开发。显然,电影制片商希望能从拥有12亿玩家价值704亿美元的全球游戏产业中分得一杯羹。③

中国在整合营销传播创新的另外一个例子为,品牌娱乐公司淘米科技有

---

① Leo Lewis:《英国时代周刊》,《中国电影制作公司受命向美国队长开战》,2012年12月12日,文件详见:http://www.thetimes.co.uk/tto/arts/film/article3596908.ece。
② 在variety节目采访克利福德·库南中,华谊兄弟总裁王中磊重述了那句著名的讽刺之语,即中国影片进口人员审查分类美国电影的能力(例如超自然幻想冒险故事《哈利波特与死亡圣器》,2011年8月中国首播一星期就获得了29716871美元的票房),以及由于政府的限制,中国电影公司却无法制作这种类型的电影。见克利福德·库南《大陆的主角》,variety节目(2012年10月1日),428(8):8及《2011年8月1~7日中国票房》,票房魔咒网。文章详见:http://www.boxofficemojo.com/intl/china/?yr=2011&wk=31&p=.htm。
③ Peter Warman,《Newzoo发布最新报告:全球游戏市场2013年增长6%,达704亿美元》,2013年5月22日刊发与Newzoo.com。文章详见:www.newzoo.com/press-releases/newzoo-announces-new-report-and-projects-global-games-market-to-grow-6-to-70-4bn-in-2013。

限公司及其系列动画片《赛尔号》，该系列动画片同时也在台湾进行了发行。淘米公司成立于 2007 年，是中国最早成立的首批儿童娱乐媒体公司之一，用于开发娱乐为基础的儿童教育类节目，授权补充跨媒介平台战略。2013 年，淘米公司的"摩尔庄园"（公司称之为大中华区最好的网络游戏）及其他《赛尔号》故事（包括《摩尔传奇》）和人物，通过虚拟社区链接到该公司的网络视频网站、书刊杂志、生活乐趣博览会及其他活动、电视动画片及主体电影，吸引了 1 亿多（2012 年中期数据）儿童进行观看。淘米公司同时也为苹果 iOS 系统开发了一款热销的动画应用（提供简体和繁体中文及英语），该应用于 2012 年 8 月可从苹果应用商店中（通过 iPhone、iPad 和 iPod touch）进行下载。通过在影院购买电影票，儿童进入网络游戏世界，这种策略反过来又能增加影片的票房收入。该跨媒体制作的最近一部电影《赛尔号 3：战神联盟》（2013）是一部 3D 类型的数字科幻冒险电影，讲述了太空探索机器人决心同太空海盗作战并保护环境的故事。该部影片截至 2013 年 7 月在中国的票房收入为 7620 万元人民币（折合 1250 万美元），比前两部《赛尔号》票房之和还要多。

《画皮Ⅱ》延伸了整合营销传播活动并增长了"一种资源，多种利用"的"制作"，这部影片是中国跨国电影新演变类型的典范，即通过一系列国际协作（例如，韩国的 CJ Powercast 公司、Next Visual Studio 公司及 Lollol Media 公司合作完成了该片的 VFX 及 2D/3D 数码中间片工作），以及数个积极的本地制片人（华谊兄弟、宁夏电影集团、鼎龙达和麒麟网）合作完成，他们对于中国极具挑战的审查体系都非常了解。中国电影的国际协作已经有了很长的历史，但 2012～2013 年这种协作达到了一种全新的高度。特别是那些由韩国电影公司及电影行业从业者参与的影片为中国电影的快速发展作出了贡献，并且帮助中国电影制作人以亚洲的方式同好莱坞竞争。

在过去的五年时间里，中国票房前十名的影片中有 20%～30% 为有至少一家韩国电影公司参与制作的中国国产电影。例如，2009 年韩国 MAGE 公司（特效化妆及发型）、Demolition 公司及 HANIL Engineering 公司（特效）参与制作了吴宇森导演的《赤壁 2》以及张艺谋导演的《三枪拍案惊奇》（2009）。2010 年，MAGE 公司、Demolition 公司和 HANIL Engineering 公司同韩国其他动作指导、特技协调及首尔杜比电影声效工作室 Bluecap

Soundworks 公司，一道参与制作了冯小刚导演的《唐山大地震》（2010），该片是中国票房表现最好的电影之一。除了这些影片，北京 HFR 后期制作公司中的韩国员工，包括李龙起（数码中间片监制）、李治允（数码中间片制片人）、Ethan Park（数码中间片调色师）及其他几位数码媒介技术人员和项目经理，帮助冯小刚导演的《非诚勿扰 2》（2010）和徐克导演的《狄仁杰之通天帝国》（2010）进行影片修饰。釜山 AZ works 公司通过《狄仁杰之通天帝国》一片获得了台湾金马奖最佳视觉效果奖。①

2011 年至 2013 年上半年（截至 6 月），在中国工作的韩国电影从业者继续稳固他们的地位，同时还从中国电影行业的快速扩张中获得了宝贵的经验。诸如首尔 Digital Idea 及北京 Lollol Media 等公司，为一些票房极佳的影片提供了制作经验及数码中间片效果：徐克导演的 3D 电影《龙门飞甲》（2011）；成龙导演的《十二生肖》（2012）；由管虎导演，并由李治允担任制片的古装片《厨子痞子戏子》（2012）；由陈正道执导、根据日本富士电视台 20 世纪 90 年代早期热播电视剧《101 次求婚》改编的现代浪漫喜剧《101 次求婚》。② 然而，迄今为止中韩协同制作的最高票房影片为周星驰导演的《西游降魔篇》（2013）。关于这部动作戏十足的 3D 电影，韩国 Macrograph 公司及 Moneff 公司，同洛杉矶 Venture 3D 公司经营的韩国 250 人规模的视觉特效工厂一道合作完成了该片惊人的视觉效果；首尔 Locus 公司负责影片关键的 CGI 场景以及电影角色周边许可产品。③ 《西游降魔篇》片尾致谢名单中的韩国公司及从业者的人数比任何其他在中国制作的影片都要多，这展示了中国电影国际化的广度和范围日益增长。

---

① Han Sunhee，variety.com，《韩国鼓励吸引外国商机》，2011 年 5 月 14 日，文章详见：http://variety.com/2011/film/news/korean-incentives-boosted-to-lure-outside-biz-1118036655/。韩国公司 M – Nine（3D 作品）公司、Atom Post Production 公司及 Kinomotive 公司也在参与这一项目，在韩国这些制作还从釜山电影委员会设立的后期激励项目中获得了实物支持。

② 日本电视剧《101 次求婚》的重生非常有意思。1993 年，该电视剧在韩国作为长片电影翻拍，取名《101 次求婚》。此片由文成根和金喜爱担任主演。然后该片又在 2003 年翻拍为 20 集汉语—韩语电视连续剧，由韩国女演员崔智友担任主演。后来，该片又于 2006 年被翻拍为 16 集韩国电视剧。

③ 洛杉矶 Venture 3D 公司由经验丰富的制作及后期创意 Marcus Englefield、George Lee 及 Paul Ottosson 于 2008 年建立，该公司是其美国运营团队同金正律（及其夫人，其夫人是一位 3D 电影导演）的韩国渲染工厂的联营公司。金正律在韩国先进科学技术研究院（KAIST）开发了公司的专有立体转换软件。

新近成立的华林映像公司位于北京市朝阳区七棵树创新园区内，由经验丰富的前 HFR DI 专家朴相洙担任总经理及首席调色师。截至 2013 年底，该公司完成了三部电影，其中包括：由邓尼·戈登（生于美国）执导的浪漫爱情片《非常幸运》（2013），该片由章子怡和王力宏主演；王光利执导、王晶制片，即将上映的动作惊险片《制服》（2013），该片现在已经以《冰裸杀》之名于 2013 年由 Mega – Vision Pictures 公司引进美国电影市场并上映。《非常幸运》是 2009 年上映的由中韩两国联合制作的电影《非常完美》的前传。《非常完美》由章子怡、苏志燮、范冰冰、林心如、何润东和姚晨主演，并由北京完美时空文化传播有限公司同韩国希杰娱乐株式会社合作拍摄。目前，Forestt Studios 公司还有另外 15 部影片需要在 2014 年中期之前完成。中国每年制作的电影数量增长迅速，确保了国内及国际从业者和公司的数码中间片及视觉效果的工作量。

列举韩国从业者参与制作的所有中国电影不太现实。2009 年之前完成的优秀合拍片包括：陈凯歌导演的《和你在一起》（2002），该片由韩国电影摄影技师金炯求及韩国制片人 Lee Joo – ik 参与制作；陈凯歌导演的历史奇幻电影《无极》（2005），该片由韩国人气明星主演——英俊帅气的男星张东健及年轻漂亮的韩国电影电视剧明星金素妍；冯小刚导演的《集结号》（2007），该片的执行制片人由李治允担任，负责召集韩国动作及特技协调员、特效、特效化妆、音效及音响编辑团队，这支团队之前参与制作了韩国热播大片《太极旗飘扬》（2004），自《无极》拍摄之后，其他例如权相佑、金喜善、郑雨盛及苏志燮等韩国演员，也开始同中国导演合作，利用他们韩流明星在亚洲的知名度在各自影片中担任了主要角色。另外，韩国导演许秦豪也执导了两部中国影片：《好雨时节》（2009）及《危险关系》（2012）。[①] 这些项目为日后韩国导演同中国电影行业合作创造了机会。

中国电影人邀请韩国电影人参与制作了其他大量的武侠喜剧片、武侠

[①] 中国电影《好雨时节》（2009）及《危险关系》（2012）由北京中博传媒出品，并由经验丰富的韩国电影制作人许秦豪执导。许秦豪负责执导的数部韩国影片都成了东亚热播的电影。这两部电影融合了中博传媒 CEO 陈伟明及许秦豪导演两人的创意。同时，安炳基导演了中国"首部"上映的恐怖片《笔仙》（2012）。安炳基是《非常主播》（2008）及《阳光姐妹淘》（2011）两部影片的韩国制片人，这两部影片在中国极为卖座。

奇幻片、当代剧、历史剧、浪漫电影、喜剧、心理剧、黑色喜剧、惊悚片、战争片、恐怖片及重拍美国电影（例如《偷听女人心》），其中包括：《追影》（2009）、《我们天上见》（2009）、《观音山》（2010）、《我的美女老板》（2010）、《长发公主》（2010）、《爱出色》（2010）、《无人驾驶》（2010）、《摇摆的婚约》（2010）、《巨额交易》（2011）、《战国》（2011）、《房不胜防》（2011）、《幸福额度》（2011）、《杨门女将之军令如山》（2011）、《转山》（2011）、《倭寇的跟踪》（2011）、《紫宅》（2011）及《偷听女人心》（2011）。这些电影中还包括叶伟信导演的《倩女幽魂》（2011）和《开心魔法》（2011），这两部影片都是由首尔 Digital Studio 2L 公司参与制作的；还包括陈果及印度籍澳大利亚电影人 Anupam Sharma 工作制作的香港浪漫喜剧《全球热恋》（2011）。2012～2013 年，这个电影名单又增加了：《女人如花》（2012）、《与妻书》（2012）、《星星的孩子》（2012）、悬念剧《二次曝光》（2012）、《萧红》（2012）、《乐翻天》（2012）、《十二星座离奇事件》（2012）、《武当》（2012）、《飞越老人院》（2012）、《匹夫》（2012）、《黄金大劫案》（2012）、《有种》（2012）和《午夜火车》（2013）。韩国电影人在类型及风格如此广泛的影片上所作的贡献对于中国电影行业、韩国及美国电影行业的会员来说是非常令人吃惊的。

韩国电影人之所以能够有机会参与制作这些中国电影（无论影片大、中、小），是因为韩国制片人李治允（及其他数位韩国电影人）在 20 世纪 90 年代早中期在北京电影学院学习时，同中国第六代电影人建立的联系与友谊。自那时起，李治允及其他电影人在中国获得的专业上的进步，使得他们及他们圈子里的好友成为韩国电影行业在中国最活跃的代表。他们在中韩两国都建立了长期的个人关系网，并在国家和业界成为国际化进程的主力。在外国观察员看来，中国近期的发展态势表明，中国电影公司正在学习好莱坞，他们欢迎外国人才加入到中国电影行业中来，把他们看作是实力持续的源泉，而非"取代"当地电影行业的威胁。外国影评人认为中国电影公司在 2012 年对台湾导演例如魏德圣很感兴趣，2013 年中国电影行业越来越多地开始向韩国及美国导演示好（确实如此，浪漫剧《非常幸运》由美国导演邓尼·戈登执导）。非常明显，中国电影公司现在把目光放在了香港导演之外。

二　电影软实力大揭秘

我们必须清楚地认识到现在全球范围内电影合作拍摄已经成为常态，但与此大规模协同合作的大背景相左的是，中国电影中国际合作伙伴间工作关系的微调仍是一个挑战。在《画皮Ⅱ》和《西游降魔篇》中，事实证明有些韩国技术技能和创造力是一部电影成功的关键因素，特别是原始及动态色彩景观的创造已经成为至关重要的因素。留心观察韩国电影软实力背后的一些技术革新，可能会对诸如中国等其他国家的电影行业具有借鉴意义。如果文化内容想要吸引全球的观众，那么这种文化内容必须具有精致细腻的视觉风格吸引力。

在本节中，笔者将思考韩国后期制作从业者是如何促进中国电影专业化及如何增强中国电影行业的"吸收能力"[①]。蔡明发：主张技术发达的东亚国家和地区，尤其是韩国、中国香港、中国台湾和日本，在制作"优质内容"时，具有明显的优势。[②] 这并不是说中国电影缺乏品质。相反，正如很多人所言，中国正在通过选择性合作、从国外引进先进的专业知识和技能，从而赶上亚洲邻国的水平。特别是同韩国的合作推动中国电影行业走向了技术前沿，尤其是在高端数码领域。这些发展大多是通过李永基以及李永基培训或启发的国内外韩国后期制作专家提供的独特视觉敏感性及实践经验获得的。[③]

李永基是韩国电影数码调光的祖师爷；他是在后期制作和最后的印片过程中采用处理底片颜色方法的先驱，而现在已完全改成了数字化（称之为数码中间片或 DI）。数码中间片在全球范围内现在已成为电影制作的一个重要媒介，它可使电影摄制人在电影发行给电影院或转换成其他屏幕格式之

[①] 见 See Ernst, Dieter, Kim 及 Lin Su (2002)《全球制作网络、知识、传播及当地能力的形成》，《政策研究》31：1417－1429；及 Henderson, J., Dicken, P., Hess, M., Coe, N. 及 Yeung, H. W. C. (2002)，《全球制作网络及经济发展分析》，《国际政治经济评论》9(3)：436－464。

[②] 蔡明发：《东亚流行文化的结构、观众及软实力》，香港，香港大学出版社，2012。

[③] 李永基培训的数码调色师、数码中间片技术员、技术主管及制片人包括：Ethan Park、Kim Hyeong－seok、Lee Hye－min 及 Park Jin－ho，他们中有些人目前就业于 HFR－Beijing 公司、Lollol Media 公司及一家当地中国 VFX 公司合作成立的新公司。

前，对电影进行处理，以做好数码放映准备。1997～2011年间，李永基"调色"并数码化了200多部由知名导演拍摄的韩国电影（包括商业片和独立片），例如奉俊昊导演的《母亲》（2009）、《骇人怪物》（2006），朴赞郁导演的《老男孩》（2003）、《亲切的金子》（2005）、《蝙蝠》（2009）；金知云导演的《好家伙、坏家伙、怪家伙》（2008）、《甜蜜人生》（2005）和李明世导演的《M》（2007）。这些来之不易的骄人成绩是紧随李永基在2002～2005年韩国电影朝着数码设备在工作流过程过渡中发挥的先锋作用而来的。

2008年，李永基继续在韩国从事电影工作的同时，开始向位于北京的中国公司HFR提供咨询服务。他的主要任务是为其购买并安装最先进的数码后期制作设备，总共花费超过50万美元（包括选择的底片扫描仪、胶片记录器、数码放映机及升级和选购费用，但不包括建造合适工作室的开销，他也监管着这一项目）。2009年，李永基定居北京。2013年，李永基及他越来越多的韩国同事成为中国最受欢迎的DI和视觉特效专家。他们在中国工作的豪情壮志非常明确：中国电影行业是一片"荒蛮之地"，这样一个令人兴奋之地给韩国电影行业从业人员带来了许多挑战，其中包括很多机会成本——需要分享商业秘密和知识产权等。鉴于"中国电影行业的快速扩张看不到尽头"，这些学费非常划算。①

不久之前，DI在中国来说还是少数美国、加拿大和澳大利亚公司为一些精挑细选的知名中国导演及其大预算电影提供的成本高昂的奢侈之物。然而，李永基及其他韩国代表（供职于Digital Idea、Digital Studio 2L、SK Independence及CJ Powercast等位于首尔的公司）的到来，加之他们带来的较低的DI支出及更高的技术水平，使得中国的知名和新兴电影公司都能够利用这一关键技术。

李永基不仅为中国带来了自己从无数获奖及广受好评的影片中积累的知识经验，还通过指导购买机器设备为中国带来了顶级的技术。通过参加重要的年度行业贸易展销会，如国家广播装置协会展销会及洛杉矶电影装备展览会，他对电影行业新设备了如指掌。李永基每年至少参加其中一个展销会，从中他可以观看新设备，并可以同厂家技术人员及其销售团队进行详细讨论。

---

① 见Coonan，Clifford，《好莱坞报道：釜山日报版》2013年10月6日，第3期，第2页。

李永基花费了 15 天时间完成了他在中国的首批大片中的一部电影的 DI 工作，即徐克 2010 年导演的武侠片《狄仁杰之通天帝国》。① 实际上，他在两天内就能完成影片的初步颜色校正，至少能够达到他对电影的要求。李永基在韩国的事业巅峰时期，对 DI 采用了装配线式的制作方法；制片人和导演会告诉他："把我的电影做成朴赞郁的《老男孩》或《蝙蝠》那样"，意思是：利用阴影保持黑暗和神秘。为了能使中国电影的视觉元素看起来更加清晰，李永基及其他 DI 调色师和制片人经常在制作时将音轨关掉。采访那些按照李永基的建议工作的中国电影从业者时，有人会说他们在听色彩的声音——这对于缺乏经验的调色师来说是一种简单而又新颖的技术。②

有人认为李永基是大卫·芬奇作品的粉丝，这种说法不够全面。李永基最喜爱的电影包括：芬奇导演的《七宗罪》（1995）、《战栗空间》（2002）和《十二宫》（2007），还有克里斯托弗·诺兰导演的《黑暗骑士》（2008）。这四部影片中采用的重黑暗及渐变的黑色对于李永基的调色风格产生了深远影响，甚至在数码中间片广泛使用之前。例如《战栗空间》中夜晚室内入侵就设在纽约一个上流社会黑暗的联排房屋中。芬奇和他的摄影师康拉德·W. 霍尔利用极具创意且复杂的灯光、精细的摄影机曝光设置、精挑细选的镜头及低对比度电影胶片——数码电影摄制兴起之前实现特定视觉风格的所有关键因素，为戏剧性的夜景营造了一种柔和略带灰色的非明亮式的外观。尽管后期制作利用 DI 对母片进行高分辨率处理，影片最终看起来效果更加增强，但影片大多的硬功夫还是采用老式的摄影效果。③ 李永基将芬奇和诺兰的电影视为自己作品的启发源泉。

尽管李永基是数码调色方面的专家，然而他的《狄仁杰之通天帝国》最初的 DI 却遭到了徐克导演（及其来自台湾和香港的创意团队）的反对，

---

① 利用模拟设备，影片调光花费了大约 10 天时间，即在影片复制发行前对影片母带进行最终创意调整。在韩国工作时，李永基每年能完成 40~50 部影片，经常同时进行多个项目。在新数字环境下（至少对于李永基的工作实践来说），DI 处理平均花费 7 天时间（紧急任务需要 5 天）。

② 特殊感谢李永基（HFR, Lollol Media）、Ethan Park（HFR, Lollol Media）、陈培玉（徐克公司）、Peter Ahn（SK Independence）、Lee Soo Kyung（Digital Idea）、Lee Se Hoon（MonEFF）、Zenith Seo、Kim Kimoon 及 Hin Sangho（Digital Studio 2L）分享了他们在中韩合作项目中的经验。

③ 这句话引自《战栗空间》摄影师康拉德·W. 霍尔回忆芬奇想要的美术效果时的话语。见 Probst、Christopher（2002 年 3 月），《室内入侵》，《美国摄影师》83（3）：40–51。

李永基被要求修改他赋予该影片的低对比度效果，即"改回中性色调"。对于李永基来说，按照这些新要求对影片进行修改不是一件易事（其他在中国工作的韩国电影人也遇到过导演及制片人为他们的电影提出独特的想法和一套完全不同的美学要求的情况）。徐克导演将其大部分时间都花在了北京办事处，众所周知他喜欢将明亮日光的场景纳入高对比视觉风格，可能他是考虑到年轻的网络一代较为喜欢清晰、色彩鲜艳的景象。徐克有选择性的颜色敏感性，同时也反映在其他中国商业导演制作的无数历史片上，这极大挑战了李永基使用深黑色及低对比度阴影表达阴暗及压抑的情绪方面的大量经验（及喜好），这种方式在风格古怪的影片上多有使用，这也是韩国电影众所周知的特点。

自来到中国以后，李永基及其他韩国极具创意的电影从业者学会了DI应用的新方法，这样也可以改进他们自己的方法（有时还可以约束他们的个人喜好），从而可以利用阴暗效果而非明快效果，来表达一种包括乐观在内的完全不同的情绪。显而易见，那些对韩国电影适用的方法（或过去适用的方法），并不能刚好符合中国电影的要求。然而，这里需要说明国际评论家及观众，还有日益增多的中国本土观众，现在非常熟悉多种多样的美学风格（及动态类型故事），这已然是韩国（及好莱坞）知名影片的特点。然而，直到中国电影要求的及广电总局决策者指定的有限的几种电影类型得以扩充，并且给实验阴暗主题（以及较深颜色）提供了很大空间之前，李永基及其他DI技师将会一直从事与韩国电影所采用的不同的工作理念。所以，所谓的后期制作专业化，或者更加确切些，中国电影视觉敏感性的转变在将本土极具创意的想法同全球喜好相匹配上任重道远。

考虑着这些事情，中国的电影合作，包括来自各国的媒体制作人同不同水平的技术发展的协调，考验着"不均衡发展"的一般概念，即合作的过程中吸收知识、技术及工艺。与此同时，李永基及其他东亚电影从业者如今在中国积极从事的事业，反映了知识及包括中国知识产权问题、政策法规及教育水平在内的结构模式的不均衡转移。换言之，新技术、新知识及新变革的同化是比呈现在眼前更为复杂的过程。韩国、中国香港、中国台湾制作人及公司同中国电影制作人、公司及发行商合作制作或后期处理的影片，例如2011年制作的《狄仁杰之通天帝国》及徐克导演的3D电影《龙门飞甲》，是这种效果的最好例证。①

然而，通过越来越多的个人电影创意者及采用高水平跨国后期制作的电影，这种创意方面的"差距"日益缩小，即不仅提高电影水平底线、升级技术能力、培养技术和专业技能、壮大专业网络，还对他们参与的越来越多的中国本土制作工作给予交叉补贴。这种同在中国工作的韩国、中国香港及中国台湾个人及公司之间的合作，被认为是中国电影行业在国内践行"走出去"战略。这种现象在韩国釜山国际电影节上表现得更加明显。

三 中国在釜山国际电影节上的表现

中国电影在2012和2013年釜山国际电影节无论是前场还是内部，以及电影节各个活动单元的专业及一般性对话中都激起了不小的波澜。2012年釜山国际电影节开幕式主持人中国女演员汤唯（与她共同主持的是韩国资深演员安圣基），及2013年釜山国际电影节主持人香港巨星郭富城②，他们的表现给韩国当地及国际观众留下了极深的印象。汤唯凭借在李安执导的《色戒》（2007）中扮演的极具挑逗性的角色被观众所熟知，她是该国际电影节邀请的首位非韩国籍主持人，同时釜山国际电影节连续两届要求中国明星主持开幕式展示了韩国电影行业同中国电影行业越来越密切的关系。

韩国民众对中国电影的喜爱有着悠久的历史。据釜山国际电影节官方目录，2000~2012年间，韩国上映了197部大中华区域制作的电影〔包括同中国香港合作拍摄的电影及李安导演的禁片《盲井》（2003），该片被列为中国香港和德国共同制作〕。本文研究发现，釜山国际电影节2012年举行了30多场采访活动，这成为亚洲及世界电影卓越的国际展台之一，同时也为来自全球的电影行业代表提供了交流、联系的机会。通过分析他们关于中国经典电影的观点，我们可以对最近中国电影能够吸引到如此大范围的国际观

---

① 李永基在Lollol Media后期制作公司工作时完成了这两部2011年的电影；他收了Ethan Park为徒，而现在Ethan Park凭借他在无数韩国及中国电影的工作经验成为DI专家，还是IMAX技术总监。韩国的Digital Idea公司（视觉特效总监Kim Wook）在第31届香港电影奖中凭借《龙门飞甲》获得最佳视觉特效奖。

② 郭富城的母语是广东话，但他在2013BIFF开幕式上使用普通话进行主持，然而母语大多是韩语的观众未能及时领悟到这是一种支持中国政府提倡的大中华"普通话"的姿态。

众的原因有更加深刻的理解。大家希望通过分享这些研究成果，使未来的中国电影及电影制作人从中受益，届时中国电影将成为中国运用软实力及其"走出去"战略重要的组成部分。

如果 2012 和 2013 年釜山国际电影节国际与会者（即非中国籍与会者）之间的非正式谈话是值得相信的话，那么《画皮Ⅱ》代表了广电总局批准的越来越多的故事类型，这些故事有别于中国电影中众所周知的历史剧、爱情片、战争片及武侠片。尽管《画皮Ⅱ》未能在釜山国际电影节进行放映，该片还是通过口口相传，被来自全球的电影制片、电影公司及影迷视为令人振奋的新局面。

2012 年釜山国际电影节上极具影响的一部影片为张扬导演的当代轻松剧情片《飞越老人院》，这部情感上令人振奋的"老年公路电影"由中国电影集团出资拍摄，并由 Fortissimo 公司（中国香港）负责中国之外地区及国家的发行工作。对于大多数的观影者来说，观看该部电影之所以非常愉悦主要有两个原因。第一，该部影片讲述了一群退休老人讨论养老院前往天津参加日本电视比赛面试的故事。该影片本土化的故事情节在满足中国观众的同时，还利用友谊、忠诚和自我价值实现这一系列普遍和充满人文关怀的主题激起了外国观众的兴趣。电影传达的"追逐梦想，永远不晚"的精神及对老人幽默的见解，获得了年轻观众及中年观众的一致好评。第二，《飞越老人院》利用电影国际语言进行制作，在技术上是一部非常过硬的影片。杨宏宇流畅的剪辑风格、三宝简约的原声音乐及杨涛引人深思的拍摄手法帮助《飞跃老人院》成为广为接受的当代影片。张扬导演蜚声国际的《昨天》（2001）、《向日葵》（2005）和《无人驾驶》（2010）分别在 2001、2005 及 2010 年釜山国际电影节上进行放映。

除了 2012 年釜山国际电影节上放映的 13 部中国影片，中国导演王小帅和高子鹏在电影节 1999 年设立的亚洲电影市场项目及行业网络活动（之前名为釜山推广计划）[①] 中也表现不俗。亚洲电影市场项目旨在为老牌电影制作人、新导演及新电影同广大投资商建立联系，王小帅在此活动中同潜在的投资商讨论了他的新作《我爱你，阿里郎》（由王小帅和 Isabelle Glachant 共同制作）。该片是一部社会电影，讲述了一名朝鲜女孩同中国男孩坠入爱

---

① Leon Forde、Jason Gray 和 Jean Noh：《釜山亮点：2012 电影节银幕基本指南》，《国际银幕》2012 年 10 月，第 16~19 页。

河的故事。王小帅导演的早期电影《我11》（2011）是一部半自传体成熟历史剧，也是中法两国首部官方合作完成的电影，该片在2011年釜山国际电影节播放时电影票几分钟内就销售一空。高子鹏因其指导的《空山轶》（2012）而被釜山国际电影节的国际与会者及观众所熟知，他受邀角逐2011年电影节的新浪潮奖。他在2012年电影节上宣传了他的新爱情片《好时节，再见》（由张璐及李珊珊共同制作）。

釜山国际电影节放映的"独立的"中国电影包括《爱的替身》（2012年，唐小白导演）、《有种》（2012年，张元导演）、《浮城谜事》（2012年，娄烨导演）和《止杀令》（2012年，王坪导演），这些影片在釜山国际电影节上引起了极大的关注，但由于缺少发行支持（这些及其他影片和电影制片人在中国都经历过这样的事情），基本没有获得任何机会。在此背景下，2012年12月中国政府宣布考虑建造专门播放纪录片的影院，此举将可能刺激独立电影的放映更加普遍，希望这能够成为促进中国当代电影多元化整体战略的组成部分。①

《爱的替身》中令人回味的桂林雄伟景观的拍摄手法，加上贯穿影片的情感张力〔令人想起李玉导演饱受争议的电影《苹果》（2007）〕，给釜山国际电影节的观众留下了深刻印象。《有种》中呈现的残酷的现实，和《止杀令》中成吉思汗同中国宗教领袖丘处机的梦幻相遇，令电影节观众回味无穷。《有种》向观众展示了世界最大城市——北京所经历的快速且无情的巨变。该影片通过首都雨后春笋般的新大楼和新公寓同等待拆迁的年代久远的建筑的对比营造出的现代性，表明这些城市景观元素成为中国未来青年故事的中心特征。张元导演之前的知名作品《看上去很美》（2005），从更加乐观的视角探讨了中国青年文化。史诗巨著《止杀令》向观众提供了一部展现景色自身生命的影片。蒙古乡村宏大的场景布置呈现出了壮丽奇观，矮化了一切关于成吉思汗的历史剧，并展现出道士丘处机对于天下无敌的成吉思汗的影响。与这两部视觉盛宴形成鲜明对比的是《记忆望着我》（2012年，宋方导演），该片是一部低调的自传体电影，它结合了剧情片及纪录片的风格——使人回想起20世纪50年代小津安二郎的日本黄金时代的电影。

---

① 邱全林（2012年12月5日），《纪录片产业的崛起》，*China Daily.com.cn*，文章详见：http://www.chinadaily.com.cn/entertainment/2012-12/05/content_15989575.htm。

2012年釜山国际电影节的亚洲电影、世界电影、电影纵观和新潮流等主题活动上放映的其他中国影片包括：《焚尸人》（彭韬导演）、《危险关系》（许秦豪导演）、《告诉他们，我乘白鹤去了》（李锐钧导演）、《房车奇遇》（路阳导演）和《太极1：从零开始》（冯德伦）。2013年，中国电影及电影制片人在各类活动及电影节的主要交流活动——亚洲电影和项目市场活动，备受关注。曹保平导演的《爱因斯坦与爱丁顿》（2013）——该片的全球首映放在了2013年釜山国际电影节上，及贾樟柯导演的《天注定》（2013）放映时观众爆满。与《天注定》同在一个活动单元的影片包括许雅舒导演的《哭丧女》（2013）、菲利普·穆伊尔导演的家庭剧《夜莺》（2013年，该片是中法两国第二部正式合作完成的影片）及刘韵文导演的首部长片《过界男女》（2013）。其他能够展示中国当代电影多样化的著名电影包括：王兵导演的关于云南精神病院的四小时纪录片《疯爱》（2013）、李炼导演的充满活力的儿童动画片《昆塔》（2013）、语录来导演的短片《兄弟》（2013）及非行导演的《全民目击》——该片由香港明星暨2013年釜山国际电影节开幕式主持人郭富城主演。

总的说来，2012和2013年釜山国际电影节上中国放映的影片展示了中国电影的活力及多样性，这是外国影评人及观众（更不用说投资商）希望在未来几年看到的中国电影行业繁荣的一面。然而，现在并不能继续保证这一生机勃勃的民族电影继续保持成功，特别是现在商业片、独立影片及艺术片之间的平衡问题仍然受到关注。此时此刻，诸如保利博纳和华谊兄弟等大型中国电影公司仍将重心放在他们自己制作的电影上，他们貌似不愿将独立影片纳入他们的国际发行渠道之中。结果，商业片及所谓的艺术片和独立电影的竞技场并没有达到应有的水平，并且独立影片面临不断的斗争，因为他们需要为只有少量的国外销售代理①的国外发行而相互竞争。尽管存在这些困难，鉴于韩国电影行业同中国电影行业有着深层利益及联系，釜山国际电影节愿意继续展示中国电影，不是像上海电影节那样展示国家的"终极软实力"，而是利用一种独特的"韩国帮助"方式。②

---

① Clarence Tsui，《中国公司为国外发行而争斗》，《好莱坞报道：釜山日报版》：2012年10月10日第6期，第1~3页。
② DeHart, Jonathan，《上海电影节：中国的终极软实力集会》中关于软实力及电影节的参考，文章详见 http://thediplomat.com/asia-life/2013/06/shanghai-film-festival-chinas-ultimate-soft-power-fest/。

四 中国国际电影、软实力及中韩电影碰撞的结论

自21世纪初期以来，中国电影制作人已经逐渐提高了同韩国同行的合作水平，使得韩国电影制作人"同中国更加紧密"[①]。结果，这对于中国电影行业的技术发展产生了积极影响，即将制作人、导演、演员及动作、视觉特效和后期制作专家，还有电影摄影师以史无前例的规模集合在了一起。例如，中韩正式合作影片《非常完美》（2009年，由章子怡和范冰冰主演）、徐克的武侠片《狄仁杰之通天帝国》（2010）及其3D影片《龙门飞甲》（2011年，韩国Digital Idea公司凭借此片获得第31届香港电影金像奖最佳视觉效果奖），所有这些影片都从韩国数码后期制作公司、特效公司及视觉效果公司中受益颇多。许多其他受益于韩国制作及后期制作技术的影片已在本文有所提及，但不能囊括所有。或许目前在中国工作的最著名的韩国技术专家莫过于李永基，他之前曾是Lollol Media公司（以前还就职于北京HFR公司及AZ Works – Busan公司）首席数码调色师及数码中间片总监，还是韩国（及中国）无数技师的导师。他的这些学生如今已经成为各自行业的领军人物。这些仅是自21世纪初期以来韩国为中国电影行业所作贡献的少数几个例子，那个时候中国第五代著名导演陈凯歌同韩国老牌电影摄影师金炯求及韩国制片人Lee Joo – ik合作拍摄了获奖无数的影片《和你在一起》（2002）。

在此背景之下，厘清诸如釜山国际电影节等韩国电影节同"韩国电影行业"之间的差异非常重要。表面上，它们之间有着非常密切的联系，但它们对于中国电影及同中国同行之间的合作所采取的方法却截然不同。尽管有着上文所述的"成功案例"，但电影节组织者如果要将中国制作的电影纳入他们的活动中来，还有很长的路要走。越来越多的电影不在电影节（诸如釜山国际电影节和富川国际幻想电影节）上放映，可能是因为多年的活动举办者或者顽固不化，或者因为活动研讨会未能达到预期而大受影响，即

[①] 这句话是《今日韩国电影》2012年10月刊（第30页）中一篇电影合作拍摄简报的标题，该杂志是韩国电影协会出版的关键行业贸易杂志。韩国电影协会是致力于推进并支持韩国电影在韩国国内外发展、制作、发放及展览的半官方机构。

观众未能完全理解中国新电影的内容。① 在这种情况下，如果中国电影能有韩国导演或韩国演员或韩国发行商的参与，那么将很有可能在韩国电影节上放映，因为他们同韩国有着天然联系。由于韩国电影节可能需要一段时间才能适应，特别是识别并理解中国对于社会问题方面电影的快速变化的电影审查政策环境，电影节活动举办者需要寻找更加有效的方法推动中国电影前进。

虽然2007年釜山国际电影节将华谊兄弟的《集结号》奉为开幕电影，且该片代表了中韩两国电影行业史无前例的合作水平，尽管自2000年以来每年电影节平均有15部中国电影参展，但电影节对于中国电影的兴趣未能达到预期高度。事实上，本文中所探讨的同中国在电影方面的各种合作在韩国处于保密状态。例如，韩国电影协会目前出版了一册想在中国工作的韩国导演及电影摄影师通讯录，但这一信息仅提供给了中国制片人；并且这一通讯录不能在韩国电影协会的网站上下载，尽管该协会一直宣称自己为韩国电影行业的国际推广中心。然而平心而论，中国电影行业的变化非常之快，韩国电影推广者及电影节举办者正在斗争是否接受当代中国电影的现实情况，更不用说为他们提供探索和利用的机会了。极具才华的独立制片人及之前的地下导演，虽曾是广电总局的"眼中钉"，但现在却正在制作反映社会问题的主流影片，并且通过了中国审查机构的检查。另外，经验丰富的独立制片人目前正在全身心地致力于制作"合法"电影，因为这才是最大的融资及投资的机会所在。这一点虽然并没有为所有人认识，但一波变化的浪潮正在席卷整个电影行业。

对于众多国外观察员，包括影评人和学者来说，随着李安执导的中国（包括中国香港、中国台湾）及美国共同制作的电影《卧虎藏龙》（2000）在全球范围内取得未曾预想的成功（全球票房大约为213500000美元②），一种新型的"中国国际电影"应运而生。这部"融合"的武侠大片通过融合东西方叙事传统及视觉风格获得了亚洲及外国观众的一致好评，将中国电影的水平超越了第五及第六代中国电影制作人各自制作的著名地下电影——

---

① 这种趋势的其中一个例证为安兵基导演的中国电影《笔仙2》，该片是2013年富川国际幻想电影节上唯一一部中国电影。显而易见，电影的观众群体比预想的要少。

② 票房魔咒，http://boxofficemojo.com/movies/?id=crouchingtigerhiddendragon.htm。

事实证明，这类电影对于特定的国际观众极具吸引力。

如今，"中国国际电影"的含义又有所不同。中国电影通过同来自东亚的行业专家合作，特别是同来自韩国的电影从业者合作，拥有了新特点。这些国际合同造就了中国媒体产业的文化变迁，使得中国文化制作人形成了自己的软实力。合作制作的无数电影例如《画皮Ⅱ》和《西游降魔篇》，诠释了中国同韩国媒体企业家及公司的合作是如何帮助中国进行技术革新及发展。换句话说，正如有些中国制片人坦率承认的那样，一部电影的"中国味"越少，那么它看起来就越"国际化"。

这样一来，中国电影制作人，加上亚洲邻国的帮助，已经开始将中国的悠久历史及传统文化价值观同东亚流行文化相融合，这种现象被蔡明发（2012）等学者称之为同更为广泛的青年文化、现代生活方式、技术、嬉笑及泛亚洲价值观相接触的结果。因此，在中国电影制作人及媒体公司利用新颖的美学品质及以出口为导向的专业知识的前提下，中国民族电影正在经历重大改造，而韩国电影也是由于1996年韩国政府取消国内电影审查制度①，才在全球声名鹊起。韩国自身软实力全球成功的经验一直在指导其同中国的合作关系。

最后，为了恰当预测中国电影未来发展的可能性，笔者简要概括当代韩国电影的繁荣和全球观众对于韩国电影的持续喜爱。自韩国电影审查制度于1996年取消之后，韩国的商业电影在国内外经历了前所未有的增长，尽管这种增长是渐进式的。没人能够料到，特别是在1997年国际货币基金组织刚刚解除贷款危机之后，姜帝圭导演的大片《鱼》（1999）获得巨大成功，该片票房超过2500万美元，并超越《泰坦尼克号》成为当时韩国有史以来的电影票房冠军。为了能够在竞争激烈的全球市场中生存并茁壮成长，尤其是要抵制好莱坞的全球霸主地位，韩国民族电影业采用了好莱坞的商业模式，例如高概念、大制作、特效及浸透式的营销手段（包括衍生品、搭卖、商品销售、特许经营、标语、产品配比及网上补充）。自2000年以来，国际电影节包括柏林、戛纳、墨尔本、上海、悉尼、多伦多及威尼斯等地的电影

---

① 有关当代韩国电影审查制度的详细资料，请参见 Yecies, Brian. 2008,《星球韩流坞的政治漏洞：〈那时候那些人〉（2005年）中讽刺表达的审查》,《韩国研究国际评论》5（1）：37－64。

节,一直没能获得足够的韩国电影制片人制作的新鲜作品,所以韩国电影业经常被通俗称为"韩流坞"也并非是毫无道理的,韩流坞是韩流(指韩国当代文化软实力的术语)同好莱坞的融合。①

  以全球标准衡量,韩国电影在其自己国家展览市场上的主导地位是一种非同寻常的文化胜利,除了印度、中国及美国之外,仅有少数几个国家达到了这一高度。2006 年,韩国电影在国内市场所占份额飙升至惊人的 61.2%。2013 年 8 月,韩国电影通过四部动作惊悚片:奉俊昊导演、朴赞郁制作的《雪国列车》(盈利 5360 万美元)、金秉祐导演的《恐怖直播》(盈利 3300 万美元)、许政导演的处女作《捉迷藏》(盈利 1770 万美元)及灾难片《流感》(上映第一周盈利 1370 万美元),其市场所占份额有几日一度达到 90% 以上。② 尽管韩国电影业在 2007～2008 年经历了低迷时期——造成这一结果的原因有上映配额系统减半、国内 DVD 及其他周边市场暴跌,以及向日本发行商预售的损失,但 2013 年韩国电影已经继续主导了国内展览市场,维护了其作为世界上最强之本土电影行业的地位。

  笔者相信,这一简要综述对于中国国内电影及国际电影未来的增长,提供了值得思考的东西。

---

① 有关这一概念的其他讨论请参见:Brian Yecies 及 Aegyung Shim,《当代韩国电影:韩流坞的挑战及转型》,《韩国学报》,14:1(2011 年 6 月):1-15。
② 见《韩国电影 2006》:495;Cremin, Stephen(2013 年 8 月 22 日),*Film Business Asia.com*,《韩国惊悚片占 90% 市场份额》,文章详见 www.filmbiz.asia/news/south-korean-thrillers-take-90-market-share。

逃离扁平的世界
——立体电影Z轴空间与美学探究

高 盟 刘跃军[*]

【内容提要】 立体电影的发展，正搭乘全球数字银幕扩张的浪潮而进入鼎盛发展期，它将逐步蚕食平面电影的市场份额，使电影艺术进入一个新的纪元。立体电影增加的Z轴空间，不但让观众逃离扁平的世界，更破坏和解构着原有的平面视听语言体系，提出了对原有镜头规则的质疑。立体电影从更实际的角度，实现了电影眼睛派"我把世界摆在你的眼前"的主张，对观众的主动视点选择提供了更广泛的空间，对景深镜头提出权利质疑，对银幕视觉边界提出了扩张需求，对影像的"体积"与纵深比例提出了更苛刻的标准……这些都是立体电影美学的研究内容，在电影艺术又一次脱胎换骨的时代，对它的研究不能仅停留在表面，需要针对立体电影的技术，作更加深入的探讨。本文就立体电影的发展趋势、景深镜头的取舍、银幕画框与前景视差、景物纵深比例关系等几个问题提出了见解和主张。

【关键词】 立体电影 立体视窗 Z轴空间 立体美学

---

[*] 高盟，北京邮电大学数字媒体与设计艺术学院讲师、博士；刘跃军，北京电影学院动画学院副教授、博士。

一　逃离"扁平的世界"

从黑白默片到彩色宽银幕，从 IMAX 到数字立体电影，电影发展历史上的每一次技术革新，都伴随着电影美学观点的变化与争论，以及艺术家和观众们对这一艺术形式的重新认识和思考。

随着数字立体电影制作技术逐渐成熟，有关它的美学探索与争论或将接踵而至。正如有声片出现之后，产生了关于声音的电影美学争论；彩色片出现之后，色彩介入对电影美学的影响。这一切似曾相识，仿佛历史的车轮重新转过一圈。当立体电影带着银幕的 Z 轴空间大规模进入主流院线，"探棒式"镜头已经不能对观众再产生足够的吸引力，立体电影呈现出多种视听方案的革新与尝试，其围绕的核心仍是 Z 轴上的景物空间分布与立体美学探究。

几百年来，电影艺术终于可以把问题聚焦在电影诞生以来的最大弱点——银幕 Z 轴空间上。如果，立体电影能够在梅里爱、爱森斯坦、巴赞等电影先驱者在世的时代诞生，电影的视听语言可能与今日大不相同。Z 轴空间上的电影美学探索与研究日显重要，电影语言迫切需要补充立体空间关系这一环节，在原有系统上发展出立体视听语言体系。

Z 轴空间对于观众具有天然的吸引力，原因在于它更加符合人眼观看世界的自然状态，这与彩色片和宽银幕的出现对电影的影响非常类似。与早期的黑白片相比，如果说彩色片的出现为电影注入了色彩这浓重的一笔，宽银幕大幅度增强了观影的舒适度，那么立体电影的 Z 轴空间则使电影艺术彻底逃离了扁平的世界，使电影距离眼睛所看到的世界又更近了一步！电影技术的进步，使电影艺术不断逼近人类视听感受的极限，一旦脱离平面的牢笼，未来将是立体的世界。

2012 年，数字放映模式已经取代 35mm 成为商业院线的主流模式。2012 年底，全世界已经有 89341 块数字银幕，比 2011 年的 63825 块增长了近 40%。到 2013 年底，还会有 20000 块数字银幕加入到银幕阵营当中，数字银幕总数将达到 109176 块，届时，数字银幕将占全球银幕数量的 90% 以上。2013 年上半年，我国数字银幕数量突破 1.5 万块。其中 3D 银幕达到 11854 块，占数字银幕的 77%，比 2012 年增加 2700 多块。全国 3438 家数字影院，有3420家可以进行3D放映，占全部数字影院的99.5%。

从1922年立体电影开始出现，到现在几经起落，前几次浪潮没有发展起来的主要原因，是立体银幕没有普及，成本高和技术成熟度不够都是次要原因。立体终端的数量将直接决定票房，决定一种电影的发展走势，数字银幕成为商业院线的主流，为立体电影的发展扫清了障碍，数字银幕天然具备改装3D的优势，成本小且速度快。

从第一块数字银幕投入院线，到2012年取代35mm成为主流格式，"逃离胶片的世界"，用了14年的时间；要用多久才能"逃离扁平的世界"？我们拭目以待。

二　Z轴空间与立体景深

电影是运动的绘画，立体电影是运动的雕塑、运动的建筑。

平面电影在X、Y两维度的银幕上表现三维世界，传统视听语言一直追求在二维平面上，用运动和各种调度去丰富空间关系，模拟人眼的三维感受，逐渐发展出一套能够模拟纵深印象的表现手段。

当立体银幕上可以"虚拟"出银幕的Z轴空间，电影的视听语言必然出现变化，平面视听语言的元素和表现手段必须重新加以审视。立体对电影的影响绝不仅仅在于多了一个Z轴空间，还在于这个Z轴空间对原有视听语言体系的解构和破坏。

"电影眼睛派"曾经提出过"我把世界摆在你的眼前"的主张，拥有Z轴空间的立体电影，让这种视觉呈现更加趋于完美。当世界开始沿着银幕的Z轴纵深方向伸展开来，银幕的画面框就变成了一扇通向立体世界的窗口，"立体视窗"这个概念被提升到一种前所未有的重要程度，同时也变成了完美展现立体世界的一种障碍。

"立体视窗"在立体电影拍摄和制作中，是一个具有重要意义的实际参数，换句话说，"立体视窗"实际上就是零视差在Z轴纵深上所处的位置，它直接影响景物在银幕Z轴上的排列，即什么在银幕前方，什么在银幕后方，同时还影响着画面的景深关系、构图和美感。

"Z轴空间"和"立体视窗"所带来的首要问题是景深镜头是否还应该被允许存在。

平面电影使用景深镜头作为一种视觉调度手段，强调视觉主体的同时，将次要景物排除在焦点之外，对观众视点具有强迫性控制力，但是在立体视觉中，是否应该取消景深镜头，将视点的选择权交回给观众，这是值得探讨的一个问题。

可能有人认为把视点选择权交还给观众是电影语言的一种倒退，它影响了导演和摄影师对画面的控制力，破坏了平面视听语言体系长期建立的景深镜头规则。对摄影师而言失去了一种构图和调度手段，同时画面上失去景物之间的虚实关系，会削弱电影镜头的美感。

但也有足够的理由对上述观点进行反驳：电影从产生以来一直致力于模拟人眼的视觉感受，凡是有利于提升观看体验、接近人眼主观感受的技术进步都应该得到保留和发扬。在观察世界的时候，由于"双眼单视界"的存在，人眼对景物有着绝对的选择权，景深镜头的出现，实际上只是平面电影不得已的一种选择，它模拟人眼对景物作出选择后的结果——被选中的景物处于焦点的清晰范围之内，而其他纵深的景物有不同程度的模糊。既然立体电影客观上允许观众选择视点，就不应该剥夺观众看清楚景物的权利。

显然电影创作者短时间内难以接受这种突然的改变，从画面的美感上来讲，虚实关系和纵深调度或许是允许景深镜头在立体电影中得以保留的理由。退一步说，即便画面的远景部分可以允许轻微模糊，理由是可以突出中近景的视觉主体，但近处如果也有完整的景物，应该留出让观众选择观看的可能。

视听语言的形成过程，也是长期以来观众接受和适应新的表现手段的过程。景深镜头作为一种已被长期接受和认可的手段，在立体电影画面创作中很难取舍，但随着时间的推移和电影艺术的发展，在未来的立体电影中，景深镜头是否会继续长期存在是一个未知数，一方面，这需要进行讨论和长期的实践检验；另一方面，它也取决于创作者和观众的群体性选择。创作和欣赏习惯可能短期很难改变，但如果能找到新的表现手段，欣赏习惯的改变也不是不可能的。

三 银幕画框与立体窗口

立体电影所聚焦的另一个问题，是银幕画框和立体美学的关系问题。"立体窗口"的存在，让银幕画框再次得到重视，传统平面电影中对于银幕画框的理解仅限于"画面边界",它影响构图但不影响纵深。但在立体电影中,银幕画框成为景物纵深表达的一种障碍。

平面电影的画框是视觉的边界,它的窗口作用已经被弱化了,观众在欣赏电影的时候,会出现画框消失的感受,即暂时感受不到这种边界的影响。再加上镜头运用的调度、焦点的虚实,观众对这种平面窗口的感受就更加不明显了。而在立体电影中,银幕的画框有了Z轴坐标,它对镜头内景物的遮挡关系使它的窗口效应被放大并强化。在过肩镜头中,近景部分如果恰处于银幕之前(即负视差),窗口对前景景物的裁切,就会让观众感到不舒服。这个立体窗口实际上阻碍了观众的自由选择视点。这个矛盾不仅仅产生在景深镜头中,在视差分配不当的镜头中都会存在这个问题。即只要银幕前的景物被画框裁切,都会出现画框与景物视差之间的矛盾。这个矛盾源于人的视觉经验——近处的物体会遮挡远处的物体,既然负视差的景物处于银幕前,就不会被银幕画框所遮挡;反之,既然被银幕画框所遮挡,就应该位于银幕后方,其视差为正视差而不是负视差。被画框所裁剪的景物就处于这种矛盾之中。

这个问题还衍生出一个子问题,立体电影由于存在视差,在银幕画框左右边界会多出一个单眼线索区域,这个区域的存在会导致立体观看不舒适。目前解决这个问题的统一处理办法是在后期处理过程中裁剪多余的单眼线索区,形成一个虚拟的"浮动视窗"(Floating window)。"浮动视窗"不是银幕画框,也不是立体窗口,而是为了消除立体图像两侧的多余单眼线索裁剪图像形成的一个虚拟概念。

平面电影是有缺陷的电影,它没有Z轴纵深却又追求模拟三维世界,因此采取了诸多手段来进行弥补,例如构图上对前景、中景、后景的分配,创作者在银幕平面上努力营造出纵深的印象,这对平面电影来说是一种补充,但这些规则未必适合天然有纵深的立体电影,相反却可能变成一种束缚。

银幕画框与前景视差的矛盾是立体电影难以回避的矛盾之一。一方面电影制作者希望能充分利用有限的视差资源,给观众造成更加强烈深刻的立体体验;另一方面又要直面这些矛盾,处理好立体感和视觉错误之间的关系。这不仅是一个技术问题,更是一个艺术选择,因此它上升到立体美学的高度,如何安排这些景物的纵深位置,让观众得到最佳的立体审美,是当前立体电影要集中解决的问题。

"浮动视窗"的处理办法,也只是一种矛盾缓冲手段,仍然不能从根本上解决上述矛盾,要解决这一矛盾必须寄托于未来电影的超高分辨率和超大银幕尺寸。IMAX银幕的视觉无边界概念,事实上是解决这个问题的一个雏形,这也是IMAX立体效果要远远好于一般立体银幕的原因,但对于未来电影的要求,IMAX还远远不够。

四 机位、构图和比例关系

传统平面电影不需要考虑构图中景物的立体纵深与大小之间的比例关系问题,而立体电影中Z轴空间的景物则存在纵深距离与长宽比例的问题。

比较典型的是"小人国"和"巨人国"现象,这两个词曾被用来形容早期立体电影中经常出现的人物比例与纵深关系不匹配的现象,但近年来较少被提及,原因之一是随着立体拍摄和制作技术的进步,景物大小与纵深关系比例严重不匹配的现象比较少见,多数问题在前期得到解决;原因之二是特写和大特写镜头被广泛使用,随着银幕尺寸的不断增大,观众对银幕上的"巨人"现象已经习以为常,当电影变成立体影像,观众仍然表现出足够的宽容度。"小人国"现象现今出现较少,但如果人物比例过分违背人们日常的视觉印象,则很难被接受。

相比之下,Z轴空间被过度压缩或者过度夸张所引起的效应更加令人不能容忍。Z轴空间被过度压缩,它和平面电影中长焦镜头所带来的纵深空间压缩原理是一样的,但是在立体视觉中景物会被压扁成薄片,也就是常说的"卡片"效应。Z轴空间如果被过度夸张,景物的纵深也会增加,它和平面电影中广角镜头拍摄近处景物所带来的变形很类似,不同的是立体视觉会强化这种变形并导致舒适度下降。

实际上立体电影中Z轴空间被压缩和夸大的现象很普遍,这两种现象在立体电影中将会长期存在。创作者当然有权把这种纵深空间上的变形,作为一种立体电影艺术创作手段,用来强化或者弱化部分景物空间的立体效果,用来增强或减弱镜头衔接处的跳跃感。但是如何把握夸张的尺度,使之能够被观众接受和容忍,则是立体电影需要长期探索的另一个美学问题。

结　论

综上所述，立体电影增加了一个 Z 轴空间，它打破了原有视听语言中平面构图的规则，开始质疑景深镜头的必要性。Z 轴纵深空间的存在，不仅仅增加了一个维度，更增加了处理与其他两个维度的关系等诸多问题，并且影响到蒙太奇的节奏变化。景深和虚实关系、立体窗口、构图比例、视觉边界……这些问题互相关联，围绕着 Z 轴纵深展开，共同形成了一个新的立体电影美学体系。在"探棒式"美学的立体电影时代结束之后，有必要抛开浅表层次的研究和探讨，深入 3D 技术制作核心，针对立体电影的 Z 轴空间和立体美学，展开更为广泛的讨论和研究。

参考文献

李相：《3D 电影美学初探》，《当代电影》2009 年第 12 期。
付宇：《3D 电影：本体美学的改变与视听语言的变革》，《电影艺术》2012 年第 5 期。
Marc T M Lambooij, Wijnand A, IJsselsteijn, Ingrid Heynderickx. Visual Discomfort in Stereoscopic Displays: A Review. Stereoscopic Displays and Virtual Reality Systems XIV, 2007, SPIE – IS&T/Vol. 6490; 64900I – 1.
张熙：《3D 立体电影的当代美学价值》，《电影评介》2010 年第 3 期。

电影观赏的三个转向

巩继程[*]

【内容提要】 随着电影受众研究的持续深入,电影观赏呈现出了三个明显的转向,即:电影产业视域的转向——从生产者到消费者,美学视域的转向——从创作者到观赏者,传播学视域的转向——从传播者到接受者。

【关键词】 电影受众　电影观赏

电影观赏力量的崛起以及在审美接受过程中逐渐被重视,是20世纪美学和传播学领域的重大事件。新的关于电影受众研究的理论与实践,克服了既往关于受众的种种简单化设想和主观臆测,使电影审美接受和信息传播过程的复杂性以及接受效果的可变性得到前所未有的展示。

具体而言,这种"克服"体现在以下几方面。首先,从实践和科学的角度,让一直以来"匿名"且"沉默"的电影观众,有了以统计学为基础的直观表征(使电影观众在统计学上变得可知),这包括电影观众的组成成分、经济地位、种族文化背景以及传播效果,等等。其次,以承认电影观众的主体性为前提,从文本分析和受众审美心理分析的角度,来探悉受众对电影作品的解读、接受和反应。最后,马克思关于商品的生产、流通、消费的理论被引入电影的接受领域,加之文化产业对利润的追逐,导致消费者的兴趣需求、价值取向成为传受过程中的主导因素。

---

[*] 巩继程,北京电影学院管理系教授。

以上种种变革，使得电影观赏作为研究课题在整个电影史上呈现出"三个转向"：电影产业视域的转向——从生产者到消费者，美学视域的转向——从创作者到观赏者，传播学视域的转向——从传播者到接受者。

一 从生产者到消费者

按照马克思主义原理，经济基础是一切变革的基本动力，那么我们就首先由消费者主导下的电影市场谈起。电影与消费者的关系，其实就是一种商业关系，这一关系的历史恐怕与艺术本身一样久远。《柏拉图对话录》里边就已经借用诵诗人伊安之口，嘲讽了舞台之上当众表演的诵诗人，在"为艺术"还是"迎合观众"间的两难心情。伊安的原话是这样："我明白，因为我从台上望他们；望见在我朗诵时，他们的面孔上都表现哀怜、惊奇、严厉种种不同的神情。我不能不注意他们，因为在接受报酬的时候，我如果不曾惹他们哭，自己就不能笑；如果惹了他们笑，自己就只得哭。"柏拉图笔下的可怜的伊安，他的苦恼实质源自艺术与商业原则的冲突。

如果说在前工业化时期，艺术家还可以部分保持"为艺术而艺术"的清高姿态的话，那么在工业化时期，则是如科林伍德所说的，"艺术家是娱乐的提供者，他把通过唤起某些情感来取悦观众作为自己的任务"。甚至，事实不再是先有生产后有消费，而是消费需求导致艺术品的生产。在《剩余价值学说》中，马克思以讽刺的口吻写道：施托尔希认为，医生生产健康（但他也生产疾病），教授和作家生产文化（但他们也生产蒙昧），诗人、画家等生产趣味（但他们也生产乏味），道德家等生产道德，传教大人生产宗教，君主的劳动生产安全，等等。但是同样完全可以说，疾病生产医生，愚昧生产教授和作家，乏味生产诗人和画家，不道德生产道德家，迷信生产传教士，普遍的不安全生产君主。

马克思认为，商品的生产和消费是商品实现的统一过程，只有生产没有消费，产品不能变成商品，商品是不能离开人们对产品的购买和消费的。民主德国的文艺理论家们就是依据马克思关于商品生产与消费之间相互依存的辩证学说，提出艺术作品也像商品一样，要经历生产（创作），流通（出版、发行等），消费（接受）三个不同的阶段，而且这三个阶段也构成一个统一、有机的过程。电影就是这样，在此过程中，既有作者—作品的关系，也有观赏者—作品的关系，而以往的文学理论研究，只限于文学生产，很少涉及文学接受。瑙曼等人强调："消费不仅是使产品成为产品的最后行为，而且也是使生产者成为生产者的最后行为。"观影者的接受活动使电影作品的潜能得以实现，电影作品由可能的存在变成现实的存在，因此他们要求将观影者接受电影作品的过程当作研究对象。在同样的意义上，英国人特里·伊格尔顿提出了"艺术生产理论"。根据伊格尔顿的理论，电影艺术之所以成为商品，首先是因为它们都是人工产品。从电影是商品这一基本观点出发，我们对于电影创作者也有了新的认识，就是电影创作者也是电影公司的雇员。对于电影艺术可以从两个角度去认识：既可以被看作是一种意识形态，又可以被看作是一种社会经济生产的形式，此为"艺术生产的两重性"。

如果说本雅明、民主德国学者和伊格尔顿等人关于文学艺术的生产与艺术的商品属性等观点，只是对文化产品提出的一个总的纲领，以引导人们将兴趣从生产领域转向消费领域及消费过程，那么当研究的目光真正聚焦于作为消费者的受众时，事情却远比预先设想得更复杂。问题首先是，消费者（受众）主动性的有无。从古典经济学的观点来看，个人从日益扩大的商品范围中购买商品，以最大限度地满足他们的需要，从而使消费成为所有产品的目的。可是从20世纪的新马克思主义的观点来看，这恰好表明人们控制和操纵消费的机会大大增加了。也就是说，在批判者（如法兰克福学派）眼里，大众的消费者是被文化工业"培养"和"创作"出来的——文化工业塑造了受众的鉴赏力和兴趣，并通过反复灌输对于各种虚假需求的欲望而塑造了他们的意识，一言以蔽之，大众文化消费市场上的受众是被动的和无能为力的。电影市场就是这样的：电影制作人出资制作电影，然后把这个商品出售给消费者——购买电影的发行和放映机构；发行放映机构购得电影最后进入电影院开始又一轮经济流通，这时电影变成了生产者，它生产的商品是观众，观众这个商品再被卖给出钱做电影的客户；在整个过程中，观众扮演的是被动的角色。而在拥护者眼里，由于获取利润是媒介的首要目的，因此媒介就必须想方设法满足受众的需要，结果便导致了消费者获得文化市场的主导权，并成为传受关系中的主导一方。

也许法兰克福学派悲观论的缺点在于其对大众文化所进行的精英主义的批评，以及将大众文化接受过程的复杂性和矛盾性予以简化，总之，是对受众主体的无视甚或漠视。而大众文化的拥护者则显得过分乐观，以致忽视了受众在文化商品市场上可能有的被动地位，以及文化产业天然的庸俗、逐利倾向。对于电影观赏来说，正反双方交锋背后的事实却是，电影观众已经走到前台，只是，对于一方是待"解救"的受众，对于另一方却是待"满足"的受众。其中的是非纠葛，也许只有通过回到受众的实际接受过程，并尽力还原受众具体的接受经验来解决。但人们却常常忽略一个明显的真理，对任何一种活动的陈述，如果忽略或轻视那些直接参加者的经验，这种陈述便不能被认为是正确和真实的。

二 从创作者到观赏者

让我们从经济领域回到审美接受的经验领域，来考察电影观众的具体解读过程。接受美学（又名读者反应批评）兴起于20世纪60年代的联邦德国。它出现的目的是为了改变长久以来西方文艺理论忽视读者及其阅读活动的倾向。接受美学的哲学基础是哲学解释学，其先驱是德国哲学家施莱尔马赫和狄尔泰。就电影而言，电影作品只有当被表现、被理解和被解释时，才具有意义，电影作品的真理性，既不孤立地表现在作品上，也不孤立地表现在作为审美意识的主体上，艺术的真理和意义只存在于以后对它的无限理解和解释的过程中。具体到审美解释的过程，观影者有自己的观点，而电影本身也暗含了一种观点，因此电影观赏活动在本质上就是电影创作者与观众之间观点的交流。

电影艺术欣赏是人们观赏电影作品时特有的精神活动。这种欣赏活动不同于一般的文学作品阅读活动。在观赏电影的过程中，银幕上丰富而成功的艺术形象，感人至深的生活画面，都会把人带入一个脱离具体生活、梦幻般的、富有艺术魅力和审美愉悦的艺术境界中去，使观众产生丰富的审美联想，从而受到这样那样的艺术感染。对电影艺术的观赏活动，说到底是一种创造性的审美活动。它需要我们用自己的想象，根据自己的理解来完成影片意义的现实化，来形成我们自己对影片的审美判断。它不同于我们面对一个物理的、数学的领域，对所有的人都只能接受一种现实、一种定律。在电影观赏的审美活动中，因个人的情趣、经历、性格、文化的差异，人们对同一部作品经常会产生不同的理解。这说明电影艺术欣赏活动，既具有高度的创造性，同时又具有鲜明的个性。

电影，如果仅是指在盒子里的胶片，那么它将永远是没有生命的"死魂灵"。没有观众审美活动的参与，没有观众情感的投入，没有观众在观赏活动中的创造性理解，艺术家赋予影片的潜在功能就永远无法实现。就像一张乐谱没人演奏，它丰富的音乐语言永远不能变成悦耳动听的旋律。电影只有与观众的心灵相互交流，与观众的感情相互融汇，才能使它蕴含的艺术价值得以实现。所以电影不能脱离观众而存在，正像观众不能脱离电影而存在一样。

观众的介入之所以能够赋予影片新的生命，首先在于欣赏活动本身是对艺术的再创造。电影作为观众的审美对象，并不是一条只让我们死记硬背的数学公式，记住了几条公理、定理就可以解答所有的难题。电影艺术是不断发展变化，不断推陈出新的艺术。作为一部影片，它必然有许多东西，光靠过去的有限经验是不能解释清楚的。它留有许多有待于我们去填补、去领悟、去探求的艺术空白。我们不仅要认识影像语言表现的直接含义，而且要认识影像语言潜在的间接意义。所以从根本上说艺术欣赏活动是与创造性的思维形影不离的，积极、自觉的艺术欣赏活动，常常会赋予（创造出）影片（作者原来并未意识到的）新意。观众根据各自的角度、各自的文化经验、各自的社会地位、各自的情感体验，可以对作品进行创造性的理解。即把那些潜在的、分散的情绪元素串联起来，把那些未突出的、未言明的精神要旨提炼出来，而我们艺术欣赏的最大乐趣也莫过于去发现艺术的这些潜在秘密和真话。

一部影片，通常从表面上理解是一种意义，而从更深的意义上去理解则会发现它的另一种意义。例如卓别林的影片《摩登时代》，表面上是一部诙谐、幽默的喜剧。夸张变形的表演，总是令人捧腹大笑，即便就是惊险至极的情景，仍然保持着轻松自如的状态，但是我们只要略加思考，就会发现在这部看似喜剧的影片中，却蕴含着深切的悲剧意识，即人在资本主义工业社会中所面临的异化状态和那些永远也摆脱不掉的不幸的阴影。它们构成了这部影片深刻的历史价值和思想内容，使卓别林的喜剧影片达到了一般喜剧影片绝少达到的境界：成为一种超越喜剧样式的悲喜剧。观众那"微笑的眼泪"永远是对卓别林最高的评价。

电影观赏活动不是机械式复现，而是能动地积极参与。我们往往把自己的情感、理想、意志投射到作品中去，使艺术欣赏也成为一种具有了个性化色彩的创造活动，就会产生"一千个读者就有一千个哈姆雷特"的效果。一部《红楼梦》，才子看见的是"色"，道学看见的是"淫"，革命者看见的是"叛逆"，遁世者看见的是"空"。这种仁智互见的现象，说明了艺术再创造既是受之于审美对象（作品）又是受之于审美主体（观众）的双向制约。作为一个自觉的电影观众，应当逐渐形成自己对电影、对艺术的独特理解方式，对艺术的认识应该既符合于艺术的普遍审美规律，又有自己的个性风格，有自己的独到见解。这才是作为创造意义上的艺术欣赏活动的最高境界。

最好的电影造就最好的观众。中国有句古训："近朱者赤，近墨者黑"，讲的是人的品行、气质的形成往往与他所在的环境、所接触的人有直接关系。这与马克思主义哲学所讲的"存在决定意识"是同一个道理。我们的审美情趣、艺术素养的形成，与我们经常看什么样的艺术作品有直接关系。马克思说过："如果你想欣赏艺术，你就必须成为一个在艺术上有修养的人。"而要想成为一个在艺术上有修养的人，首先就应当多看优秀的艺术作品。因为人的审美意识是受其审美经验制约的。所以要提高我们的艺术欣赏水平和鉴赏能力，最有效的方式之一就是有选择地、自觉地多看一些好影片。像那些经受了历史和人民检验的优秀影片，如国内影片《董存瑞》《红日》，国外影片《这里的黎明静悄悄》《人证》《远山的呼唤》等，尤其是那些在电影艺术史上开宗立派的经典影片、大师之作，它们往往能够直接地告诉我们，艺术的真正面貌应当是怎样的。它们本身就具有艺术的评价准绳。多看这类影片不仅能够提高我们对艺术的鉴赏能力，更重要的还在于能够在潜移默化中实现对我们心灵的感化和情感的陶冶。歌德曾说过："鉴赏力不是靠观赏中等作品而是要靠观赏最好的作品才能培育成的。"所以他告诫他的学生只看最好的作品，"在最好的作品中打下牢固的基础，你就有了用来衡量其他作品的标准"。他的学生后来回忆说，这使他"认识到作者的意图和优点，学会按照最好的思想去想，引起最好的情感"。可见多看优秀作品给人的启迪往往是双重的。反之，如果我们没有选择地看电影，那么我们进电影院看一次差电影，就等于进一次束缚、遏制我们审美欣赏能力的小教堂，甚至会"弱化"我们的心灵，把思想引入黑暗的歧途。

美国"全国电视暴力联合会"和"全国精神健康研究所"在世界上19个国家作了3700多份科学研究报告,其结果一致表明:暴力影片对观众有害。商业影片中频繁出现的凶杀与强暴场景,看了以后会使人变得麻木、恐惧、焦虑、易怒甚至导致犯罪。尽管观看这类影片有时会排遣我们心中的郁闷和忧愁,获得一种假想的精神愉快。尽管这类作品中也有高超的叙事技巧,也不乏精彩的特技场面,但是要提高对艺术的鉴赏力和理解力、提高人的文化素质,仅看这种商业性的影视作品是不能奏效的。

三 从传播者到接受者

自20世纪四五十年代始,电影研究者开始认识到电影与电影观赏者心中,存在着许多心理的与社会的变数。电影观赏者的地位逐步从效果研究中凸显出来,电影学领域内出现了研究重心向受众转移的倾向。这一转向的具体内容包括以下几方面。

首先,单纯的效果研究被使用与满足研究所代替,使用与满足模式的理论根据是,受众的行为很大程度上由个人的需求和兴趣来加以解释,他们是为了寻求满足和实现需求才使用媒介内容的。尽管传统的研究和使用与满足研究这两者都涉及效果,但前者最关心的是电影观赏者想要得到的效果,而后者则指的是电影观赏者或多或少地想要得到的效果。例如:"二战"期间,美国传释学学者霍夫兰等人受美国陆军委托,对电影宣传片在鼓舞士气方面所产生的效果进行评估。他们的结论是:"《我们为何而战》的系列片增加了士兵对于那些导致第二次世界大战的事件的认识,而且态度有了改变(尽管其程度比认识变化要小),但是,这些影片对于个人如何发挥士兵的作用的动机没有可测度的效果(该效果是这些倾向性的影片的最终目的)。"

其次,电影观众的种种内部、外部特征都被纳入研究者的视野,成为电影观赏研究中的重要指标和决定性因素。电影包含着特定的刺激性,这些刺激性与电影观赏者的个性特征有着特定的相互作用。其实不光个性特征(如年龄、性别、智力、经历、兴趣、爱好和立场),受众的社会特征(譬如文化传统、社会环境和群体影响),受众的心理特征(认知心理、好奇心理、从众心理、表现心理、移情心理和攻击心理)等,都应包含在内。另外，在电影观赏过程中，电影观赏者一方存在着因变量或自变量：电影观赏者的自我形象——个体对自身、自己的角色、态度和价值观的感知，构成了他们在观赏时的态势；电影观赏者的个性结构——社会心理学家常常假定某些类型的人比其他一些人更容易受影响；电影观赏者的社会环境——这个因素可以指周围的社会，观赏者生活的社区、所属的群体以及与之相互影响的许多个人。依据上述制约、影响观赏过程与观赏效果的种种观众因素，我们将观众理论归纳为四种，即个人差异论、社会分类论、社会关系论和文化规范论。

再次，是电影观赏者观赏过程的复杂性得到了充分揭示。例如，电影观赏者基于其接受目的及内外特征，表现出一种选择的心理活动，包括选择性接触、选择性理解与选择性记忆。选择性接触指人们总是偏向于选择那些自己需要的、感兴趣的信息内容。选择性理解的意思是，当电影创作者把一定的意义"编制"成一定的符号，受众则需要对此符号进行"解码"。在"解码"过程中，电影观赏者总是要受到自身愿望、需要、态度以及其他心理因素的影响，从而作出与电影创作者初始意图并不完全吻合的理解。"文革"期间观众对"样板戏"的逆反性接受，就是一个例证。选择性记忆是说，人们倾向于只记得与自己的观念、经验、个性、需求等因素相一致的信息。如"意见领袖"（opinion leader）的发现。"意见领袖"指在人际传播过程中，一类人对于其周围人的影响，较之于任何一种大众媒介都更为经常、有效。以此理论来解释电影与观赏者的关系，那么一般而言，电影作品投放市场前的宣传、造势，往往针对的就是一些"意见领袖"，或者说关于新作品的信息首先被"意见领袖"们所注意，随即再向四周扩散。电影作品放映过程中以及完成放映后，仍然会有"意见领袖"（不同类型片种"意见领袖"当然也不同）自觉非自觉地承担着向周围人推荐、评论的"使命"。

最后，必须提到的一点是电影观赏者的反馈。观众反馈一直是大众传播研究中最难确定的变量之一。早期拉斯韦尔的"五W"模式[①]就因忽视了反

[①] 拉斯韦尔最早以建立模式的方法对人类社会的传播活动进行了分析，这便是著名的"5W"模式：谁（Who），说什么（Says What），通过什么渠道（In Which Channel），对谁（To Whom），取得什么效果（What Effects）。

馈要素而受到批评。观众的反馈之所以成了大众传播链条中的薄弱环节，根本原因还在于，电影观赏过程主要被认为是单向的过程，因为它基本上没有那种我们在面对面传播中所看到的自发性的反馈。结果难免导致创作者对受众缺乏较为完整、准确的认识。具体到电影作品所获得的反馈，我们看到、听到的总是批评家、记者编辑的认识和评价；这些观点一方面只是属于主观性较强的定性分析，另一方面其在多大程度上能真正代表影视观众的真实想法，也确实成问题。而有的时候观众的反馈倒不一定是一个比较可靠的数值，在根据一些反馈得出结论以前，必须考虑观众的代表性。反馈者有可能是持有不可靠意见而数量上占优势的观众群，而真正可靠的意见由于他们选择"沉默"而在观众分析过程中被忽视。至此似乎可以得出结论：统计学意义上的收视率是体现受众态度的唯一可靠的反馈或表征。收视率能反映出特定时期、特定地域观众对特定故事题材、表达方式的喜好，一直以来它也的确是影视剧编导人员在创作时的重要参考指标。

延安时期创作的舞台剧《白毛女》，本来结尾时黄世仁并没有被枪毙。首场演出后，观众对此结局不满意，最后民意传达到了中央领导人那里，领导根据民意作出指示，要求修改结尾，镇压黄世仁。这样的极端情况只能是在非常年代才会发生。不排除一些影视作品也有凑几个不同结局让观众挑选的情况，但那多是一些实验性的先锋作品，如 20 世纪 80 年代的电影《小街》。可即使这样，受众对于《小街》的反馈依旧不是直接的、即时的，而是迟缓的、间接的。所以正常情况是，一位导演（以及片中起用的演员和该片的创作风格）的上一部电影的票房收益，作为受众对于该影片的意见和态度的经济学指标，反馈给影片的出资方，便决定了该导演拍摄的下一部作品的前途和命运。1978 年美国人迈克尔·西米诺（Michael Cimino）执导的《猎鹿人》（*The Deer Hunter*）一片，获得奥斯卡最佳影片、最佳导演、最佳男配角、最佳剪辑与最佳音响六项奥斯卡奖及纽约影评家协会的作品奖和男配角演员奖、洛杉矶影评家协会的导演"金球"奖，以及全美影评家协会女配角演员奖。该片的成功，使得美国联合艺术公司慕名请他执导新片《天堂之门》。结果影片耗巨资投放市场后却惨败，几乎让美国联合艺术公司破产，西米诺于是也被归为"流星般出现，留下一部天才影片，然后很快陨落"的奇才一类。

产业规模再次升级
经营模式悄然转型

——2012年中国电影业发展评析

朱玉卿[*]

【内容提要】本文从制片、发行、院线、区域、影院、档期、观众、"走出去"等多个方面,对2012年中国电影业的发展状况进行了翔实的分析。

【关键词】 中国电影 发展状况

对中国的电影产业而言,2012年是危机四伏、奇迹不断的一年。这一年,国内电影产业规模进一步升级,共制作完成故事影片745部(含电影频道出品的数字电影92部)、动画影片33部,各类电影总产量达893部。全年共有300多部中外影片进入城市影院,累计票房达170.73亿元,同比增长30.18%。同时,国内终端市场规模继续快速扩张。2012年全国新增影院848座,新增银幕数达3832块,同比增幅达26.5%,平均每天增加10块以上,银幕总量达13118块;全年放映场次2000多万,同比放量35.64%;全年观众人次超过4.6亿,同比放量1亿多,增幅超30%,已与票房增幅

---

[*] 朱玉卿,《综艺报》电影版主编,主要从事电影产业和电影观众研究,发表相关学术论文一百多篇,出版有《西班牙电影大师——路易斯·布努艾尔》《发达国家广播影视管理体制及管理手段研究》等著作。参与《合拍影片与中国电影全球化战略》《全媒体环境下的电影营销与推广研究》《2012年动漫产业发展报告》等国家广电总局重点研究课题。参与《洛克王国·圣龙骑士》《遍地狼烟》《神秘世界历险记》等多部影片的策划及营销发行工作。

同步。

在产业主体规模升级的同时,电影产业链条也得以拓展,除了传统意义上的制、发、放三大环节外,电影营销、电影广告、电影衍生品开发、电影设备与技术、电影人才培训,以及电影海外市场拓展等均成为业界发力的重点。此外,随着产业规模的升级,产业链各环节之间的利益分配开始出现调整的迹象,电影制作与发行、放映之间的关系出现新的变化。

但一组组亮丽的数字不能掩盖国内制片业投入产出比较低、发行无序和影院经营举步维艰的困境。无论是从制作上游,还是放映终端上讲,国内电影业面临着全面转型。制作方面,高投入高产出的粗放经营模式开始向细分观影人群、精心定制影片方面发展;发行方面,细分市场的区域发行模式呼之欲出;在放映端,单一依赖票房收入的做法已经行不通,影院在追求上座率的同时,开始拓展非票房收入新途径,向细化经营悄然转型。

一 国产片绝地反击 制片转型迫在眉睫

2012年上半年,国内电影市场上几乎成了进口片的独角戏。1月上映的国产片还有《大魔术师》(票房1.7亿多元)和《喜羊羊与灰太狼之开心闯龙年》(票房1.65亿元)等贺岁片撑市(见表1),但贺岁余热未过,进口片《碟中谍4》就在春节长假的最后一天抢先入市,并在上映当日大收5700多万元,累计票房达6.7亿多元(见表2)。随后上映的《地心历险记2》大收近3.9亿元。两部影片占比整个2月国内总票房的60%以上。很快,"中美电影新政"的实施无异给国内电影人以当头棒喝——从2012年开始,国内每年新增14部好莱坞高制式影片的引进指标,进口分账影片从原来的20部增至34部,而且外方的分账比例从原来的17.5%提高至25%。此举让国产电影的出品发行方备受压力。紧接着,4月10日3D版《泰坦尼克号》在国内大收9亿多元票房,国内电影人再次领略到了好莱坞大片的威力,很多片方既定的上映计划被打乱。在整个第二季度,关于"狼来了"的讨论成为整个业界的主题,国内电影人在失落和惶恐中寻求对策。

表1　2012年国产片票房前十名

排名	片名	上映日期	场次（场）	人次（人）	票房（万元）
1	《人再囧途之泰囧》	12月12日	537973	30679114	100461
2	《画皮Ⅱ》	6月28日	465828	17067256	70451
3	《十二生肖》	12月20日	258599	12955216	53533
4	《一九四二》	11月29日	325231	9989213	37200
5	《寒战》	11月8日	382601	7964341	25361
6	《听风者》	8月10日	253451	6562704	23374
7	《四大名捕》	7月12日	258883	5872802	19217
8	《搜索》	7月6日	224749	5257145	17412
9	《大魔术师》	1月12日	154860	5101098	17354
10	《喜羊羊与灰太狼之开心闯龙年》	1月12日	204573	5561229	16595
合计			3066748	107010118	380957

数据来源：国家广电总局电影专项资金办公室，其中票房以国家广电总局电影局公布为准。

表2　2012年进口片票房前十名

排名	片名	上映日期	场次（场）	人次（人）	票房（万元）
1	《泰坦尼克号》(3D)	4月10日	390183	21153633	94758
2	《碟中谍4》	1月28日	441752	19077050	67471
3	《少年派的奇幻漂流》	11月23日	383760	14458832	57105
4	《复仇者联盟》	5月5日	408855	13526555	56792
5	《黑衣人3》	5月25日	434751	12395923	50415
6	《冰川时代4》	7月27日	413870	11724909	44913
7	《地心历险记2：神秘岛》	2月10日	295106	9162509	38849
8	《蝙蝠侠：黑暗骑士崛起》	8月27日	310944	9062890	34012
9	《敢死队2》	9月4日	397154	10133979	33406
10	《超凡蜘蛛侠》	8月27日	288144	7600748	31151
合计			3764519	128297028	508872

数据来源：国家广电总局电影专项资金办公室，其中票房以国家广电总局电影局公布为准。

但毕竟当前的中国电影产业已经不再像20年前那样不堪一击，中国电影也不再是只知道一味退却的羔羊。经过第二季度的愤愤不平和迷茫困惑后，到下半年，国产电影开始奋起直追。《画皮Ⅱ》一举突破7亿元票房的盛举再次给国产电影注入一针强心剂。之后，国产电影打响反击战，《搜索》《听风者》《消失的子弹》《寒战》等相继在市场上取得高票房，特别是12月贺岁档，《人再囧途之泰囧》和《十二生肖》引发贺岁观影高峰，携手创下15亿元票房,单月票房更是冲高25亿多元。这让国内电影人重拾信心,实际上,无论进口影片如何凶猛,国产影片与本土观众之间的秘密通道仍是中国电影最大的优势。至2012年底,国内从事电影出品和制作的企业与机构超过1000家,共出品各类电影893部,其中有230多部进入市场,产出票房82.73亿元,占全部票房总额的48.46%。尽管这是自2005年以来国产电影占市场份额首次低于50%,但在"大片压境"下,国产电影能够坚守半壁江山已属不易。

但也要看到,全年除了《画皮Ⅱ》和《十二生肖》之外,《危险关系》《太极》《大上海》《王的盛宴》《血滴子》等高投入、全明星阵容的"大片"相继折戟市场,并没有出现片方所期待的"高产出"。近两年的市场表明,观众对古装动作影片已经出现审美疲劳,贴近现代人生活的现实题材电影更有市场。除了引发社会话题的《搜索》,爱情类型影片仍是观众的首选,《LOVE》《我愿意》《春娇与志明》等影片的市场表现均可圈可点。尤其是《人再囧途之泰囧》和《十二生肖》的大卖让喜剧类型电影再次受到关注。据统计,2012年共上映喜剧类型片50余部,累计票房近26亿元,占国产片总票房30%以上。

惊悚类型影片和动画电影在2012年电影市场上表现突出。据不完全统计,2012年上映的惊悚电影约20部,其中《笔仙》《笔仙惊魂》《绣花鞋》均在市场上脱颖而出。动画电影更有集体出击之势,全年制作完成的33部动画电影中,有20余部进入市场,其中《喜羊羊与灰太狼之开心闯龙年》、3D版《大闹天宫》、《麦兜当当伴我心》、《我爱灰太狼》、《神秘世界历险记》等均有上佳表现。

在制片成本不断走高,市场回收压力加大的当下,制片业面临的投资风险超乎以往。2012年的市场再次表明,以往"高投入,高产出"的粗放经营理念已经走入死胡同,制片领域以创作和制片为中心的思路,开始向准确定位观众、细分市场转型。

二 发行模式亟待改进

与逐年递增的庞大制作端和不断扩容的终端市场相比,发行环节的薄弱在2012年表现得更为突出。几大民营背景的发行公司中,表现最突出的是华谊兄弟公司,一共发行 7 部影片,产出票房总计 21 亿多元,占国产片市场份额的 26%,其中《LOVE》、《画皮Ⅱ》和年底上映的《十二生肖》堪称出彩,但两部《太极》和《一九四二》则让华谊兄弟公司大伤元气。光线影业凭一部《人再囧途之泰囧》一时风光无限,其主导发行的《四大名捕》和《大海啸之鲨口逃生》均较抢眼,但与往年相比,主导发行的影片数量明显减少。乐视影业 2012 年在电影制作和发行方面初步发力,其主导发行的《消失的子弹》和《敢死队 2》让业界眼前一亮。美亚华天下因为《听风者》等港产片而风生水起,安乐电影发行有限公司则因《寒战》的出色表现引起关注。而往年比较活跃的博纳、小马奔腾等均进入"小年",无论主导发行影片的数量还是市场表现均不及往年(见表 3)。

表 3 2012 年国内主要发行公司影片发行情况

公司名称	影片发行情况
中国电影股份有限公司	参与出品发行了《我愿意》(7736 万元)、《雨中的树》(2145 万元)、《搜索》(17354 万元)等多部国产影片和 50 多部进口影片
华夏电影发行公司	出品发行了《铜雀台》(10138 万元)、《白鹿原》(13326 万元)、《危险关系》(5937 万元)等 120 部中外影片,累计票房约 50 亿元
上海东方影视发行公司	共参与出品发行《喜羊羊与灰太狼之开心闯龙年》(16595 万元)、《大闹天宫》(4692 万元)、《绣花鞋》等多部电影,累计票房超 8 亿元
华谊兄弟	共制作发行《逆战》、《LOVE》(12842 万元)、《画皮Ⅱ》(70451 万元)、《太极 1》、《太极 2》、《一九四二》(37200 万元)、《十二生肖》(53533 万元)等 7 部影片,累计票房 20 多亿元
光线传媒	参与投资发行《四大名捕》(19217 万元)、《匹夫》、《大海啸之鲨口逃生》(15880 万元)、《人再囧途之泰囧》(100461 万元)等十余部影片,票房超 15 亿元
乐视影业	参与投资发行《八星抱喜》(7715 万元)、《高举爱》、《追凶》、《十二星座离奇事件》、《消失的子弹》(16465 万元)、《敢死队 2》等 8 部电影,票房超过 6 亿元
博纳影业集团	参与出品发行《大魔术师》(17412 万元)、《桃姐》(6723 万元)、《台北飘雪》、《海鲜陆战队》、《河东狮吼 2》、《冰雪 11 天》、《大上海》(8410 万元)等 8 部影片,票房累计近 5 亿元
星美影业	参与出品发行《晚秋》、《王的盛宴》(7444 万元)、《血滴子》(5500 万元)、《地下室惊魂》、《杀生》、《三个未婚妈妈》等多部影片,累计票房 2 亿多元

数据来源:国家广电总局电影资金办公室,票房统计日期截至 2012 年 12 月 31 日。

在国产影片发行方面,原来中影、华夏和上影三大国有背景的电影发行公司均显得相当低调,几大民营背景的电影发行公司面对不断变化的观众需求和日益增长的终端市场也显得力不从心。发行端面临的窘境是当前市场转型的新信号。2012年共有300多部中外新片进入市场，几乎每天都有一部新片开画。尽管国内终端市场扩容明显，但在原有"大一统"的传统发行思维模式下，任何一部影片都抱着"全国市场通吃"的心态，造成放映空间拥挤，档期撞车现象日益严重。"五一档"、"十一档"和暑期档、贺岁档等传统黄金档期，影片调档乱象丛生，最终几败俱伤的情形屡屡上演。

对很多片方和发行方来说，他们不是不愿意调整档期，而是很多时候根本无档期可调。有发行公司负责人认为，在当前进口强片国内上映日期不明朗的情形下，要求国产影片制片方和发行方提前公布档期无从谈起。尽管众多院线公司主动邀请各大电影制片公司和发行公司协调档期，避免"撞车"，但忌惮于进口片的威力，中等偏上投资规模的影片均对档期讳莫如深。"档期透明是发行有序的前提"，乐视影业总裁张昭认为，业界有必要针对发行环节进行探讨，达成共识。"强片提前定档，小片见缝插针"，上海联和电影院线副总经理吴鹤沪认为，档期透明需要业界共同努力争取。

但新的迹象已经出现，2012年暑期上映的动画电影《神秘世界历险记》，该片制片投入仅数百万元，但确定区域发行策略后仅在江苏一省就产出1400多万元票房，助力影片总票房突破2300万元，成为近几年区域发行的成功范本。万达院线、大地院线、金逸珠江院线等直营影院居多的院线也开始联手片方，通过院线以及旗下影院的资源整合，对重点影片推出"订单式发行"。

发行上接片方、下通院线，是电影产业得以健康发展的关键。发行同样需要转变原有思维模式，要联手片方和院线，做好资源整合工作，针对终端市场进行有效发行。当前终端市场已经具备分院线发行和分区域发行的条件，发行方应对此作出积极调整。《二次曝光》《人再囧途之泰囧》等影片之所以在市场上胜出，与他们重点联手几大院线公司进行市场细分，有针对性地调整市场策略有很大关系。

三　单院线票房近25亿元　院线整合呼声再起

国内产业规模的升级在终端市场体现得更为明显，一些实力较强的大院线在加大新影院投建力度的同时，开始整合影院阵地资源——一方面继续完善对观众的服务，挖掘影片的票房产出潜力；另一方面利用影院的阵地资源，针对观影人群拓展影院的非票房收入。与此同时，影院市场的区域不平衡现象依然突出，有些二、三线城市新型多厅影院不足，而有些城市影院却有些饱和，致使新影院虽然建成，但后续经营管理难度加大。

国内电影市场的整体容量增速惊人，单日票房冲顶1.5亿元，单月票房冲顶近26亿元。但也应该看到，市场的涨跌取决于入市影片的品质和受观众欢迎的程度，有些月份因为缺乏市场强片支撑，票房甚至跌至单月10亿元以下低谷。影片在档期选择方面所遇到的问题愈加突出。这些都让相关环节的企业开始调整运营思路，终端方面的转型也迫在眉睫。

2012年，万达院线的总票房接近25亿元，占国内市场份额的14.5%。与此同时，院线榜单前10名的票房之和高达120亿元，占全国市场的70%，院线榜单前20名的票房之和达151亿元（见表4），占全部市场份额的88%以上。而国内目前的院线公司总数多达45个，这意味着其他25个小型院线公司的市场份额只有12%左右。

表4 2012年国内院线票房排名情况（前20名）

序号	院线名称	场次（场）	人次（人）	票房（元）
1	万达电影院线股份有限公司	1709094	58353647	2453193960
2	中影星美电影院线有限责任公司	1705629	42647375	1613855198
3	上海联和电影院线有限责任公司	1655027	43390394	1575229188
4	中影南方电影新干线有限公司	1471792	34306302	1313578521
5	广州金逸珠江电影院线有限公司	1266552	29927327	1151084717
6	广东大地电影院线有限公司	1895108	38535543	1106338974
7	北京新影联影业有限公司	860542	21626605	811801051
8	浙江时代电影大世界有限责任公司	939988	19631019	717570756
9	四川太平洋电影院线有限责任公司	614122	16686668	612203211
10	浙江横店电影院线公司	856751	16865997	560167402
11	中影数字院线（北京）有限公司	1060215	16292935	517668256
12	辽宁北方电影院线有限公司	614210	14376561	426308970
13	河南奥斯卡院线有限责任公司	573535	12872119	417844530
14	北京时代华夏今典电影院线	861989	12002319	360121384
15	重庆保利万和电影院线	399110	9269698	329719150
16	湖北银兴院线影业有限责任公司	336343	8858059	289902030

续表

序号	院线名称	场次（场）	人次（人）	票房（元）
17	江苏幸福蓝海院线有限责任公司	242318	6648031	249631292
18	武汉天河影业有限公司	241734	7517093	244306138
19	世纪环球电影院线发展有限公司	184048	5701357	212065065
20	江苏东方影业有限责任公司	275122	6737185	199992141
	院线前20数据合计	17763229	422246234	15162581939
	全国院线数据合计	20553101	461404168	16499998678
	全国可统计数据合计	20556200	461451000	17173000000

数据来源：国家广电总局电影资金办公室，以售票系统统计数据为依据；统计周期为1月1日至12月31日。

一方面是大院线的快速发展，另一方面是中小院线的举步维艰。特别是诸多以加盟影院为主的中小国有背景院线公司，正在逐渐失去对旗下影院的主导能力。在现代意义的院线制中，院线的作用主要是整合旗下影院的优势资源，在助力影片终端销售的同时，最大限度地释放影片的市场潜力。但数量过多的院线公司摊薄了这种资源整合的效果，加之院线两极分化严重，院线兼并的呼声也日益高涨。尽管业界认为，很多院线的存在不是市场行为，而是体制原因，轻言兼并整合为时尚早。但种种市场迹象表明，院线整合已经迫在眉睫。2012年，万达院线已经在整合终端资源方面迈出一步，并与《HOLD住爱》《二次曝光》《人再囧途之泰囧》等多部影片形成互动，让业界看到院线在资源整合方面的能力与效果。该院线与远在美国的AMC院线整合，也对国内院线重组有较大的启发。

实际上，随着国内新型多厅数字影院数量的增多，以及拷贝传输方式的改变，院线在整个产业中的作用和功能已经发生了改变。之前，院线更多的是发行方与影院方的桥梁，但现在已经远非如此，特别在数字拷贝卫星传输即将投入实施的背景下，院线未来的作用更多体现在如下几方面：首先，整合旗下影院的阵地营销资源，帮助影院和片方实现影片票房的最大化；其次，加大影院自身资源整合，帮助拓展非票房收入途径，增强影院的造血功能；再次，院线自身要具备对影院进行经营管理输出和业务指导的能力，同时代表影院利益与片方进行各种合作。

四 北上广仍为重要票仓 区域市场发展不平衡

与院线发展不平衡相对应，国内各省区以及一线城市和其他城市之间的电影市场也呈现出较大差距。2012年，广东、北京、江苏、浙江、上海票房前五的省市约占一半的国内市场份额。而票房前十省市的累计票房达117亿多元，占国内市场份额的68%以上，其他诸如西藏、青海、宁夏、甘肃等边远地区，票房份额占比尚不到1%（见表5）。但国内电影市场仍有很多"蓝海"有待开发。2012年，全国各地县城影院建设速度明显加快，北京、上海、天津、山东、浙江、河北、宁夏、重庆等省区率先实现了县级城市数字影院全覆盖。到2012年底，全国县级城市拥有数字影院近千座，银幕数超过3000块，县级城市数字影院普及率达到35%以上。这些市场成为未来影院终端拓展的方向。

表5 2012年国内省区市场排名情况（前20名）

序号	省区	2012年票房(万元)	2011年票房(万元)	增幅(%)
1	广东	237120	186544	27.11
2	北京	161160	134952	19.42
3	江苏	156348	109007	43.43
4	浙江	137511	101413	35.60
5	上海	134865	110339	22.23
6	四川	87232	67106	29.99
7	湖北	81265	58643	38.58
8	辽宁	65747	48466	35.66
9	山东	57476	40418	42.20
10	重庆	55420	42908	29.16
10省区数据合计		1174144	899796	
全国数据合计		1717300	1311500	

数据来源：国家电影事业发展专项资金办公室，以售票系统统计数据为依据；统计周期为1月1日至12月31日。

同时，业界也应该看到，电影市场的繁荣除了与当地经济水平紧密相连外，与当地的文化氛围以及人们的文化娱乐消费习惯等均有较大关系。诸多市场空白区因为各种原因，观影氛围并不浓郁，这需要电影主管部门，以及业界各个环节共同努力，比如当地政府层面对投建影院的政策和税收支持，当地文化部门对影院观影文化的营造等。具体到电影界，应呼吁片方对二、三线市场，特别是一些县级影院实行更为灵活的最低票价优惠政策，在为影院提供更为灵活的营销空间，比如团体票、会员卡、优惠活动等的同时，也让电影真正回归大众消费行列，让当地观众在看得起电影的前提下，养成影院观影消费习惯。

五 新增影院848座 影院经营难度加剧

2012年，国内新增影院848座，新增银幕数达3832块。从每个月新增影院数量分析，2012年上半年一度出现月增不足40座新影院的低谷，但到年底，特别是12月出现了月增166座影院的新纪录（见表6）。影院投建热潮似乎风头不减，但年末一场制片方与院线方的"分账比例之战"，揭开了表面热闹的电影院光鲜的面纱。电影院的经营困境，在双方的利益博弈中被一览无余。万达院线总经理叶宁坦承："万达院线近几年的新建影院，自2011年亏损面开始增长。"世茂影业总经理刘明则戏称现在的影院都患上了"三高"综合征：租金高、成本高、管理费用高。虽然近两年电影票房整体保持着30%左右的增长速度，但单家影院的票房增速却远远无法达到这个数字，很多影院甚至出现了票房负增长。

表6 2012年单月新增影院情况

月份	2012年新增影院(座)	2011年新增影院(座)
1月	107	108
2月	55	53
3月	37	59
4月	46	68
5月	46	102
6月	54	85
7月	50	76
8月	80	78
9月	89	53
10月	41	69
11月	77	76
12月	166	127
合计	848	954

数据来源：国家电影事业发展专项资金办公室。

2012年新增银幕3832块，环比2011年激增41%，到2012年底银幕总数已达13118块。其中，支持2K数字放映的银幕达1.2万块，支持3D放映的银幕达近9000块，已经成为全球最大的3D电影市场；IMAX银幕达100块，中国巨幕15块，X-LAND幕（万达4K放映机）4块，POLYMAX共2块。自2010年来，银幕数增长连续三年以超过30%的增幅高速发展。此外，2012年中国银幕总体呈现数字化、3D化、巨幕化的多元发展特点。

但从国内影院的放映场次、观影人次和票房增幅之间的对比情况分析，2012年国内放映场次高达2000多万场，同比增加35%，但观影人次和票房的增幅均在30%上下，均未能跟上终端扩容的速度。与此同时，大量新影城的加入，让终端市场的竞争日益惨烈。面对严峻的市场形势，电影院的经营模式必然要转型，除了提升影院服务水平以及与片方联手提高影院上座率之外，整合影院自身资源，开发影院卖品、阵地广告等非票房业务收入，成为当前影院经营者努力的方向。在影院用地租金居高不下、影院经营举步维艰的背景下，经过前几年近于狂热的"圈地运动"洗礼，影院投建在2012年有所降温，影院投资逐渐趋于理性。

六　单月票房冲高25亿多元　"内容为王"成共识

回顾2012年的电影市场，在传统票房淡季的4月，因3D版《泰坦尼克号》、《超级战舰》、《黄金大劫案》等中外影片共同助推，单月票房高达近16亿元，同比增加145%。而在热门档期的暑期档，尽管有《画皮Ⅱ》一枝独秀，但从6月到8月，在放映场次同比大幅放量65.7%的情况下，观影人次和票房基本持平，除了《画皮Ⅱ》和《冰川时代4》，其余影片并没有掀起太大的市场波澜。这样的情形还出现在五六部同级别影片扎堆的国庆档期，8天小长假的市场表现并没有给片方带来太多惊喜（见表7）。

在年底的最后一个月，《少年派的奇幻漂流》《一九四二》《人再囧途之泰囧》《十二生肖》等多部强片入市，特别是后两部引发的观影热潮，使得市场在年底出现井喷式增长，25亿多元单月票房产出创造了有确切数据统计以来的新高，也让国内电影市场的真正潜力得以释放。市场对内容的需求可见一斑，"内容为王"成为业界的共识。观众观影习惯逐渐养成，观众的第一诉求还是影片本身，档期对影片票房的影响在逐渐减弱。档期只能是锦上

表 7 2012 年国内单月市场情况

月份	放映场次(场)	观影人次(人)	票房(元)
1 月	1311528	40305222	1387562268
2 月	1421295	35460299	1272183922
3 月	1487379	24917495	862105428
4 月	1434350	40168979	1570699466
5 月	1504132	30594482	1182074182
6 月	1674908	35071182	1265138120
7 月	1827787	38856641	1376703082
8 月	1942745	40741502	1401966147
9 月	1695286	33323501	1202781530
10 月	1986978	32204215	1091279167
11 月	1809449	30943777	1086601761
12 月	1983217	71119375	2530900531
合 计	20079054	453706670	16229995604

数据来源：国家广电总局电影资金办公室，以售票系统统计数据为依据；统计周期为 1 月 1 日至 12 月 31 日。

添花，关键还在影片自身。《寒战》和《大海啸之鲨口逃生》逃离暑期和国庆档期，选择在 11 月淡季上映，一样产出高票房。反之，影片不给力，再好的档期也是浪费。

与此同时，有业界人士指出，档期也并非无规律可循。经过多年的培育，观众在特定的档期有特定的观影期待，片方应该多去了解观众的观影心理。2012 年 12 月的贺岁档，题材沉重的《一九四二》《王的盛宴》《血滴子》相继惨遭观众抛弃，而《人再囧途之泰囧》和《十二生肖》则异军突起，这说明在贺岁档，观众还是倾向于选择偏喜剧风格的影片。

七 4.6 亿观众人次 观众的作用开始凸显

2012 年，国内城市影院的观众人次达 4.6 亿（见表 7），城市以外的可统计观影人次达 15 亿。2012 年 1 月、4 月、8 月和 12 月的单月观影人次均达到 4000 万以上，其中 12 月冲破 7000 万。全年的市场低谷为

3月，只有2492万，当月只有两部进口影片《异形战场》和《灵魂战车2》撑市。票房较低的5月和11月，均与入市影片对观众的吸引力不够有关。

如今的电影市场已经告别了"上什么菜，观众吃什么菜"的年代，而是"观众吃什么菜，就要做什么菜"。观众作为电影产业的基石，对电影业提出了新要求，即制片业从以制作为中心向以观众为中心转型。观众在电影产业中的核心因素理应受到重视。《人再囧途之泰囧》大火后，关于该片"成功秘诀"的报道便纷至沓来，而徐峥自己的"秘籍"只有短短6个字——"以观众为中心"。《人再囧途之泰囧》宣传方也表示，很多导演只顾个人情怀表达，不尊重观众需求，势必无法得到市场的尊重。

制作环节尊重观众，营销环节同样要以观众为中心。观众在哪里，营销到哪里是《人再囧途之泰囧》的"营销术"。作为电影产业链中的重要一环，2012年的电影营销开始向跨界立体整合方向发展。除了《搜索》通过社会话题进行营销外，《画皮Ⅱ》的"三屏合一"无疑是新亮点。而这些变化，正是电影营销"以人为本"的表现。

八 海外票房10.63亿元 "走出去"困境重重

与国内市场的火热相比，中国电影的"走出去"之路进展得并不顺利。2012年，在境外40个国家和我国港澳台地区共举办了118次中国电影展（周），展映国产影片614部次，有47部国产影片译制成英、法、西、阿、俄等10个语种，共向48个驻外使领馆提供了526部次影片。全年共有390部次影片参加了32个国家及我国港澳台地区的77个电影节，其中有55部次影片在21个电影节上获得73个奖项。但在市场拓展方面的数字并不尽如人意，2012年共有75部影片销往80多个国家和地区，总收入达10.63亿元，与2011年的20.46亿元相比下降了约48%。

海外市场一直是中国电影的软肋，如何"走出去"成为业界说不出的痛。《画皮Ⅱ》导演乌尔善认为，中国电影走出去要"团结亚洲力量，心态要放开，把整个东方看成一个整体，《画皮Ⅱ》主打的就是东方新魔幻"。不少业界人士指出，中国电影之所以不能进入西方国家的主流院线是因为还没有建立直接有效的海外发行渠道。

近年来,随着电影市场竞争日趋激烈,国内制片业仅依靠国内的票房收入很难实现盈利。拓展海外市场成为实现影片收益的重要方面。实际上,中国电影要进军西方市场,合拍片仍然是主要渠道,尤其是与美方合作。2012年《敢死队2》《环形使者》等中外合作项目,为中国电影走向海外市场作出了新的尝试。

探究中国艺术电影的市场化运作

李南南[*]

【内容提要】 本文着重分析了中国艺术电影市场的发展现状，采用论述与实例并举的方法，来探讨我国艺术电影市场化运作的前提以及所面临的问题。文中同样介绍了以艺术电影闻名于世的法国在艺术电影市场化运作过程中的先进理念及经验。在中国电影商业化初步成功的大背景下，完善我国艺术电影市场已成为大势所趋，文中结合我国特色，提出几点建议及可行性措施。

【关键词】 艺术电影 艺术院线 电影市场布局 青少年引导

2013年，中国电影市场延续2012年的良好势头，票房以超过30%的速度持续快速增长，票房总额已经突破200亿人民币，远超日本，成为继美国之后世界第二大电影市场。实际上，中国的新增银幕数量每年都在以5000块的速度增长，越来越多的中国人认可去电影院看电影，中国人的观影习惯在逐步形成，观影需求日趋强烈。在中国电影市场商业化初步成功的背景下，艺术电影的缺失已经成为一个不容忽视的问题。

随着市场份额的不断扩大，中国电影市场也走到了亟须细分的十字路口。电影产业从来都承载着多重属性，并不是只有商业属性可以为电影业带来生机。在当前商业电影全球攻略的大背景下，中国电影能否在这样一个十字路口选择一条适合自己的道路，去完善中国电影市场的布局，从而促进中

---

[*] 李南南，北京电影学院中国动画研究院产业经济研究所助理研究员。

国电影的健康发展呢？中国电影的发展史已经跨越了百年的里程碑，但是时至今日尚未形成一条完整的艺术院线，中国电影业唯票房论这一现象，也直接造成了全国上下两万多块荧幕，在同一时期上映同一批电影。影院也仅仅具有放映功能，并没有融合其他文化功能，对于电影爱好者而言，也是毫无个性选择的可能。在中国电影票房高歌猛进的这几年，青年新锐导演的影片和一些小成本艺术影片却鲜有机会与公众见面交流，这不得不说是中国电影产业链条的缺失。

艺术电影是推动电影发展的重要力量，是鼓励电影从业者摒弃杂念、回归艺术性追求的一个真空地带。广义范围来讲，艺术电影是不追求商业票房而具有强烈艺术特质和文化辨识度的电影类型，从创作者角度来讲，艺术电影是电影艺术家所强调的具有鲜明特色的"个性电影"。与商业电影相比，艺术电影的故事更具内涵、人物塑造更立体，在艺术价值上也更值得推敲。不可否认，艺术电影是一个国家电影的希望所在，不同国家的文化基因、历史渊源往往能够通过艺术电影清晰并且深刻地展现在人们面前。我们绝不能忽视电影对艺术的追求，没有令艺术电影生长的土壤，那么最终受到影响的将会是整个社会的文化传承与进步。

一 中国艺术影院的发展现状

中国艺术电影市场并不是一贫如洗的。早在改革开放初期，中国还处在市场经济的过渡阶段，在这样一个文化传播渠道尚未形成、人们的精神生活远没有如今富足的特定时代，艺术电影的叙事是非常容易得到观众认可的。在那一时期，很多电影都具有非常高的艺术性，也都取得了相当可观的票房收入。例如《霸王别姬》的全球票房高达2100万美元。这一批艺术电影屡屡在国际电影节上获奖，正是它们的存在使得西方开始关注古老的中国文化。华语电影也正是由于这一批艺术电影而吸引了全世界的瞩目。

但是，随着市场经济的发展和大众多维度娱乐时代的到来，一方面艺术电影的生存空间遭到商业电影的挤压，另一方面国家近几年鼓励大制作、高科技电影，这对于中国艺术电影来说更是雪上加霜。许多电影人，像王全安、贾樟柯、王小帅、张元等第六代导演都在苦苦寻求外部资金的支持来拍片,他们的许多影片历尽波折却难以在国内上映。中国青年导演的作品在墙外开花结果,而在国内电影市场上却难觅踪迹。中国艺术电影进入了整体低潮的时代,这与中国电影产业的布局和产业政策是有直接关系的。商业与艺术从来不是矛盾和对立的,如果舍弃艺术电影,盲目追求电影的商业价值,也说明了整个电影行业偏离了健康轨道,急功近利只会将电影产业的发展带入另一个极端。

2013年中国电影人持续发声,越来越多的影人已经意识到了建立艺术院线的迫切性以及重要性。在艺术电影繁荣的欧洲,学者们普遍认为,青年人是艺术创作的革命者,中老年人大多是艺术的保守者。要有效地扶植艺术电影,除了对影片制作以及宣发加大保障性投入、鼓励培养青年电影人才之外,更重要的是保证艺术电影放映渠道的畅通无阻。因此,建立一套完善的艺术院线体系,是优化中国电影市场布局的基础。

贾樟柯指出:"更年轻的一代中,那些优秀的独立电影作品,至今还被全然排斥在发行体系之外。因为这部分作品大部分都是由数码拍摄,特别是由DV和HDV拍摄,根本不能被现行的审查体系接受,但往往这部分作品是具备实验性、有独特艺术价值的。"贾樟柯志愿在中国建立一家私人艺术影院,旨在为那些有独特艺术价值的优秀独立电影提供一个与公众见面交流的平台。

除了知名影人的努力之外,民间也主动发起"后窗放映·文艺之春"活动。自2013年5月以来,该活动已经在全国十余个城市放映,甄选出几部一年来颇受关注但难得一见的国产艺术电影,在全国十余家合作影院放映。这些影片大多由青年导演创作,"后窗"的目标是为了促成艺术院线在中国的真正建立。"后窗放映"发起人之一卫西谛指出:"观影平台和通道的缺失,已经酿成了一种恶性循环。而建立成熟的艺术院线在短期内似乎难以实现,因此,我们发起'后窗放映'计划,为小众电影拓展更多的影院放映空间。我们希望能够有越来越多的影院与我们合作,放映那些应该被看见也值得被看见的艺术电影。"

其实,艺术影院早在20世纪80年代以来在我国就已经出现,但均因经营惨淡难以为继而宣告失败。例如2001年在北京紫禁城三联影视发行公司的倡议下,北京、上海、广州、南京等地成立了Avant-Garde艺术电影院线。然而由于片源缺乏、宣传不够到位等原因,票房经营惨淡。随着加盟的电影院在不到半年的时间内纷纷退出，A-G关于艺术影院的尝试以失败告终。

目前国内最成功的艺术影院是百老汇电影中心，截至目前，香港、北京的百老汇电影中心已有近3万名会员。目前全国现存的艺术影院也仅有香港、北京的百老汇电影中心，光点台北电影主题馆。实际上从严格意义上来说，中国还没有真正成熟稳定、运作成功的艺术院线，"艺术电影"的受众也没有形成。电影界内部虽然对艺术电影时有讨论，但仍未能形成针对目前中国艺术电影生存状态的具体解决方案。

二 法国艺术院线的成功经验

法国、美国、德国、挪威等国家在艺术院线的成功运作方面有非常多的经验，我们只有借鉴别国的电影产业尤其是艺术院线扶持政策，才能尽快促成我国建立完善的艺术院线制度，真正促进艺术电影在中国的长足发展。国外的艺术院线以及艺术电影市场化运作也都经历了一个由尝试到成熟的过程。法国是世界电影的发源地之一，同时也是特别重视保护艺术电影的国家。法国境内的艺术影院目前已经超过1000家，占法国电影院总数的近1/4，占全世界艺术影院总数的1/3。艺术电影在法国的地位以及繁荣程度，令好莱坞商业电影望尘莫及。法国艺术电影的繁荣，离不开法国政府的大力支持和电影人的共同努力。

法国的电影扶持政策由法国国家电影中心（Centre national de la cinématographie）监管执行，CNC隶属于法国文化部，其职能就是管理法国政府用于扶持影视作品和电影产业的资金。资金主要由电影院的特别附加税、私立电视频道的收入税金、公立电视台收入的提成构成。CNC下设的各种基金、补贴和预付金就有十几种之多，其中包括剧本创作补贴、纪录片扶助金、处女作扶助金、短片扶助金等，每年法国有70%的影片可以直接受益于CNC的资助，尤其是艺术电影。

法国"艺术与尝试"影院与商业电影院线运营区分开来，作为一种独立的体制运作，享有"文化例外"的种种优待。对于"艺术与尝试"影院的评定有着明确的标准，艺术影院的运营状况和评级决定了它可以享受的资助比例。这看似苛刻的资助体系，正面促进了艺术影院积极创新和不懈努力。

首先，艺术影院放映的影片必须符合各种标准，才能向法国艺术与尝试影院协会（l'Association Française des Cinémas d'Art et d'Essai）申请加入艺术院线。可被视为艺术电影的影片须由一个"艺术影片评审团"推荐；该评审团共有100名成员，其中包括影院从业者、发行商、制片商、导演、电影节总监、政府代表、影评人以及文艺界知名人士。

法国艺术与尝试影院协会则受法国国家电影中心CNC委托，负责主持每月两次的推荐影片评审投票工作。依照现行标准，"艺术与尝试"影院所放映的影片中，必须包含具备以下特征的艺术作品：

拥有无可争议的质量，但未能获得其该有的上座率的影片；
属于电影领域探索性或新类型的影片；
反映在法国鲜为人知的国家的生活的影片；
具有艺术或历史价值，特别是被列为"银幕经典"的重播影片；
旨在革新电影艺术的短片；
凡获得影评人和观众一致赞许并为电影艺术带来卓越贡献的近期影片；
具有特殊才华的业余作者的影片。

其次，凡申请"艺术与尝试"资质的影院须由法国国家电影中心影院定级委员会（La Commission de Classement des Salles）审理并由国家电影中心主任批准颁布。艺术影院的标签又细分为三个类别，分别是"探索发现""文化遗产""青少年观众"。这些艺术影院需要按法定程序对影院的运营状况进行年度定级申请与核定，以决定下一年度该影院享受资助的额度。在严格的定级标准的约束下，法国每年通过CNC向法国艺术与尝试影院协会提供约1200万欧元的补贴，用于资助艺术影院的影片宣传推广计划或影院场所的整修改造。近年来在法国的艺术影院甚至电视荧屏上，大量亚洲甚至中国影片进入法国人的视野并受到青睐，这其实应该是法国"艺术与尝试"体制的功劳。

最后，值得一提的是，随着电视业和新媒体的不断发展和繁荣，原本单一的电影税源发展至音像制品销售税、网络视频点播营业税和电视营业税等多种税源。近年来，由于电视频道的增多，电视营业税在基金总额中所占比例越来越大，目前已达到77%，成为扶助电影基金的主要来源。随着法国影视传媒业自身的壮大，2012年，CNC掌管的影视资助基金总额由2005年的 5 亿欧元增加到 7 亿欧元，2013 年，预计维持在 7.5 亿欧元左右。从影视产业链的下游提取税款，投资于产业链的上游——生产和发行环节。这种独特的机制使得法国电影产业得以应对各种挑战，艺术电影以及法国本土电影是其中最大的受益者。

除了法国政府给电影业提供了诸多政策和资金支持，电影人和明星也遵循着"艺术至上"的原则，各方共同推动着以艺术电影为主的中小成本电影发展。在一些法国电影人的眼中，比起赚大钱，艺术上的成就有更大的收获。例如演员朱丽叶·比诺什、让·杜瓦尔丹，导演迈克尔·哈扎纳维希乌斯等，他们都曾公开表示，一定会遵从艺术之心选择艺术电影。如今，已成全球巨星的比诺什仍未改初衷，反而更多了份支持中小成本电影、提拔新锐导演的责任感。2012 年，她出演了不知名导演的作品《她们》（ELLES），影片讲述了比诺什饰演的记者采访巴黎援交女孩的经历。让·杜瓦尔丹也倾情出演迈克尔·哈扎纳维希乌斯的无声电影《艺术家》（Artist），虽然票房遇冷，却因为影片的特殊艺术价值而夺得 2012 年奥斯卡最佳男主角、最佳导演、最佳服装设计等五项大奖。正是他们这样的有较高艺术追求的大牌电影人，不计较金钱回报，用自己的实际行动提升了法国艺术电影以及中小成本电影的市场竞争力。

电影节是法国支持艺术电影和中小成本电影的一大支柱。每年在法国举办的电影节多达上百个，参展电影大部分是艺术电影和独立电影。这些电影由于宣传成本和渠道等难题通常难以进入影院上映。而电影节通过集中放映，为这些电影提供了营销和宣传的平台，许多新人得益于电影节的展映而踏上职业道路。"目的鲜明的影院经营理念，保证放映地区的多样化，推广一切创新的独立制作；帮助高质量的作品找到展示并和观众见面的渠道，并且促进它们在这一渠道的持久性和更广范围覆盖；和电影制作者保持良好关系，帮助他们找到尽可能多的观众，由此为新创作寻找可能的手段；培养年幼的观众"，这是法国艺术院线承诺的主要责任。除此之外，获得"艺术与尝试"影院资质的机构还需组织相关文化活动，承担电影艺术探索推广、青少年影迷审美趣味培养等社会文化使命。培养儿童对电影的兴趣和热爱也成为法国艺术院线的重要任务。大多数艺术院线都定期设有休息日的儿童专场，以及相关的面向青少年的电影启蒙教育活动。这甚至也是国家电影中心考察艺术院线、给予补助的重要标准之一。

三　对于建立中国艺术院线的一些建议

目前中国艺术电影及中小成本电影面临着困境与挑战。虽然政府宣传大力扶植文化产业已经多年，但是对电影产业，却并没有拿出多少实质性的优惠措施。一些小成本电影会在这样的政策下，继续萎缩，甚至退出市场。艺术院线的票价比主流院线更便宜，艺术院线在发扬支持艺术独立作品的同时，自然比纯粹用商业利益衡量发行的主流商业院线承担更多的经济风险。要想在激烈的商业竞争环境下生存，他们理应得到政府更多的扶植和帮助。

从法国CNC的资助资金来源到资助方式，可以看到法国政府对电影产业的支持确有其独到之处。首先，将上缴的影视税返还给纳税者进行影视作品的再制作，使影视业形成良性循环。其次，把视听类产业全部统筹在CNC的资助框架之下，严格遵循行业互惠互利原则，使整个影视行业得以稳定发展，进而增强整个行业的抗风险能力。最后，选择性资助催生了法国电影的生力军，同时也体现了对艺术电影的推崇和扶持，有效地保护了法国民族电影的生存和发展空间。

要在中国建立艺术院线，初期一定会面对片源瓶颈，国内比较成功的艺术影院采取了一系列措施，几年的市场经验证明艺术影院发展大有可为。例如北京百老汇电影中心加入了新影联院线，放映当下热门的电影，通过举办阮玲玉电影回顾展、王全安作品展及各国影展，一方面可以吸引更多的观影人到访百老汇电影中心，提高中心的知名度；另一方面也可以将商业电影带来的收益用作对艺术电影展映活动的支持，全方位立体化的经营模式已经初见成效。

但是，在中国艺术电影院线尚未形成的背景下，国产艺术电影更加需要长期的扶持和鼓励以及一套完整的体制保护才能够成功应对各种挑战。结合我国艺术电影市场的现状以及发展经验，综合借鉴世界各国对艺术院线的普遍管理决策，我们可以明确以下几点作为中国艺术电影市场化运作的开端与起步。

第一，尽快建立艺术院线及资助体系。中国影人从没有放弃过对建立艺术院线的努力，但是单靠个人的力量难以形成气候。国家层面的扶持政策以及相关法律法规的出台，可以规范艺术电影市场，催生艺术院线规范化运营。中国2013年电影票房突破220亿元，数量巨大的电影专项资金，应当取之于民用之于民，真正让电影产业的下游收益用于电影产业青年新生力量的引导和扶持。

第二，艺术与商业电影放映同步进行。艺术影院同样也可以加入商业院线放映商业电影，用来维持影院的正常运营。艺术电影的特殊性决定了艺术影院需要多方寻求资金支持，以支持艺术影院的生存和发展。

第三，利用各国使领馆文化合作拓展片源。注重与各国驻华使馆合作，充分利用各国影片资源，举办各国电影展映，例如法国文化中心、德国使馆文化处、西班牙塞万提斯学院及意大利、瑞典、摩洛哥、罗马尼亚、突尼斯使领馆等。

第四，将策展以及文化交流活动作为艺术影院成功的助推剂。通过文化活动，强化电影本身的艺术性，引导艺术的观影活动。另外注重对青少年影迷以及电影爱好者的培养，将对青少年的教育与引导视为己任，不断开拓立体化的影院经营方式与创新模式。

第五，与新媒体合作的创新放映模式。艺术影院可以将影迷的观影诉求通过新媒体手段进行预知与送达，通过线上线下的推广与信息搜集，统一安排艺术电影的放映。积极开发艺术电影放映O2O（Online to Offline，即线上到线下）模式，将艺术电影放映的通道打开。

第六，电影节展映成为艺术电影流动的院线。电影节备受大众关注并且成为电影届业内人士齐聚一堂的盛宴，应当将其作为促进电影业健康发展的重要环节，支持艺术电影的放映与艺术电影的地位提升。这也是一个电影节专业性的体现。

结　语

电影是一门受众广泛并且具有多重使命的艺术，与社会进步、文化传播息息相关。国家在制定产业政策的时候，应将对电影质量的追求以及文化属性作为一个重要的标准进行参考，同时应该为青年导演搭建展示、交流平台，鼓励小成本电影以及艺术电影的多态化发展，这样才能不断为电影输送人才。艺术院线是区别于主流商业院线的独立运营个体，对促进文化的多元化发展以及文化交流起着非常重要的作用。艺术影院促进了电影知识的普及以及观众欣赏水平的提高。艺术影院给影坛新人提供了一个交流与展示的平台，带动了新生代电影工作者的积极性，极大地挖掘他们的潜能以创造出更优秀的中国电影。在中国，如果没有艺术影院，中国电影的发展也会逐渐丧失其艺术品质、探索精神与人文内涵，艺术如果沉浸在铜臭之中，将会逐渐迷失方向，走向衰落。我们应当理解，并不是所有的电影从业人员都有机会参与亿元大片，艺术影院的存在，可以逐渐打破主流院线单一化、纯商业化的现状，推动中国电影朝着电影强国的方向发展。在商业化的大背景下，中国古老的东方文化复兴，也必须从这一理性选择开始。

政府行政管理对电影产业发展助推作用的分析研究

于 超[*]

【内容提要】 21世纪是知识经济时代，文化产业的蓬勃发展对于提高广大人民群众的精神生活水平、增强民族凝聚力和创造力有着举足轻重的作用，作为文化产业的重要组成部分——电影产业，越来越受到各国政府的关注。本文从中国电影产业近年来的发展趋势分析入手，对政府行政管理对中国电影产业发展中所起到的作用进行了利弊分析，提出了进一步转变政府职能、优化体制机制、大力推动电影产业化改革的对策措施。

【关键词】 政府 行政管理 电影产业

党的十八届三中全会指出："要进一步加快构建新闻出版广播影视公共服务体系，着眼基本实现公共文化服务标准化、均等化，完善投入保障，健全体制机制，提高服务水平，让人民共享文化改革发展成果。"我国的电影事业作为广播影视事业的重要组成部分，正处于体制改革创新的攻坚克难阶段。随着电影产业化水平的不断提高和媒介融合趋势的日益加深，政府行政管理对电影产业发展的助推作用需要进一步的强化和完善。

---

[*] 于超，北京电影学院现代创意媒体学院传媒管理系讲师。

一 近年来中国电影产业的发展趋势

近年来，中国电影在全球经济危机的大背景下，不断加快产业化改革步伐，进一步优化调整产业机构，拓展和扩充投资、融资渠道，保持了持续稳步健康发展的良好势头，并有效提升了中国电影市场的国际竞争力。主要表现在以下三个方面。

（一）电影产业发展内需动力强劲

2013年，内地影院增加419家，银幕数量增加2000块。2013年上半年观影人数较2012年同期相比增长50%，一方面，由于市场广泛需求带动院线、荧幕数量增加；另一方面，政府的主导作用，尤其是鼓励数字院线在二、三线城市拓展的政策有效地推动了国内电影市场的蓬勃发展。根据国家广电总局发布的数据，截止到2013年12月8日，全国电影票房达到200.32亿元，同比增长34.63%。其中，国产影片票房达到111.23亿元，占比55.52%，两者均创下我国电影产业化改革以来的新高，国产影片在本土市场发展迎来了新的元年。而且，业内人士普遍对中国未来电影产业发展充满期待，万达集团董事长王健林认为，文化电影产业在中国的发展前景非常值得期待。他预测，2018年，中国电影票房收入将超越北美，2023年将达到北美的2倍，从侧面反映了国内电影市场发展内需动力十分强劲。

（二）金融资本投资力度逐步增大

一方面，国际金融资本向中国电影产业汇集。2012年，中国最大民营电影发行公司博纳影业引入来自传媒大亨默多克旗下新闻集团的战略投资，摩根士丹利等国际知名风险投资机构也都对中国电影市场予以极大关注，瞄准中国电影产业的迅猛发展将会带来的巨大经济效益，想从中分一杯羹。另一方面，国内民营企业投资力度不断加大。近年来，全国各地的影视产业基地和动漫产业园如雨后春笋般，作为地方政府文化产业重点项目和招商引资渠道不断涌现。其中，2013年9月，万达集团投入500亿元在青岛建设全球投资规模最大的影视产业基地"东方影都"最为引人注目，其影视产业园占地面积200公顷，制作区将有20个摄影棚，并将建设世界最大的1万平方米摄影棚、世界唯一的水下摄影棚和世界级的电影博物馆，为中国电影市场发展注入了新的生机和活力。

（三）电影创作发展日趋成熟

2012年，中国电影创作生产持续繁荣，电影产量稳步增长，全年生产各类电影总数达到893部，中国与欧美国家以及中国港台地区的影视合作关系更加密切，《画皮Ⅱ》《十二生肖》《一九四二》《听风者》等8部合拍片票房过亿，国产电影国际化的趋势逐步显现。2013年国产商业电影在类型多样化道路上积极探索，创作水平不断提高，古装喜剧、动作、灾难、惊悚等类型均有多部片出炉，《西游降魔篇》《致我们终将逝去的青春》《中国合伙人》《北京遇上西雅图》《天机·富春山居图》《一代宗师》《厨子戏子痞子》《小时代》《不二神探》《101次求婚》《分手合约》《快乐到家》《盲探》《一场风花雪月的事》《天注定》《狄仁杰之神都龙王》《激战》《摩登年代》均有不俗的票房。而徐峥、乌尔善、宁浩、陆川等一批青年导演的作品票房均过亿元，逐步成为国产电影市场的主力，尤其是徐峥导演的《人再囧途之泰囧》，观影人数超过《阿凡达》，成为中国电影市场化以来首部票房超过10亿元人民币的国产影片。

政府作为公共服务供给的主体，在电影产业良好发展、电影产量质量快速提高、电影市场开放竞争、电影投资主体日趋多元的新形势下，应该在电影产业的发展中起到更加积极的引导和助推作用。

二 政府在电影产业化改革中所起作用的利弊分析

（一）政府电影管理的依据、机构和主要方式

政府电影管理政策制定主要依据媒介资源的稀缺性和大众传媒的公共性，我国的电影管理机构为国家广电总局电影管理局，电影管理主要有四种方式，一是通过电影审批和许可制度，控制电影市场生产规模，加强电影题材审查，规范电影市场流通；二是通过内容播放规范政策，降低电影播出的负面社会效应；三是通过放松资本准入政策，改善电影市场的资本投入；四是通过电影制作机构资质审查，调整市场，重新配置资源。

（二）政府行政管理推动电影产业发展的积极因素

从 2002 年开始的电影业改革经过十多年的发展，取得了阶段性成果，尤其是近几年来，中国电影产业的各项指标都取得了历史性的突破，体制与机制改革平稳推进，数字化进程成效显著，电影公共文化服务体系逐渐完善，中国电影正在以全新姿态迈进产业发展的"黄金机遇期"。在这一历史过程中，国家广电总局作为电影产业政府主管部门在政策支持与方向指导方面做了大量工作，逐步形成政府为主导、市场为主体的电影发展格局，政府行政管理在电影产业发展中所起的引导规范作用和促进功能得到全面提升，更加讲求科学性，更加注重满足行业发展需求。

1. 政策鼓励支持。2010 年 1 月 21 日，国务院办公厅颁布《国务院办公厅关于促进电影产业繁荣发展的指导意见》，提出了大力繁荣创作生产、积极培育新型企业、大力支持城镇数字影院建设、鼓励加大投融资政策支持、积极推动科技创新、全面加强公共服务、努力增强国际影响力、不断完善监管体系、大力加强队伍建设等 10 条具体措施。2011 年 12 月 15 日，《中华人民共和国电影产业促进法（征求意见稿）》正式颁布，从法律层面规范了电影创作、摄制、发行、放映等各个环节的工作，以及电影产业保障和法律责任，并广泛征求社会各界意见建议，同时，各省市也都结合自身实际，制定了有关促进电影产业发展的制度措施。2013 年，国家广电总局推出"国产片保护月"政策，通过调整档期安排，让进口大片之间互相竞争，并为国产影片让路，使得国产影片 2013 年上半年票房就呈现"井喷"态势，达到 68.8 亿元，占总票房比重达到 63.64%。

2. 规范市场管理。2012 年 2 月，国家广电总局出台《关于规范电影票务管理的指导意见》，同一时间，国家电影事业发展专项资金管理委员会办公室实施建设的"全国电影票务综合系统"正式上线运行，新平台的适用保障了影院票务数据的准确、完整、及时、权威和国家电影专项资金收缴的顺利进行。2012 年 9 月，国家广电总局发布《关于切实加强设置、放映电影活动管理的通知》，要求各省级电影主管部门严格电影摄制管理程序，加强电影放映的巡查力度，规范电影交流的申报制度，增加部门之间的信息沟通，强化电影法规的宣传教育，有效遏制了违规摄制、放映"地下电影""独立电影"的活动。

3. 拓宽融资渠道。为贯彻落实《国务院关于鼓励和引导民间投资健康发展的若干意见》的要求和发改委的工作部署，2012年8月，国家广电总局出台《广电总局关于鼓励和引导民间资本投资广播影视产业的实施意见》，鼓励和引导民间资本投资广播电视节目制作领域，鼓励和引导民间资本投资电影制片、发行、放映领域，鼓励民间资本投资建设、改造电影院，该政策对于进一步发挥民间资本、促进广播影视产业健康发展起到了重要作用。

（三）政府行政管理在电影产业发展中的短板因素

一方面，政府在电影管理行政改革上做出了很多努力，在推动中国电影产业发展中起到了积极的作用；另一方面，政府对电影产业的行政管理也存在一些不容忽视的问题，主要是该管理的没有管好，不该管的手伸得太长，时刻总有一只"闲不住的手"，而且不怕管得多，就怕管不好，但事实却是政府管得越多，电影的发展越是受限，难以实现繁荣景象。

1. 行政审批程序复杂，政府职能"越位"。《电影产业促进法（征求意见稿）》中提出："负责电影发行业务审批、电影院设立审批的广播电影电视主管部门，应当自收到申请之日起30日内，作出批准或者不批准的决定。对符合条件的，予以批准，发给《电影发行经营许可证》或者《电影放映经营许可证》，并将电影发行企业、电影院的基本情况予以公布；对不符合条件的，不予批准，书面通知申请人并说明理由。"但在实际运行过程中，由于审查标准不统一，造成电影产业预期不明，产业受到阻碍。体现在两个方面：第一方面，剧本与成片的审查标准不统一，很多播放后又被禁播的电影成为此类不统一最大的牺牲品；第二方面，电影审查的时间标准不统一，大多数电影的审查是按照《电影管理条例》第二十八条和第二十九条的规定运作，而有些电影审查的时间却过长，这不符合电影市场的资金运转规律，导致许多影视公司无法及时收回投资成本。而且，电影审查没有具体明细的标准体系，在实际操作中有很大的空间、余地，从而也就为权力寻租提供了空间和土壤，这种让国产电影人带着镣铐与外国电影人赛跑的行政审批制度已成为制约电影产业创意发展的瓶颈因素。

2. 产业扶持政策不到位，政府职能"错位"。一方面，在政策制定的深度、广度方面，由于受到大的政治体制和环境因素的影响，政策制定偏重社会效应，对市场需求关注不够，缺乏行业扶植和优惠政策，普遍存在政策上下一般粗、标准不明晰的问题，国家广电总局制定、颁布的主要是宏观政策指导的法律法规，具体补贴优惠政策由地方政府制定并实际操作执行。这样的体制造成了电影产业优惠政策"常年干旱"，地方政府的门户网站公布的电影扶持相关政策都是国务院文件的翻版，鲜有结合各地经济文化发展实际，推出有本地特色的电影产业扶持政策。另一方面，在政策的执行层面，政府又常常采取"撒胡椒面"式的帮扶，没有充分激发电影创作者和市场的生机、活力。从中央到地方，种类繁多且过于宽松的财政支持使得电影生产者只重数量、不重质量，甚至直接"山寨""抄袭"，引发网友大规模"吐槽"。有的地方政府还利用资本优势，与电影公司合拍影片，宣传地方乡土文化，出发点是好的，实践效果却不佳。诸如此类的政府行为，不仅造成了资源浪费，更重要的是损害了电影市场的健康发展。电影产业发展是一个长期的循序渐进的过程，需要的不仅仅是短期的政策、资金的扶持，更需要的是创意和能够产生好的创意的电影人。先进的技术设备可以用钱买，但好的创意是钱买不来的，电影人的培养也不是政府头脑一热，出台扶持政策，就能创造出的。

3. 公益电影产品较少，政府职能"缺位"。政府职能主要提供公共服务、公共产品，作为市场的补充发挥作用，中国电影产业中，国内的公益电影和爱国主义教育题材影片这些本应由政府投资、主导的电影，却由于政府的"不作为"，在政策、资金、宣传、发行、放映等多个环节推广受阻，导致此类题材市场疲软。国内制片人热衷拍摄且票房较高的都是社会关注度高、反映热点问题的电影，例如，《失恋33天》《小时代》《中国合伙人》，都获得了不俗的票房。尤其是《失恋33天》总票房3.5亿元人民币，成为中小成本最卖座电影。但同档期的励志影片《雷锋》却遭遇"零票房"的尴尬。2012年，红色动画电影《西柏坡》仅有65万元票房收入，与同年上映的动画电影《赛尔号》的票房相比几乎可以忽略不计。分析原因，一方面，百姓价值取向多元化造成文化产品需求多元化，而社会资本追逐利益的本性决定了他们重点寻找社会共鸣和舆论契合点，拍摄可以获得高票房的电影；另一方面，政府在推动公益电影和爱国主题题材影片这些非营利性的电影创作、发行、公映方面所发挥的积极的推动作用还远远不够。

三 中外电影产业发展模式对比分析

第一种是市场主导型的电影产业发展模式，即由市场需求决定电影资源配置，核心是电影制片、发行、放映都依据市场自由竞争的原则进行电影的交易和流通。这种模式适用于市场化高度发达，已形成规范的产业模式、成熟的商业运作和环环相扣的发展链条，最有代表性的就是美国。其国内电影产业的结构在长期的发展下已经基本完善，制片、发行和放映等环节都经过市场长期的磨合和实践得到了最优化的资源配置；市场已经形成一系列成熟的发展模式，通过资本整合和内部并购，以及近年来实施国际联合战略，使得其电影产品迅速在全球范围内占据主流市场，所产生的巨大的经济效益，是其他任何国家难以匹敌的。2009年，美国科幻电影《阿凡达》上映仅17天全球票房收入就突破10亿美元，深刻反映了美国文化在世界范围的强势输出和文化产业在全球市场的影响力和号召力，也反映了成熟的市场化发展模式为电影产业带来的巨大商机。

第二种是政府主导型的电影产业发展模式。这种模式比较有代表性的是俄罗斯，主要是延续苏联时期计划经济体制下的电影发展模式，以实现国家意识形态宣传任务为目标，由国家主导电影产业的投资和建设发展，政府行为在电影制片、发行、放映的各个环节都发挥着重要作用。例如，1996年《生死倒计时》，就是一部由俄罗斯总统普京下令拍摄的反恐间谍动作片，主要反映克里姆林宫倡导的重振爱国精神和国家自信。在影片拍摄过程中，俄罗斯政府投入大量人力、物力，甚至由普京总统亲自授权，动用2架Su-27战机、8架直升机和4架IL-76飞机参与影片拍摄。但政府强力介入电影行业的政策，虽然在表面上可以造就一时的繁荣，但是并不符合电影产业发展规律和市场经济原则。

第三种是混合式的电影发展模式。这种模式比较有代表性的就是法国和加拿大。法国采取的是以资本为纽带的"市场竞争和机构调控的双轨路线"，但政府不直接干预市场，而是通过特殊的独立机构，即法国国家电影中心参与市场调控，国家从每张电影票中抽10%的税作为对电影业的再投资资本，纳入法国国家电影中心基金，建立完善的产业资助体系，用于资助本土电影产业发展。同时，将文化扶持与资本调控相结合，使得法国电影在国际市场保持了源源不断的生命力。而加拿大电影产业发展模式则是由政治、文化、经济的利益代表者互相博弈后妥协、调和及平衡的结果，一方面，市场力量是绝对的主体，在电影产业中发挥主导力量；另一方面，政府又保持了对电影产业严格的监管，要求电影公司承担较多的政治责任和文化义务。

中国电影产业发展经历了三个阶段，一是新中国成立初期，电影在相当长的一段时间里被作为一种政治工具，承担政治教化的功能，政府在推动电影产业发展中承担了"划桨人"的角色，相关产业发展完全由政府进行控制和主导。二是改革开放时期，电影由为政治服务转变为一部分电影在社会价值多元化背景下进行特定的政治文化表达，直到1993年中国电影体制改革，随着投资主体的多元化才使得电影传播的文化日趋多元化，政府逐渐开始履行"掌舵人"的角色。三是进入21世纪，政府的行政干预逐步减少，主要目标转移到解决市场问题和解决资金问题上来，各个电影企业自主权不断加强，市场化程度也越来越高，政府逐渐开始履行"服务者"的职能，电影产业也逐步形成政府为主导、市场为主体的发展格局。

四 政府推动电影产业改革的对策措施

政府电影管理的目的就是通过行政管理手段干预，强化市场运作与政府扶持相结合、产业经营与公益服务相结合，建立健全市场公平竞争、企业自主经营的电影产业运营体系，使之最终符合电影行业的客观规律，从而最好地实现电影的经济效益，并最终为实现电影的社会效益服务。

（一）政府简政放权，深化行政审批制度改革，激发电影市场创作活力

进一步深化电影管理行政审批制度改革，其中最重要的环节就是改革电影审查制度，逐步建立电影分级制度，平衡公民权利、文化安全和产业发展三方面的权益。可以借鉴国外电影分级管理制度的有益经验，从立法、司法、执法三个角度构建中国特色电影分级管理制度和相关辅助制度，从立法的角度建构以国家调控为主、以行业自律为辅的中国特色电影分级管理制

度。通过细分电影市场，避免传统电影审查制度造成的"一刀切"的后果，使制片商能够有的放矢地制作影片，激发制片商电影创作的激情和活力，其结果不但能够吸引电影观众，增加观影人数，更重要的是能够有力推动影片题材的多样化和电影市场繁荣。通过实行电影分级制度，实现行政审查主体职权由绝对性转变为辅助性，由注重内容的实体审查转变为放映程序限制。

（二）完善法制规章，创造公平公正的竞争环境，奠定坚实的理论基础

进一步规范电影市场运作，从制片、发行、审查、放映到融资、营销等各个环节都建立完善的法律法规，提高国产电影的国际竞争力。首先，通过降低税率或提供税率优惠的方式，吸引更多民间资本进入电影制片环节，引导电影市场抓住资本市场迅速发展的有力机遇，积极改善电影产业的投资环境，促进金融资本与电影资源的对接，鼓励金融机构加大对电影企业的金融支持。其次，鼓励各地探索建立电影风险投资机制，充分利用中小企业的创业、发展和文化产业等投资基金支持电影的风险投资，鼓励有实力的企业、团体依法发起组建各类电影的投资公司，努力培育电影领域战略投资者。最后，多方面拓宽融资渠道，扩大规模，壮大实力，同时，加大力度推动符合条件的国有控股和民营公司重组上市。

（三）加大政策扶持力度，大力支持本土电影产业发展

扶持政策不是简单地采取电影配额制度的保护性政策或限制外国电影进入中国的做法，而是以发展本土电影为主和鼓励国产电影向外发展参与国际竞争为辅的扶持激励政策。一是进一步发挥电影精品专项资金和文化产业发展基金的引导作用，完善基金运行机制，扩大基金规模额度，不断探索建立完善的优秀影片创作投入机制和自主方式，规避权力寻租风险，每年通过电影专项资金、重大题材影片专项补助、影视互济基金和进口片发行收入提成等各种渠道投入电影制作，提高国产影片的人文内涵和艺术创造力。二是通过市场手段调节市场机制，采用强制手段来保证国产电影在上映档期上的配额，并给予专门发行国产电影的发行公司和放映国产电影的影院以税收上的优惠政策，使国内的电影公司和电影工作者能有一定的市场份额和发展空间，提高国产影片在国际市场的竞争力。三是采取"政府订购制度"，即政府向电影生产商订购部分能够充分体现社会主义价值观、社会价值和国家发展战略目标的电影作品，在安排财政预算时订购"爱国主义题材电影"和公益电影。对于能够产生广泛社会效应，但难以通过票房收回成本的爱国主义题材电影、公益电影，由政府投资拍摄、发行、放映，直接参与主旋律影片的生产，各级地方政府也可以通过各种渠道鼓励电影生产。

（四）加强知识产权保护，重视海外市场营销，加快中国电影走向国际化的步伐

国产电影产业的发展起步虽晚，却面临着国外成熟电影市场的冲击，政府应该效仿欧洲国家的做法，维护本土文化利益，避免国外电影的"一枝独秀"。第一，对内，加强电影知识产权保护，包括剧本版权和电影著作版权，充分显示出对电影作品经济利益和价值的尊重，这不仅是保护创作者利益的必然要求，也是电影分级管理制度不可或缺的辅助制度。第二，对外，积极引导电影企业充分利用上海国际电影节等广播影视节展活动，加大自己创作的广播影视作品的海外营销力度，提高国际传播能力和影响力。第三，成立国产电影发展委员会，以保证国家各部委、各省市自治区文化传媒机构和经营实体在国产电影发展问题上有效合作，进一步保留优秀人才，更新技术设备，充分依靠国内需求拉动国产电影的发展。给予民营电影资本正确的引导，鼓励他们将好的创意、优质的品牌和优秀的作品转变成高票房收益和广泛社会价值，而不是用金钱堆积创意和品牌。

2012年中国电视媒体的融媒战略述评

李璐瑶[*]

【内容提要】 本文通过分析2012年中国电视媒体在发展中遇到的机遇和挑战，初步总结了电视媒体融媒发展的三大战略：融入新媒体元素，创新电视节目内容；利用多个平台，扩展传播渠道；聚合品牌价值，拓宽盈利模式。在此基础上，笔者再依个人判断分析了我国电视媒体的融媒趋势。

【关键词】 电视媒体　新媒体　发展战略

一　2012年中国电视媒体所面临的机遇和挑战

（一）2012年中国电视媒体所面临的机遇

1. 新媒体运营平台进一步发展

由电视媒体发展起来的新媒体运营平台积极寻求发展与合作，遇到了新的发展机遇。传统电视媒体进一步试水新媒体，建立网络广播电视台或者开办视听节目网站。同时，IPTV、数字电视、网络电视等新媒体运营平台有了新的发展空间。截至2013年3月，全国共有608家机构获得批准开展互联网视听节目服务，有19家省级以上广电播出机构获准开办网络广

---

[*] 李璐瑶，北京电影学院中国动画研究院产业经济研究所助理研究员。

播电视台,另有22家地市级广电播出机构获准共同建设运营城市联合网络电视台。① 在手机电视方面,2012年,国家行政主管部门分别对手机电视集成播控服务、手机电视内容服务以及手机电视分发业务进行了标准化管理。与此同时,互联网电视也齐头并进,截至2012年底,中国互联网电视终端用户总数接近3000万。

2. 电视内容传播更加多元化

在我国,电视媒体在传播方面具有公信力强、极具权威性的优势。在新媒体影响下,电视媒体不仅可以向受众提供单一的收视信息,同时也面临着电视内容传播向互动性和多元化发展的机遇。一方面,各家电视媒体与视频网站合作推出了一系列视听栏目,例如搜狐网与湖南卫视联合推出的"90后"成长秀节目《向上吧!少年》,该节目由搜狐视频和湖南卫视分别播出少年成长秀和少年才艺秀单元,是2012年最成功的台网融合视听节目之一;另一方面,电视媒体借助视频网站,互相利用资源,提高自身影响力,2012年由东方卫视制作播出的大型益智类游戏闯关节目《梦立方》不但充分运用了网络时代的高科技呈现手段,而且也借助梦立方手机模拟游戏和优酷网等网站的点击率扩大其影响力。

(二) 2012年中国电视媒体所面临的挑战

1. 用户和市场份额被进一步"瓜分"

《中国视听新媒体发展报告(2013)》量化了新媒体对传统广电的冲击:调查显示,受个人电脑、平板电脑、智能手机的冲击,北京地区电视开机率从三年前的70%下降到30%,网络已经成为收看热播电视剧的主要渠道。随着年轻用户的流失,电视媒体的广告份额自然也不被广告商看好,他们逐步将广告的投放由电视媒体向新媒体转移,投放率在逐步增长。不得不指出的是,随着移动APP的爆发式增长,移动APP将以黑马之势占据越来越多的广告份额和用户,这对电视媒体可谓是巨大的挑战。

2. 用户黏度和视听信息的准确到达率下降

2012年5月,根据尼尔森上海跨屏研究样本调查显示,半数上海消费

---

① 数字电视中文网:《广电总局:2013年中国新媒体发展报告》,http://sarft.dvbcn.com/2013/06/14-100969.html。

者在收看电视的同时使用着其他媒体。研究小组发现，在上海地区，有30%的消费者会在收看电视的同时使用手机和电脑，11%的消费者收看电视的同时使用电脑，以及9%的消费者收看电视时使用手机。[①] 电视媒体不得不思考如何准确地触达更多的用户，这是摆在电视媒体眼下的深刻命题。

二 2012年电视媒体的主要融媒战略

新媒体蕴藏着巨大的商业价值，传统电视媒体抓住新媒体的特质，从电视内容、传播渠道、盈利模式等方面探索，取得了初步成果。

（一）融入新媒体元素，创新电视节目内容

无论是在传统媒体时代，还是今天的新媒体时代，以内容取胜既是传统媒体的优势又是其迎接新的挑战的立足点。在融媒时代，电视媒体在内容上不仅仅要注重权威性和公信力，还必须契合时代特点，把握最新动向，以"新"取胜。CCTV2的早间节目《第一时间》自开播以来，以实用的板块和贴近百姓的社会经济资讯，受到了众多用户的青睐。《第一时间》除了"读报""昨日之最""分担风雨分享阳光"等几个固定的板块之外，还有"天气预报""互动话题"这两个板块穿插其间。其中"互动话题"所选取的是新近发生的热点问题，所选取的意见则是来自新浪微博上的代表性观点，通过增强话题的互动性来吸引用户。此外，地方电视台也打造了一系列以新媒体为元素的电视节目，比较有代表性的如湖南卫视推出的国内首档电视网络互动节目——《越淘越开心》，江苏城市频道基于微博的新闻节目《夜宴微波炉》，以及安徽影视频道基于微博的娱乐节目《开心围脖》。

电视媒体与视频网站共同制作与播出视听节目，也成为创新节目内容的新形式。2012年，由湖南卫视和搜狐视频共同打造的"90后"真人秀节目《向上吧！少年》为蓄势待发的电视媒体在新形式上的探索树立了榜样。《向上吧！少年》采用由湖南卫视播出少年才艺秀、由搜狐视频播出少年成长秀的播出形式实现了平台互动，互借资源，共同提升节目影响力。

---

① 尼尔森新闻：《半数上海消费者在收看电视的同时使用多屏媒体》，http://cn.nielsen.com/news/digital.shtml。

（二）利用多个平台，扩展传播渠道

2012年，"三网"融合试点阶段结束，IPTV用户数量大幅增长，根据流媒体网的统计数字：2012年国内IPTV用户数为2300万。然而，庞大的数字背后还蕴藏着宽频用户占有率不足的隐患。这同时也表明，我国IPTV的发展还远远落后于美国、西欧等国家和地区，"三网"融合试点结束之后仍然蕴藏着强劲的市场潜力。

OTT TV成为新热点，为传统电视媒体提供了新的助力点。OTT即"Over the Top"，指电信网络之上的互联网业务，目前仍然没有明确的定义。实际上，OTT TV是OTT的业务之一，是指基于互联网的视频服务，终端可以是电视及电脑、机顶盒、智能手机等。

截至2012年12月底，我国网络视频用户数为3.72亿，手机视频在手机网民中的使用率为32%，相比2011年增长了9.5个百分点，增速仅次于手机微博，成为2012年手机娱乐类应用新亮点。① 我国手机电视可以分为三种发展模式，即广电模式、电信模式和互联网模式。其中互联网模式又被称为手机视频，即使用手持终端观看优酷、爱奇艺等视频网站的节目，这一模式越来越受到年轻用户的喜爱。

用户体验始终是各个平台进行传播的关键点。内容是传统媒体竞争的优势，用户体验是传统媒体竞争的劣势，因此在电视媒体与新媒体融合的过程当中，一定要认识到用户体验的重要性，使电视节目达到最好的传播效果。

（三）聚合品牌价值，拓宽盈利模式

品牌是营销的关键，电视节目的营销和电视媒体的赢利也不例外。电视媒体要树立品牌，就必须先树立自己独特且过硬的价值。王牌的电视栏目不仅是电视媒体赢得价值和收视率的着力点，反过来，又直接影响了电视媒体的广告份额、用户黏度等因素。

总的来说，虽然电视媒体的广告份额在整个市场中呈逐步递减的趋势，但是电视广告的价格却有增无减。这主要是由在相对有限的广告时间里，国内和国际品牌对广告的投放需求不断增加所造成的。随着传统电视

---

① 中国互联网络信息中心：《第31次CNNIC互联网发展报告》，2013年1月15日。

媒体与新媒体的融合，电视媒体传播平台更加多样化，这为广告投放提供了极大的触达率，其中楼宇电视因其较大的广告触达率被称为是为广告而生的。不得不承认，电视媒体在广告份额上的盈利仍然占据较大的发展空间。

优秀电视节目的版权分销，也是电视媒体的一种盈利模式，然而电视媒体与视频网站之间的版权分销并不是那么一帆风顺的。2012年7月21日，《快乐大本营》宣布收回其所有网络直播通道，观众无法在网络平台上看到这档当红节目的热播。其后，《爱情公寓3》《北京青年》等剧热播期间，安徽卫视、湖北卫视、东方卫视、北京卫视也纷纷参与进来。通过各大卫视这次叫停节目可以看出，电视媒体仍然在版权分销中处于劣势地位，对于电视受众的分流，视频网站起着关键作用。因此，如何在保证收视率的前提下获得合理的版权分销，是摆在电视媒体面前的难题。

另外，电视媒体与新媒体合作产生的订购业务逐步递增，稳步前进。IPTV付费节目、电视节目付费点播已经被越来越多的用户接受。未来的发展趋势还将向付费商店、杂志与报纸的订阅等业务扩展。

三　我国电视媒体的融媒趋势分析

（一）渠道与内容齐头并进

电视媒体的融媒趋势不是内容为王，也不是渠道为王，而是二者相辅相成、齐头并进。如果在传统电视媒体与新媒体融合的过程中，传统电视媒体不断流失用户与广告份额，那么融合则毫无意义。电视媒体在制作精良的节目的同时，不应该将传播渠道仅仅局限于以视频网站为代表的新媒体，使自己处于被动的地位。相对于微薄的版权分销所得，开拓掌握主动权的传播新渠道更为重要。

（二）IPTV + OTT 的现实路径

目前，IPTV尤其是OTT TV在我国都还处于发展阶段，但是二者并不是相互替代的关系。从国外主流运营商的经验来看，借鉴OTT服务模式开展新业务乃至与OTT厂商合作共赢，既能极大增强互联网电视本身的可管可控性，也使 IPTV 用户真正享受"传统电视 + 互联网"的双重服务，这不失为 IPTV 运营商转型升级的新途径。①

（三）互联网、电信网、广电网互相融合的新型商业模式

"三网"融合第一阶段的结束虽然突破了广电和电信双向进入的政策问题，但是仍然面临着广电难以进入电信的难题。随着电信逐渐进入 IPTV 等广播电视的基本业务领域，它的市场分成越来越大。相反，在电信的基础业务领域，广电却难以大范围进入。同样，目前互联网和广电网的融合趋势也是对互联网更有利。因此，实现互联网、电信网、广电网互相融合的新型产业链和商业模式，不仅是广播电视媒体当前亟须解决的问题，也是互联网和电信网实现长远发展必须要解决的问题。

---

① 王建磊：《2012 年中国 IPTV 发展报告》，载《中国新媒体发展报告（2013）》，社会科学文献出版社，第 357 页。

浅析 2012 年中国声乐类选秀节目

刘小诶[*]

【内容提要】 近年来，选秀节目成为人们热议的话题，声乐类选秀节目正在中国迅速蔓延。2012 年省级卫视声乐类选秀节目热度高涨，成为大众关注的焦点。通过盘点 2012 年中国声乐类选秀节目，分析各省级卫视和央视声乐类选秀节目的现状，将有利于中国声乐类选秀节目更好地发展，为中国观众打造具有中国特色的电视节目。

【关键词】 声乐类　选秀节目　卫视

随着人们对电视节目要求水平的提高，选秀节目从众多电视节目中脱颖而出，而声乐类选秀节目以其独特的娱乐性、参与性、综合性成为深受观众喜爱的电视节目类型。2012 年省级声乐类选秀节目热度高涨，成为大家关注的焦点。

一　中国声乐类选秀节目的来源

选秀节目是集表演、脱口秀、纪实、娱乐等多种节目形态于一体的综合节目形式，为普通老百姓提供一个展示自己和实现梦想的机会，并赋予电视观众投票和选择的权利，成功地实现电视舞台与观众的互动和交流。声乐是指用人声演唱的音乐形式，包括：美声唱法、民族唱法和通俗唱法，现在中

---

[*] 刘小诶，北京电影学院中国动画学院产业经济研究所助理研究员。

国又出现了原生态唱法。声乐类选秀是指主要以歌唱表演为主的选拔比赛形式。中央电视台于1984年举办的《全国青年歌手电视大奖赛》可以说是中国最早的声乐类选秀节目。青歌赛是中国首个国家级电视声乐权威赛事，专业性强，参加比赛的门槛较高，每两年一届，现已成为弘扬民族艺术、普及音乐知识、发现和推出声乐人才、引领和推动中国声乐事业发展繁荣的重要平台，极大满足了广大人民群众的艺术生活需求，为中国歌坛输送了许多优秀音乐人才。

中国选秀节目的发展深受国外的影响。2000年荷兰首推电视选秀节目《老大哥》，接着被澳大利亚、德国、丹麦、美国等18个国家引进并融入本国的地方特色。此后，美国CBS（哥伦比亚广播公司）推出了《幸存者》，FOX（福克斯电视台）制作了《诱惑岛》，法国的《阁楼故事》、德国的《硬汉》以及2004年NBC（美国全国广播公司）推出的《学徒》等类似节目也如雨后春笋般出现，并且无一例外地成为本国颇受欢迎、收视率较高的电视节目。声乐类选秀节目《美国偶像》（American Idol）开辟了观众参与节目的先河，手机短信投票的方式不仅聚集了更多的人气，同时也更加客观地体现出潜在唱片市场的真实状况，这一做法也为后来的诸多真人秀争相效仿。中国电视上出现这种新的节目形式是在2004年，随之，全国各大卫视相继模仿，出现了很多类似版本，从而带动了整个电视娱乐节目的发展，声乐类选秀节目无疑成为流行、时尚的节目形式。

二　2012年中国声乐类选秀节目的现状

近年来，选秀节目代表着一种草根文化的现象尤其体现在声乐类选秀节目中。在选秀节目中加入真人秀的成分最早是从央视青歌赛中增设的环节——"观众最喜爱的歌手奖"引申而来，即不考虑选手的专业水平和演唱技巧，而是由选手根据自己的特长来展示除了声乐之外的技能从而赢得观众投票。2012年省级卫视声乐类选秀节目热度高涨，成为大众关注的焦点。盘点2012年中国声乐类选秀节目发现，各省级卫视和央视的声乐类选秀节目在互相学习、共同进步的基础上，坚持着各自的节目特色，为中国观众呈现出丰富的视觉、听觉盛宴。

1. 中央电视台《星光大道》

《星光大道》是中央电视台综艺频道推出的一档大型综艺选秀栏目，由毕福剑担任节目制片人及主持人。栏目以"百姓自娱自乐"为宗旨，表演形式以唱歌为主，为大众提供了展现才艺的舞台。节目自2004年开播以来，先后推出了阿宝、王二妮、朱之文等观众喜爱的草根明星。2012年《星光大道》开始在中央电视台一套播出，延续了以往周赛、月赛、年赛制度，通过"闪亮登场"、"才艺大比拼"、"家乡美"和"超越梦想"四个环节的比拼，决出年度冠亚季军。2012年《星光大道》的年度总冠军是坚持原创音乐、具有民谣风格的实力派唱作组合——安与骑兵。这一组合的成功为中国原创音乐的发展带来了巨大的影响和鼓励！

2. 浙江卫视《中国好声音》

2012年7月13日在浙江卫视播出的《中国好声音》（*The Voice of China*），是由浙江卫视联合星空传媒旗下灿星制作强力打造的大型励志专业音乐评论节目。《中国好声音》源于荷兰著名电视节目 *The Voice of Holland*，该节目的赛制是由三个阶段组成：盲眼海选、队内擂台战以及最终的直播秀。四名导师将会在盲眼海选环节中通过选手演唱来决定是否邀请该选手加入自己的队伍。如果多于两名导师选择了同一位选手，选择权交给选手自己。每一队的参赛者都会得到各自导师的指导和开发。在节目第二阶段，导师们将会让自己队内的两名选手共同演唱同一首歌曲，再由导师决定谁进入决赛。进入决赛的选手在现场直播的比赛中，通过观众的投票决出最终的冠军。《中国好声音》借鉴国外选秀节目模式打造中国版的专业音乐选秀节目，第一季邀请当今华语乐坛的一线巨星刘欢、那英、庾澄庆、杨坤四位担任导师，堪称最为专业的明星导师阵容。导师们背对着舞台坐在转椅上进行盲眼选秀，不通过双眼以貌取人，完全以嗓音的优劣作为评选标准，旨在为中国乐坛提供一批怀揣梦想、具有天赋才华的音乐人，树立中国声乐类选秀节目的新标杆。

随着《中国好声音》的成功，各组学员均成为演出公司经纪代理的目标，各演出公司争先签约其代理演出。《中国好声音》学员在全国已经成功合作并举办各类演出及明星演唱会近2000场次，为国内各类企业的产品作"明星广告代言"，成功案例数百。其中的三位选手在央视《直通春晚》中全部晋级，成为所有参赛队伍中唯一一个全员晋级的，学员平安最终登上央视2013年春节联欢晚会。

表1 《中国好声音》第一季各期节目收视率

期数	播出时间和时段	收视率(%)	收视份额(%)	全国排名
第一期	2012年7月13日	1.477	4.11	2
第二期	2012年7月20日	2.717	6.93	1
第三期	2012年7月27日	3.075	7.89	1
第四期	2012年8月3日	2.725	7.67	1
第五期	2012年8月10日	3.310	9.74	1
第六期	2012年8月17日	4.019	11.39	1
第七期	2012年8月24日	4.133	13.04	1
第八期	2012年8月31日	4.201	11.91	1
第九期	2012年9月7日	4.281	13.31	1
第十期	2012年9月14日	4.567	14.25	1
第十一期	2012年9月21日	4.865	13.60	1
第十二期	2012年9月28日	4.599	14.99	1
第十三期	2012年9月29日	4.133	17.40	1
第十四期（巅峰之夜）2012年9月30日	群星演唱会 (19:43:34~21:05:17)	4.188	11.12	1
	巅峰时刻 (21:05:17~22:44:35)	6.101	16.90	1
	颁奖盛典 (22:44:35~次日0:28:46)	5.652	29.47	1

注：收视情况为浙江卫视csm44数据。

3. 山东卫视《天籁之声》

《天籁之声》是山东卫视于2012年全力打造的一档声乐类选秀节目，被称作是"中国第一档寓教于乐的大型音乐教育类真人秀"。节目为期四个半月，在济南、长春、成都、杭州、广州和西安设立六大唱区进行海选。其强大的巨星评委阵容、全球顶级制作团队、五大网络支持、全媒体联动传播、六大一线赛区以及线上线下的立体推广为山东卫视打造了品牌，将公益元素贯穿整档节目中。进入全国总决赛的选手签约山东卫视，并参与山东卫视另一档节目《歌声传奇》的录制，为选手们提供了长远发展的舞台。《天籁之声》在为期六个月的比赛中频频登顶同档播出的声乐类选秀节目人气榜，取得0.94%的收视率，并登陆年度国家广电总局批准的选秀节目收视率榜单首位。

4. 青海卫视《花儿朵朵》

《花儿朵朵》是由青海卫视主办的大型声乐类选秀节目，主打"西部特征、绿色诉求、多民族、多元化"的节目特色。《花儿朵朵》的选手都是年满18岁的女孩，演唱风格注重民族与时尚的结合，突出纯天然与绿色的理念。节目在主打地方特色的同时联动东西部唱区、深入56个民族，改变了"流行歌曲唱独角戏"的单一局面，包容多种音乐类型，主打西部特征、绿色诉求、多民族等地方特色。

5. 江西卫视《中国红歌会》

《中国红歌会》是由江西卫视主办的大型原创选秀节目，以唱红歌为主，特色鲜明。红歌主要是指红色经典革命歌曲，如红军歌曲、抗日歌曲、解放歌曲、社会主义时期和改革开放时期的各类健康进步歌曲，也包括世界各国经典革命歌曲。2012年《中国红歌会》以"唱响红歌，辉煌中国"为主题，分为"红歌总动员"、"红歌突围战"和"红歌英雄汇"三个阶段，最终在南昌决选出2012年《中国红歌会》全国10强选手。这档声乐类选秀节目选择在江西省举办也符合了江西作为中国红色文化重要发源地的地方特色。《中国红歌会》带来了品牌效应，有超过15亿人次通过江西卫视观看这档选秀节目。关注《中国红歌会》的人群涵盖"80后""90后"，更多是大批痴迷于经典老歌的中老年观众。可见，红歌在社会阶层中的影响力，《中国红歌会》打造出了真正传统意义的"中国制造"选秀品牌，激发了人们的内心共鸣，成为一种具有中国特色的娱乐品牌和精神产品。

6. 辽宁卫视《激情唱响》

《激情唱响》是辽宁卫视引进全球顶级音乐选秀节目 *X Factor* 的中国版，由英国最具实力的电视节目制作公司 Fremantle Media，派出原班核心创作团队空降中国，并携带全球最先进的电视节目模式 *X Factor* 的制作宝典与中国实力团队联合打造，旨在发现全中国具有巨星潜质的明日之星。2012年《激情唱响》第二季从"寻找中国最好听声音，讲述音乐最感人故事"的终极诉求出发，在展示选手精彩音乐才能的同时，深入挖掘背后感人至深的故事，让每位选手都能感受到草根梦想的力量。辽宁卫视《激情唱响》以其"低门槛、高品质"的节目特点，吸引了众多极具音乐潜质兼有曲折故事的草根选手前来参赛。全国十大唱区、五大网络赛区共有15万人参与了《激情唱响》第二季，节目最终选拔出12强进入全国总决选。以"这就是我""梦想""因为爱""我爱祖国"等为主题的晋级秀,每场都弘扬了积极向上的精神,抒发了爱国主义的情怀。选手们用最纯粹的演唱、最动听的声音、最真实的经历和最动人的故事感动着评委和观众,温暖着全中国。

7. 东方卫视《声动亚洲》

《声动亚洲》是由十余家亚洲顶尖主流媒体以及实力经纪公司、演艺公司共同完成的全亚洲超大型声乐选秀节目,以亚洲各国的新锐歌手及潜力歌唱组合为主要征召对象,通过评委和观众共同参与的20余场比赛决出"声动亚洲"的完美声音。《声动亚洲》与中国香港TVB、日本TBS、韩国SM、中国台湾中天、新加坡新传媒、马来西亚华丽台、泰国TURE-TV等十余家亚洲顶尖主流媒体合作,共同寻觅亚洲新一代歌唱巨星。《声动亚洲》在2012年诸多声乐类选秀节目中可以算是最年轻的,但是与其他选秀节目不同的是,《声动亚洲》面对的是整个亚洲地区,选手们来自亚洲不同国家,风格各异,具备了各种时尚元素。决赛分成中国、韩国、日本、印度、马来西亚、新加坡和泰国七支代表队进行比赛,音乐评论员阵容空前强大,不仅有中国的孙楠、黄舒骏等,还有日本"BossaNova女王"小野丽莎、韩国人气天团"神话"组合成员李珉宇等。从舞台设计到音响、灯光等都是采用国内最好的设备,乐队阵容强大,为观众呈现出一场豪华的视听盛宴。

8. 广西卫视《一声所爱·大地飞歌》

《一声所爱·大地飞歌》是广西卫视于2012年推出的新民歌选秀节目,该节目借鉴了瑞典最受欢迎的音乐节目 *True Talent* 原版模式,定位"新民歌音乐季",保留盲选、PK战等经典赛制,著名音乐制作人带队对传统民歌重新改编,成为中国第一个也是唯一以民歌为主题的音乐鉴赏类节目。民歌就是人民的歌,是广大人民群众在社会生活实践中,经过广泛的口头传唱逐渐形成和发展起来的,是和人民生活紧密联系着的歌曲艺术。悠久深厚的历史传统,复杂多样的自然环境,博大的文化背景,众多的民族和人口是造就民族音乐的最大原因。广西卫视将民歌进行到底,用打动人心的经典民歌找准节目定位,发展新民歌文化,以改编的形式演绎新民歌,展示具有中国特色的民族音乐作品。每期节目都会邀请国内重量级歌手为选手们出谋划策,在歌曲改编和演唱技巧上给予指导,最后获胜的选手将登上大地飞歌南宁国际民歌艺术节的舞台。《一声所爱·大地飞歌》以节目的形式向民歌致敬,让选手们坚持传承和发扬民族音乐,使观众们更好地欣赏到具有中国特色的新民歌。

9. 云南卫视《完美声音》

《完美声音》是云南卫视联手天娱广告，经过数月精心策划打造的以独创的赛制、全开放的选手签约方式结合爱心音乐教室特别企划的声乐类选秀节目。《完美声音》以"动听中国、绿色选秀"为口号，设立"以唱为核，以听为本"新标准，独创"盲听"环节：比赛时，评委将无法见到选手真容，仅凭选手演唱实力发放晋级通行证。作为一档以挑选声音为首要条件的绿色选秀节目，《完美声音》将慈善事业贯穿于节目中，邀请中国 6 位顶级音乐制作人加入爱心联盟并创作以云南为主题的公益歌曲，由《完美声音》选手演唱进行慈善发行，为云南 6 所乡村小学建设 6 个多媒体音乐教室，让山区的孩子也享有接受音乐教育的平等机会。

10. 深圳卫视《The Sing-Off 清唱团》

《The Sing–Off 清唱团》是深圳卫视推出的声乐类选秀节目，该节目所有选手以清唱为主，没有伴奏，可以说是最另类的声乐类选秀节目。该档选秀节目源自美国 NBC 的创下收视热潮的 *The Sing–Off*。与一般的选秀节目不同，《The Sing–Off 清唱团》要求无伴奏合唱，仅由人声来制造旋律和节奏，俗称阿卡贝拉（A cappella）。阿卡贝拉的起源，可追溯至中世纪的教会音乐，当时的教会音乐只以人声清唱，并不应用乐器。而最具代表性的阿卡贝拉曲种，是格列高利圣咏（Gregorian Chants）。阿卡贝拉音乐是现今国内从未有的选秀节目模式，因此，《The Sing–Off 清唱团》没有年龄、性别、外形等限制，也没有演出形式的限制，仅强调团队表演的配合与融合，响应"唱在一起，更了不起"的口号。每场节目将由明星作为嘉宾主持人率队在全国各地搜索好声音，并带回节目现场表演。经过现场观众投票后，决出本场"好声音搜索超级小霸王"，并由节目组为其达成一个小心愿。经过一轮的全国选秀活动，共有 16 支拥有好声音的队伍通过音乐创意对决争取到了专属专辑、全国巡回演唱会等表演机会。

三　2012 年中国声乐类选秀节目的启示

2012 年各省卫视的声乐类选秀节目都给大众提供了展示自我的机会，让百姓表现自我。央视选秀节目《星光大道》的主持人毕福剑曾说过："我们鼓励参与，而不鼓励参赛。"在这一点上，相对于央视青歌赛来说，这种声乐类选秀节目降低了普通百姓走上荧屏的门槛,给业余选手提供了宝贵的平台,弥补了歌手大赛在数量和专业水平上挑选声乐人才的局限性,其真实性、互动性增加了电视节目的观赏性和娱乐性,也给观众带来了新鲜感。

然而目前,中国大多数声乐类选秀节目基本上都是模仿国外的选秀节目,许多省级卫视的声乐类选秀节目也出现了雷同的情况,选秀内容千篇一律,重复程度高,同质化现象严重,缺乏创新,不注重节目质量,品位低俗,盲目追求收视率。在这种情况下,坚持地方特色,保持本土化节目模式就成为声乐类选秀节目成功的关键。2012年江西卫视的《中国红歌会》、青海卫视的《花儿朵朵》和广西卫视的《一声所爱·大地飞歌》就根据各自地域的特点,注重节目创新,坚持自己选秀节目的特色吸引大众的眼球。

声乐类选秀节目的主旨在于选拔优秀的声乐人才,虽然娱乐大众是电视选秀节目的目的,但是也要注重节目文化内涵,这就需要尊重音乐的本质。而现如今一些选秀节目却成为快速成就明星的"捷径",把成名作为终极目标。在这些明星的粉丝中,未成年人占据了大多数。如果这样的选秀节目泛滥,无疑会给这些未成年人的成长带来负面影响,导致他们放弃对知识的追求和对道德的崇尚,不注重培养自己的内在素质,而更多地关注功名利禄。因此,选秀节目的正确引导很重要,应该利用节目的影响力和高人气倡导正确的人生观和价值观。

结　语

2012年中国声乐类选秀节目呈现出百花齐放的景象,在借鉴国外优秀选秀节目的同时,声乐类选秀节目应该继续发扬民族特色,加强本土化创新,不断提高节目的质量,挖掘优秀声乐人才,针对中国受众的需要,为电视观众打造集专业性、真实性、娱乐性于一体的电视节目。

参考文献

刘颖:《电视选秀节目研究》,武汉大学硕士学位论文,2005。

陈鸿秀：《电视选秀节目的文化思考》，《四川戏剧》2009年第2期。
周华旭：《选秀节目的文化解读》，《青年文学家》2009年第2期。
吕绍刚：《电视选秀的反思》，《决策导刊》2007年第9期。
尹磊、赵鑫：《中国电视选秀节目的冷思考》，《安徽文学》（下半月）2009年第7期。
马立、王文琪：《对选秀节目的多维思考》，《山东视听艺术》2006年第11期。
程晋：《"选秀"节目热潮中的思考》，《当代电视》2007年第4期。

《中国好声音》"制播分离"商业模式分析

孙淑珍[*]

【内容提要】《中国好声音》自 2012 年 7 月 13 日播出以来，收视率一反近年来音乐节目持续低迷的景象，遥遥领先于其他同类音乐节目。铸就辉煌业绩的根源是浙江卫视与灿星制作开创了全新的制播分离商业模式。剖析和解读《中国好声音》的商业模式，对类似电视节目的发展有重大借鉴意义。

【关键词】 商业模式　制播分离　收益共享

《中国好声音》（*The Voice of China*）源于荷兰一著名电视节目 *The Voice of Holland*，是由浙江卫视联合隶属星空传媒旗下的灿星制作强力打造的大型励志专业音乐评论节目。自 2012 年 7 月 13 日播出以来，收视率一反近年来音乐节目持续低迷的景象，首播即高达 1.5%，第二期更飙升至 2.8%，即使是重播的 1.13%，也超越 2012 年所有音乐类节目的首播收视率，节目冠名费更是高达 6000 万元。不到一个月，《中国好声音》网络覆盖量超过 2 亿条，新浪微博已有 76 万粉丝，视频观看次数超过 3700 万次，还被广电总局评为"2012 年广播电视创新创优栏目"。不管是浙江卫视还是灿星制作，都对他们共同开创的崭新商业模式感到非常满意。这是一种全新的商业模式，不是简单的制播分离，也不是平台购买，而是一种共同购买版权、共同投资、共同制作、共同招商、共同受益的合作模式。剖析该项目的商业模式，对类似电视节目的合作发展具有一定的借鉴意义。

---

[*] 孙淑珍，北京电影学院现代创意媒体学院传媒管理系基础教研室主任、讲师。

一 项目缘起及定位

（一）项目缘起

在中国电视史上，最早在电视荧屏上进行新秀选拔的节目，当数中央电视台 1984 年创办的《全国青年歌手电视大奖赛》，其属性首先是专业比赛，其次才是电视节目。《全国青年歌手电视大奖赛》突出的是选拔的权威性和专业性，而电视媒体对其只是完整真实地呈现，并不额外添加过多"秀"的演绎成分，我们且称之为"为选而秀"。2004 年湖南卫视面向全国推出了《超级女声》，其走红的速度让所有人都猝不及防，由此开启了中国电视选秀的新纪元。《超级女声》以节目的娱乐性和选手的草根化吸引观众的目光，"想唱就唱"的节目口号带来了一场全民狂欢。它不仅引起收视高潮，更激发了电视选秀节目市场争夺白热化，一时间各地电消遣娱乐功能展现无遗。此时的"选"只为"秀"得更淋漓尽致，"为秀而选"使一些电视选秀节目陷入低俗化的泥淖，选秀节目的娱乐功能被无限放大，信息传递功能和教育功能愈发弱化，甚至引起价值观错位。

中国电视选秀节目在"选"与"秀"的矛盾中徘徊，在专业性与娱乐性的博弈中成长。2012 年《中国好声音》的播出，为中国电视选秀注入了一股暖流。它通过节目模式的设计，从理念上匡正了以往节目的偏颇，实现了"选"与"秀"的高度统一、相得益彰。

（二）项目定位

《中国好声音》节目定位是"中国首档大型励志专业音乐评论节目"，包含"导师盲选""导师抉择""导师对战""年度盛典"四大阶段，其中最大的创意就是第一阶段的"盲眼听音"，这也是现在国内很多音乐节目标榜的"盲听"创意的真正来源。在"盲眼听音"阶段，四位音乐导师必须背对初次登台的演唱者，这样就排除了长相、身高、服装等外在因素的干扰，选手获得导师认可的唯一途径就是拥有好声音。除了坚持"盲眼听音"，浙江卫视还坚持拒贴"选秀"标签，不炒作、不煽情、无排名、无淘汰、导师不毒舌，形成了与国内其他音乐选秀节目不同的诉求点。

二 "制播分离"商业模式概述

不同于传统电视台节目的自产自销,《中国好声音》的制作和播出分别属于两所不同的机构,播出平台是浙江卫视,制作方是灿星制作。与以往"一口买断"制作费的制播分离方式不同,灿星制作与浙江卫视采用了"投资分成"的新商业模式。根据双方签署的带有对赌性质的协议,收视率越高,灿星制作获得的收益越多;一旦失败,造成的损失由灿星制作承担。不少业界人士把《中国好声音》誉为"一档中国电视历史上真正意义上制播分离的节目"。

(一)制播分离的必要性

从电视节目生产的特点上看,电视节目不可以大批量生产,必须有针对性的、依靠人的脑力劳动和协作劳动来完成。电视节目的完成是一个小组共同努力的结果,但绝非个人力量的简单叠加。这不像生产一辆车、一台电脑,可以有图纸对照,电视节目反映的是变动的世界,在节目的创作过程中,人的主观因素的影响相当多。这意味着它不能进行"流水线"式的组装生产,而只能采用被实践证明有效的"电视制片人制"。正如我国台湾学者徐钜昌所说:"一个节目的生产,并不是机械式的工作,不能够用'模子'大批量地生产,而是用智慧创造的成果。而且每一天的每一个节目,都需要不断的创造。"在这种情况下,电视台本身不可能拥有如此庞大的创造性力量和管理力量,而必须借助社会制作公司,按照制播分离的模式从事节目运作。否则,必然造成节目内容的贫乏与形式单一,从而失去观众。

改革开放以来,市场经济体制的推行促进了人们生活水平的提高,受众对广播电视节目的需求越来越高。制播合一体制下,广播电视精品节目少,节目整体水平长时间在较低水平上重复运转,所以迫切需要广开渠道,拓宽节目生产平台,聚集全社会的力量,即实施制播分离来生产丰富多彩的节目。可见制播分离有两大意义:一是推动广播电台和电视台提高效率,降低成本;二是聚集社会力量为观众生产丰富精彩的节目。

(二)制播分离商业模式的演变

我国制播分离的概念来自英文 Commission,最早起源于英国,原意是指电视播出机构将部分节目委托给独立制片人或独立制片公司来制作。

1. 国外制播分离

70 年代早期，美国司法部指出，广播电视网对电视黄金时间的控制近于垄断，判决它们退出娱乐节目制作。除了新闻节目和时事节目之外，禁止电视网全部或部分拥有节目版权。国家电视播出机构在保证掌握宣传权的前提下，将部分非新闻节目的生产制作交由电视制作机构制作，实行部分的制播分离，娱乐性节目基本上是通过买卖进行的商业市场行为。在提供娱乐节目的众多公司中，比较著名的有维亚康姆（Viacom）、时代华纳（Time Warner）、迪士尼（Disney）、新闻集团（Newscorp）等。

1982 年，随着英国第四频道的出现，委托制片制度开始建立。电视公司使用独立节目制作公司制作的节目可以降低成本，并能增加节目的多样性。1986 年，匹考克调查委员会就英国广播公司的财政问题作了报告，在报告中建议英国广播公司和独立电视委员会增加使用委托独立制片人制作的节目。

2. 国内制播分离

我国制播分离的正式提出，可以追溯到 1999 年底，中央出台了与广电系统经营改革关系密切的 82 号文件，其核心内容是：其一，网台分营；其二，电视与广播、有线与无线合并；其三，停止四级办台。其中，"网台分营"指的是电视台和电视网（节目供应商）分开经营，即"制播分离"。实际上，在这之前，中国电视已经有了"制播分离"的尝试。最早走上这条路的是电视剧的制作，电视台将电视剧交由专业的制作单位去拍。随着市场的不断扩大，电视台无法用自己的人力、物力满足受众的需要，民间电视栏目制作机构逐步涌现。娱乐资讯、综艺、专题类节目的制播分离也不可避免地成了一种趋势。颇引人注目的《欢乐总动员》和《中国娱乐报道》就是在这种热潮中诞生的。

82 号文件下达之后，作为中国电视龙头老大的中央电视台先行一步，2000 年初便率先提出为节目实行制播分离。从 4 月起，央视五套（体育频道）、八套（生活频道）节目实行制播分离，这是中央电视台体制改革的一场重头戏。当年的北京国际电视周还没开幕就已飘出浓浓火药味，作为"制播分离"改革的一场检验会，各路英豪摩拳擦掌，都准备借这股东风，在中国电视节目供应市场上抢得一席之地。

（三）制播分离的种类

广播电视的核心业务是节目的制作和播出。制播分离是广播电视核心业务的重大变革，也是我国广播电视事业、产业发展的必然选择。将节目制作与广告经营剥离出来成立公司，就可以按照市场规律进行公司化运作。到目前为止，中国卫视的"制播分离"包括以下三种模式。

第一种模式是电视台的劳务输出。电视台把一部分工作交给电视台以外的人来做，但是总的控制权在电视台，有时还会下派导演负责。它只是把一些纯粹劳务，包括剪辑、编导等基层工作请外人完成，但核心技术和节目内容依然由电视台掌控。

第二种模式是"一次买断"的制播分离，电视台负责审查、付费和播出，制作公司全职负责生产，是目前的主流。制作公司负责创意、理念、制作，独立完成一档节目，然后将样片交由电视台审片委员会审查。电视台预估节目的收视率和广告吸附力，再考虑是否购买及购买价格。如果预估广告吸附力是1000万元，电视台通常希望以较低的价格，譬如600万元购买。

第三种模式是由《中国好声音》创造的"制播分成"的制播分离，制作方和电视台共同投入、共担风险、共享利润。制作方和电视台之间签订的带有对赌性质的协议，根据双方签署的协议，如果《中国好声音》在每周黄金时段（周五21:15～23:00）的收视率超过2%，则灿星制作参与浙江卫视的利益分成；否则，广告商的损失由灿星制作单方负担。也就是说，收视率越高，灿星制作获得的收益越多；一旦失败，造成的损失由灿星制作承担。

三 《中国好声音》制播分离商业模式创新

1. 开创了中国电视制作合作模式的先河

如果说第一种制播分离模式制作方赚的是劳务费的话，"一口买断"的制播分离模式中制作公司的利润则来自"节流"。在第二种模式中，广告收益归电视台所有，制作公司需要考虑在电视台给予的制作费内拿出多少作为成本，利润来自售价和成本的差额。为了提高利润空间，制作公司会有意识地节约成本，节目的质量肯定会受到影响。节目质量下降，广告达不到预期效果，最终导致电视台中止合作。

《中国好声音》开创"制播分成"的制播分离模式，制作方和电视台共同投入、共担风险、共享利润。这种合作模式的优势在于上不封顶，节目收视率越高，获取的利润越大，双方可以分成的利益就越大。同时，如果节目很成功，广告价格也会成倍增长。这种模式还会激励制作方加大投入，为了更高的收视率、增加分成收入，必须提高节目的品质，必须请到非常专业的明星、制作人员。如果为了节省开支减少投入，节目品质会下降，收视率就会往下掉，这是一个很现实的问题。所以这种制播分离的模式，制作方在成本开支上不会吝啬，而是要想办法把节目质量做高。

另外，这种体制外的制播分离运作模式，能规避一些体制内消耗时间与精力的事情，譬如太多的会议。这种机制里有专人负责事务性工作，制作方只要专心致志地做节目就可以了。

2. 打造全新音乐产业链

在引入原版 *The Voice* 的其他国家中，节目结束于那一季冠军的产生。换言之，14场节目之后（《中国好声音》为10场），一季 *The Voice* 便宣告结束，除了节目本身衍生品或者线上歌曲的继续销售外，歌手签约以及演唱会、各类表演收益等获利均是唱片公司的事情，与 *The Voice* 节目制作播出方再无关系。因此，就国外而言，*The Voice* 的赢利仅限于节目制作与播出这个过程中。

灿星制作团队除了传统的广告收入分成、向视频网站征收版权费之外，还把目光投向了整个音乐产业链。《中国好声音》制作方凭借旗下众多的优质音乐平台资源（Channel V、华语音乐榜中榜），把选手签约以及签约后的商业演出等项目也收归自己所有。本已成熟的资源优势加上一系列为选手量身定制的商业演出、活动（国内大型连锁酒吧的定期室内演唱会，国内、国际商业演出，音乐剧以及中国移动付费彩铃下载），不仅延长了选秀选手的生命力，也建立了《中国好声音》的持续赢利能力。制作方表示："我们不指望单纯依靠节目赢利，前期我们的目标只是收支保平而已；对于《中国好声音》而言，我们更看重的是长时段内对整个音乐产业链条的整合和拉动，以及得益于第一季的成功后第二季在广告投入方面的收益。"

《中国好声音》还把明星导师当成打造产业链的合作伙伴，吸引明星们长期共同投入。以往节目邀请嘉宾，来一场算一场，嘉宾的报酬是固定的。

《中国好声音》把整个导师团队跟节目后期的市场开发捆绑在一起，没有单纯的支付劳务报酬，而是把导师在这档节目当中的参与和投入作为他（她）的投资。如果导师没有看走眼，培训得好，学员本身实力也很强，市场认可的话，所有彩铃下载的收益，会跟导师分成。如果按照《中国好声音》原版里每位导师8个学员的份额来计，用中国移动的市场预估来算，《中国好声音》一旦如愿以偿，催生的是3.2亿元的彩铃市场。这将是导师、学员、灿星制作以及中国移动的盛宴。

促使《中国好声音》打造全新音乐产业链的根源是制播分离所带来的压力和动力：节目制作精良，能够赚到很多钱，一旦不那么成功，亏钱的风险就很大。而之前那种制播双方的合作方式几乎没有风险，收入完全是可控的。

结　语

在国内电视娱乐节目普遍原创动力不足、选秀节目疲软多年的情况下，依靠一档国外流行的节目模式，进行本土化的探索和翻新，并一举获得成功，是浙江卫视与灿星制作对合作模式进行创新与重构的最大收获。对于中国传媒产业来说，媒体的发展除了技术手段的整合，更是观念的整合和体制的完善。只有逐步弱化人为因素，建立合理的节目评估体系、合法的契约关系，以及比较完善的政策和法规，制播分离，才能实现互利共赢。从目前来看，浙江卫视与灿星制作这种"利益捆绑"式的合作模式是未来电视节目的发展方向。

参考文献

刘贵梅：《上海文广制播分离对广播电视业的影响》，《今日科苑》2010年第8期。
袁琳、杨状振：《上海广电制播分离的意义探讨》，《现代视听》2010年第1期。
尹鸿：《"分离"或是"分制"？——对广电制播分离改革的思考》，《现代传播》2010年第4期。
李琳：《新一轮制播分离改革进行时：逻辑、困境和出路——以"上海模式"为例的研究》，复旦大学，2011。

·动漫游戏·

反观中国"美术片"中的国际化元素

孙　进[*]

【内容提要】本文通过对中国"美术片"时代动画电影的研究，发掘到了美术片对于电影的独特的艺术贡献。"美术片"中具有东方韵味的电影时空观念，对我们今天的动画艺术创作有着很好的指导作用。当然，优秀的"美术片"绝不是中国元素与民间故事的简单相加，要达到一个较高的艺术层次，必须对中国的审美特点有深入的理解，才能真正地利用好中国传统文化艺术的瑰宝。

【关键词】美术片　电影时空　平行透视

今天的国产动画电影为了追求高票房，创作上往往会抄袭或跟随美国的动画大片，模仿其故事结构、角色设计、表情和动作设计等。然而有趣的是，当我们热衷于抄袭美国的动画模式时，美国的创作者却来了个回马枪，把本属于中国的民间故事、功夫、美食、绘画、建筑、意境等，融入他们的创作中，成为他们的摇钱树！这对中国的创作者来说几乎是一种讽刺，这个现象值得中国的动画创作者们进行深入的思考。中国优秀的艺术与文化到底有多少可以为我们创作所用？我们该如何做，才能让我们的作品更好地走向国际化？这不是个简单的问题，不要再急急忙忙去研究美国如何运用了我们中国的元素，他们又用到了哪些中国的招数？我们应该好好地冷静下来，认

---

[*] 孙进，北京工商大学艺术与传媒学院副教授，长期从事动画创作和教学工作。

真思考一下中国曾经创作过的、优秀的动画作品，反观我们"美术片"时代的作品是如何运用了中国元素而赢得了世界的尊重。

"美术片"不是一个严格的概念，只是国内业界普遍认可的一个关于20世纪90年代以前的中国动画电影的称谓。"美术片"时代约为新中国成立初到20世纪90年代，这期间的动画题材多以表现中国神话故事、民间传说以及少数民族的故事为主；视觉风格上十分注重吸收中国丰富多彩的民间艺术和传统绘画元素。在经典题材和成熟的美术风格的基础上，美术片取得了较高的艺术成就，在国际上确立了"中国学派"的艺术地位。近些年来，创作者逐渐摆脱了民族题材，生疏了中国传统美术的语言风格。大部分动画工作者只接受过西方动画技法的教育，对中国的传统艺术知之甚少，导致了中国动画艺术水准的严重滑坡。中国动画电影失去了以往的艺术影响力，又缺乏必要的商业技巧，致使创作一度陷入迷茫的状态。这是一个痛苦的阶段，创作者们都在苦苦寻求一条出路。

笔者认为：要想创新和超越，就必须找到自身的优势，在传统文化的精髓上进行更为深入的挖掘，生发出属于我们自己的电影语言和动画语言，唯此才能让我们的动画电影重新走向辉煌。然而，许多人认为中国的"美术片"缺乏电影感，不注重电影语言。较之美国的三维大片，我们的"美术片"看上去很平面，缺乏立体感、空间感和镜头的运动。但这并不说明美术片没有电影语言，这一点从上海美影厂的老一代艺术家的创作札记中就能看得出来。许多老一代的导演都对动画片中的电影属性给予了极大的关注，如："作为一个美术电影艺术家，除了要研究美术的特点以外，还必须研究电影的总的特点……我们千万别忘记：美术电影也是电影！"[1] 由此我们可以看出，美术片时代的导演并非不关注电影的属性，而是对其有独到的见解。通过研究"美术片"我们也会惊奇地发现，美术片对空间概念的表现有着相当独特的见地。它表现出与美国动画完全不同的电影语言，给电影语言加入了新的概念，这是一件十分了不起的事！这才是一条真正通向国际化的道路。给电影这门语言增加新的词汇和语素，甚至是独特的语言风格，才会让我们的电影真正走向世界。

"美术片"有非常优秀的成分值得我们研究，但鉴于本文篇幅限制，笔者只

---

[1] 松林：《美术电影艺术规律的探索》，载《美术电影创作研究》，中国电影出版社，1984。

就"美术片"中的时空概念做一下剖析,来展示一下中国特有的电影时空观,同时给出一定程度的理论概括,为当代中国动画的创作者们提供一个思路。

一 西方动画电影时空观的成因和"美术片"概念的由来

中国动画电影为什么曾被称为美术片,而不是动画片或是卡通片?这是一个有趣的问题,也是一个值得我们认真地探讨的问题。

早在万氏兄弟创作中国动画影片之初,即《纸人捣乱记》《龟兔赛跑》《骆驼献舞》阶段,我们可以看出,这些作品受到美国卡通片的较大影响。无论是造型还是动作风格,都带着明显的迪士尼动画的印记。这个阶段是一个学习阶段,我们在孜孜不倦地从美国的卡通片中获取经验。有趣的是,在那个年代,美国的动画片也正处于快速的学习期和发展期。卡通片的创作既借鉴电影镜头的方式,也借鉴戏剧和舞蹈的处理方式,融合在一起,形成那个时期动画自己的艺术语言。我们可以看到,那时的动画片非常强调动作,却通常忽略空间的表现。几乎所有的情节都是靠富于节奏感的、夸张的动作来表达。在空间的表现上,当时的卡通片尽量让场景平面化和舞台化,片中的角色大都像是在舞台上或一个虚拟空间中进行的表演,不参与剧情的空间几乎都被忽略了或用简单的线条来表示。通过上述特点,我们不难发现,这时的动画是一种语言丰富,拥有绘画、舞蹈、戏剧、电影等多种特征的艺术混合体,而不是单纯意义上的电影。而真正的动画电影是电影创作日趋成熟以后的事情,是电影工业的逐步发展带来的。直到1937年,迪士尼的第一部动画长片《白雪公主》面世时,动画片才真正表现出了电影的特征。它表现在"摄影机的眼睛"和电影叙事的全面介入:多变的景别代替了固定单一的全景,镜头的切分变成了叙事的重要手段。电影的摄影机逐渐被卡通电影的画面所模拟,创作者不但用绘画来模拟真人的表演,同时还用绘画来模拟电影中写实的时空,包括摄影机的运动和由此带来的透视的变化。《白雪公主》的成功,让美国的商业动画片逐渐放弃了动画诞生之初的诸多特征,转而采用了模拟电影摄影机的方式来构建影片。伴随着电影的成长,以迪士尼为代表的动画电影的摄影机的感觉日趋强化,直到今天动画已经完全呈现出一种电影拍摄的面貌。这也就不难理解为什么今天会诞生三维动画这样一种动画电影的形式，为什么会出现超级写实的动画影片，如：《极地特快》《最终幻想》等。

上述内容是美国动画片所走过的一条道路，那么回过头来，我们再来看中国动画又是走了一条什么样的道路呢？

我们的动画并非在诞生之初就表现出强烈的民族特征。早期的动画在创作思路和表现手段上都采用了舶来的方式。然而，当中国的动画日渐成熟，逐渐地拥有了自己完整的表达能力后，我们的动画便逐步地产生了与美式的卡通不同的创作思路。在我国出现了自己的动画大片《铁扇公主》后，这种不同的创作思维开始体现得越发明显。如：我们的影片几乎忽略了空间的纵深感，角色和场景的设计较为意向，人物在场景中的调度趋于平面化，这些特征均受到有中国审美特征的戏剧艺术的影响，而不是电影拍摄的技巧。例如在《铁扇公主》一剧中，大量的对话场面都是舞台剧中的效果，人物基本上都是全景出镜，只有人物调度，很少有摄影机的运动。背景趋于平面化，山石和建筑均采用中国传统表现方式。在这一时期，我们能够看出中国的动画电影已经开始民族化的道路，在非自觉的状态下，呈现出一种具有东方特色的审美趣味。新中国成立以后，我国的动画已经较为成熟，在创作《大闹天宫》等长篇动画电影时，中国式的审美体现已经从一种非自觉的状态转向了一种强烈的自觉状态。创作者开始有意识地强化中国的元素在影片中的应用，强调中国式的空间关系和叙事方式。用散点透视的方式来安排画面的布局，打破了所谓"镜头"的概念，取而代之的是更多地用"场"的概念来安排故事情节的推进。角色在这样的空间里打破了真实的三维维度的限制，更具有意向性和灵活性，给电影关于空间的概念注入了新的含义。下面我们来试举一段片例，展开来进行剖析，解读其中的奥妙所在。例如在孙悟空与二郎神斗法的一场戏中，景物完全是中国传统造型的景物，呈现出典型的中国透视观念，它们不追求真实的维度，空间呈现出开放性，既可以上下为维度展现远近，也可以大小为维度展现纵深。空间可随时被放大至近景，又可以随时收缩成为全景。影片并不依赖镜头的调度，只是靠不同透视效果的转化，来实现空间的变化和人物调度。在影片整体的假定性氛围成立的情况下，这种奇妙的变化成为观众完全可以理解和接受的空间调度，极大地丰富了影片的画面效果和观者的视觉体验。继《大闹天宫》等影片之后，我们的创作者逐渐地把体现中国元素和中式的思维模式作为了创作动画影片的艺术追求，影片角色和场景的造型设计成了体现中国元素最好的着力点。随之而产生了一系列的与该艺术指导原则相类似的动画作品，其中以享誉世界的水墨动画和剪纸动画最为突出。一时间涌现了大量的艺术精品，如：《牧笛》《渔童》《一幅壮锦》等。因此，我们许多动画艺术家自觉地把动画片称之为"美术片"，这个概念即在这样的一个环境下产生。

中国动画起源于美式的卡通，却走出了一条与美式卡通不同的，具有自己特色的动画之路。究其原因，大概有两个方面：其一，是中国的审美对于时空的观念的理解迥异于西方，这一点驱使着中国动画的创作者们在空间的表现上一定会趋向于东方的审美习惯。其二，中国电影本身的时空观念同样受到了中国审美观念的影响，没有鲜明的焦点透视的理论作用于我们的创作观念，在这样的电影创作方式的影响下，中国动画电影自然就不会太关注摄影机镜头的角度和镜头的运动。因此中国的动画片逐渐在美术风格上获得了较为突出的发展，形成"美术片"这一概念。

二　中式时空观的特征与艺术特色

中国绘画的透视观念迥异于西方，中国人不追求精确地模拟物理聚焦，也不懂得焦点透视法则。我们使用了更加符合人的视觉心理的，类似西方平行透视观念的法则。说它类似于西方的平行透视，是因为中国绘画在空间维度的表现上，某些特征与西方的平行透视的理论比较接近，但又不是完全相同。中国的绘画作品并不拘泥于简单的平行透视的理论，中国绘画在表现空间关系的时候，存在着一些约定俗成的画理。北宋的郭熙是中国绘画透视观念的最早的理论奠基人之一。在他的《林泉高致集》中，曾经用"高远、深远、平远"的概念形象地论述了绘画中的空间维度观念："山有三远，自山下仰山巅谓之高远，自山前而窥山后谓之深远，自近山而望远山谓之平远。高远之色清明，深远之色重晦，平远之色有明有晦。"[①] 及至《芥子园画谱》中，更把这"三远"具体化为用泉水的长度表现山峰的高险，用云雾和水汽来表现景物的深远，以及用山水树木相连表现平远，以至形成了中国绘画中一些约定俗成的空间表达方式。中国的绘画空间即是靠这种约定俗

---

① 郭熙：《林泉高致集》，台北，商务印书馆，1986。

成而来的一种布局安排，类似于西方的散点透视概念。

中国的这个审美习惯被很好地移植到了"美术片"当中，为中国的动画电影带来了独树一帜的面貌。当中国的动画电影，尤其是表现非常极致的水墨动画推向国际动画市场的时候，中国"美术片"独特的面貌征服了西方的观众。水墨动画片的成功不单是中国的动画创作者借助了"水墨"这样一种表现形式，更为重要的是这种效果为西方人发明的电影带来了独特的时空韵味，它让人进入一个与现实世界感受完全不同的"意境"时空当中。这是非常重要的电影语言的创新，即便是在三维动画大行其道的今天，我们同样可以运用这种特殊的时空表现方式，让我们的影片在时空解构和故事的演绎上都能给观众以耳目一新的感觉。这样我们中国的动画作品才能给观众留下更为深刻的印象。近几年，西方的电影创作者已经对时空的表现形式进行了大胆的尝试，2002年由韩国出品的《美丽密语》和2009年由爱尔兰出品的《凯尔经的秘密》便很好地利用了现代的电脑技术，出色地表现了富于装饰性的时空，给观众以新奇的视觉体验。

今天，面对市场和票房的压力，动画电影只追求独特的视觉风格和影视语言，固然不足以吸引观众，但拙劣地模仿和机械地照搬更为观众所不耻和厌弃。一部优秀的动画作品一定会植根于某一种成熟的艺术形式之中，只有在艺术语言上打高分的作品，才会得到观众的尊重与认可，才能有机会赢得观众的喜爱。西方优秀的三维动画片正是植根于其成熟的电影语言基础之上，用三维技术把实拍电影中的种种技巧引入三维动画当中，逼真地再现了客观世界的空间和质感，并在此基础上进行了大胆的尝试和超越，才使得西方的动画片在艺术表现方面获得了很高的艺术得分。在艺术得分的高度之上加上精彩的故事演绎，才让其收到了良好的观影效果。近年来，中国动画一直在朝着这个方向做大胆尝试，力图能够接近美国最高端的三维表现手法。但只是接近，哪怕已经达到了99%，对观众来说也是不够的。我们可以尝试另辟蹊径，深入思考"美术片"时代所取得的艺术成就，给观众以耳目一新的感觉。

三 "美术片"的成就与局限

中国"美术片"时代的动画工作者，多半受过中国正统的美术教育，头脑中植根了坚实的传统美术观念，因此创作影片时，很难受到"镜头"概念的约束。正是这一点让中国的动画才呈现出了特有的艺术面貌，它在很大程度上丰富了动画电影的视听语言和表现手段。因此，也就不难想象中国动画在当时国际动画中所取得的成绩和地位了。

在"美术片"时代，我们的艺术家在取得成绩的同时，也受到了传统的中国审美的时空观的束缚。这对中国动画片的影响应该从正反两个方向来看待，一味地推崇和一味地批驳都会有失偏颇。不能否认，在成功范本的示范下，中国动画还诞生了为数众多的艺术仿制品，这其中已隐藏了日后中国动画衰败的原因。对中国艺术形式的参透，才是真正的艺术上的创新。我们不妨以经典"美术片"《三个和尚》为例，进行简单的解析，看创作者是如何重构电影的时空，打破物理空间法则，进行富于创造力的重组的。这种创新完全融入了影片的故事，成为叙事的重要手段。如在影片中的日升日落，完全按着中国的空间模式来排布镜头画面，太阳在山的上面即是白天，在山的下半部分即是傍晚，山也只是一个薄片。靠空白的背景展现无限的空间，有意避免用具体的形象刻画纵深的维度。这样便滤掉了无关的杂陈的信息，并依据中国式的审美趣味构建了一个与实际空间完全不同的假定空间，颇有中国京剧艺术的神韵。它让角色在一方小小的舞台上，通过元素在平面空间上的调度，为观众展现无限的可能性。这是一部运用中国式的"词汇"来表达戏剧冲突、用中国式的"句法"来展现情节的、有"文言文"色彩的"白话小说"，是一部对我们非常有指导意义的动画电影。

优秀的影片在于如何充分利用中国特有的时空观念，而蹩脚的作品却把这一优势变成了限制手脚的藩篱。尤其在"中国化、民族化"这一面大旗的指导下，很多创作者把动画片理解成了"美术风格＋简单叙事"的模式，或形式大于内容，或形式与内容脱节，创作的作品总像是披着中国外衣的外国复制品。恩格斯说过："一首诗可能以诗句的流畅见称，外形华美，可是不能给人留下深刻的印象。"[①] 只有形式和内容、躯干和精神达到完美的统一时，才能够成为精品。总之，中国化不能作为一张表皮附着在作品上，中国化必须在深层次上得以发挥，否则不但不能取得艺术上的成功，反而会成为动画发展的障碍！

---

① 《马克思恩格斯论艺术》第四卷，人民出版社，1960，第351页。

四 "后美术片"时代

在"后美术片"时代,我们的动画创作一直在进行着各种努力和尝试。在对"美术片"时代的旧有的艺术标准和法则全盘颠覆的同时,新型的艺术指导原则一直还处于探索之中。当代的中国的动画作品一出生便被套上了"美式"或者"日式"的范式,有的甚至出现杂烩、拼盘的效果。理论界也出现了众多批判的声音,把中国动漫的问题归咎于"美术片"的创作理念。教条地照搬"水墨"画风,简单地拼凑"中国元素",固然不可取。"过于重在美术风格上做文章,而忽略了其他一些更重要的方面,使得作品的思想艺术质量受到损失,不能成为完美的艺术整体。"[1] 但"美术片"的文化价值却也不容忽视。本文提及的"中国式"的电影空间,是美术片艺术成就的冰山一角,还有着更多的内容值得我们去探索。

万氏兄弟在当年的人文环境下,为我们走出了一条他们的民族化道路。今天的我们仍然有着无限的可能性,中国数千年的文明是一个巨大的宝库,值得我们倾心地探索。未来的优秀作品一定会基于自身的文化优势,才能在国际动漫舞台上赢得一席之地。

结 语

本文的着眼点在于通过剖析"美术片"时代的经典,来解读中国文化元素如何渗入创作意识当中,如何转变为创作的工具。本文只是试举一个小例,来供大家探讨。我们都希望中国动画能够尽快走向国际,越是如此,我们越需要平心静气地对待理论研究。动画艺术的生根、成长可以比喻为一株"文化植物",生长的成因与土壤、环境的关系值得我们认真研究。我们要同时避免揠苗助长和水土不服的现象。

---

[1] 陈剑雨:《美术电影创作要重视总体构思》,《电影艺术》1982年第6期。

对中国动画电影"品牌化"策略的思考

於 水[*]

【内容提要】 近年来,中国上映的动画电影中,"品牌化"动画电影所占的比重越来越大。"品牌化"动画电影对动画电影产业有非常重要的贡献,但同时也因为处在"品牌化"策略的初级阶段,尚有很多不够成熟的地方,对动画电影艺术和市场均有潜在的伤害。本文将对"品牌化"动画电影的利弊进行分析,并给出相应的对策。

【关键词】 动画电影　品牌化　创作策略

一　中国动画电影的"品牌化"现象

近年来,中国动画电影的产量逐年攀升,动画电影市场也一改早些年不温不火的情形,呈现出一定的热度。在这些上映的动画电影中,所谓"品牌化"动画电影的数量越来越多。比如2012~2013年上映的《喜羊羊与灰太狼》《洛克王国》《赛尔号》《摩尔庄园》《麦兜》等。这些"品牌化"动画电影有一个共同的特征:在电影作品上映以前,已经有相关电视动画、游戏产品、漫画作品、玩具产品等出现,并且取得一定的知名度,具备了一定的市场基础。这种大批量的"品牌化"动画电影集中出现的情形在以前的电影市场中从未出现过。尽管这种类型的动

---

[*] 於水,北京航空航天大学新媒体艺术与设计学院动画艺术系主任、副教授。

画电影中也有票房不佳的情况（如《虹猫蓝兔火凤凰》票房150万元），但总的来看，"品牌化"动画电影的票房相较于以前的动画电影有了很大的提升，这种情形产生了强烈的示范效应，使得近年来动画电影中"品牌化"现象越来越明显。

二 动画电影"品牌化"推动了中国动画产业的发展

中国动画电影产业必须感谢动画电影的"品牌化"，正是因为这个策略，中国动画电影才出现真正赢利的案例。《喜羊羊与灰太狼》是动画电影品牌化的代表，500多集的电视动画片铺垫培养了庞大的观众群体，这些观众群体支撑了《喜羊羊与灰太狼》五部系列动画电影一直保持高票房的数据。《喜羊羊与灰太狼》票房的成功，对于当年的动画产业非常珍贵：因为在此之前，国家下大力气扶持动画产业，高校大规模招生，无论在人才、政策、资金等方面都对动画产业倾斜，但一直无法出现票房赢利的国产动画电影。政府的尴尬、学界的困惑、投资方的观望，都使得动画产业不温不火。2009年，《喜羊羊与灰太狼》第一部动画电影《喜羊羊与灰太狼之牛气冲天》以7500万元的票房大获成功之后，实际上为中国动画电影蹚出了一条靠市场自给自足的可行之路。而且让人振奋的是，这条"品牌化"动画电影的道路被后来者证明是可复制的：基于游戏品牌的《赛尔号》《摩尔庄园》《洛克王国》，基于玩具和电视动画片的《巴啦啦小魔仙》，都依靠"品牌化"的策略在市场上获得了可观的票房。于是，中国动画电影的创作大致分成了两个方向："品牌化"电影和"原创"电影。前者借势已有的动画漫画游戏产品；后者则相反，没有任何品牌铺垫，以单体的电影作品出现。近两年我们看到的事实是，遵循前者策略的影片的票房，要远远大于坚持原创路线的动画电影票房。依靠前者的创作策略，单凭票房能够赢利的中国动画电影在短短的几年内如雨后春笋般出现，这在四五年前是不可想象的。客观地说，中国动画电影近年来能够获得市场的认可，绝大部分的功劳应该归属于动画电影的"品牌化"策略。

三 现阶段中国动画电影"品牌化"的利与弊

(一) 作为衍生品的"品牌化"动画电影

"品牌化"动画电影最大的特征就是依附已有的动画、漫画、游戏、玩具等产品,所以,从某种角度上来说,这里的动画电影作品已经变成了整个动漫品牌策略中的一环,成为某种"衍生品"。

这种情形对动画电影产品来说,利与弊都相当明显。

有利的因素是可以培养观众——影片上映之前的作品和产品就像广告,为即将上映的电影作品提供了最佳的宣传。从本质上说,"品牌化"策略中的动画电影之所以获得的票房比"原创"动画电影高,是因为前者的数量优势——几百集的动画片,或者数年的漫画连载,与电影一并组成强大的影响力,在数量上比单体的"原创"动画电影有明显的优势。在2013年的动画电影市场上可以明显感受到"品牌化"的强大:《洛克王国2》《巴啦啦小魔仙》等电影票房突破5000万元,而"原创"动画电影《绿林大冒险》《重返大海》则票房惨淡。尽管后者的单片质量甚至要高于前者,但无奈没有品牌的铺垫,无法在短时间内获得观众的认可。

不利的因素是对于电影这种艺术形式来说,依附的结果会造成一定程度上的限制和束缚,使得创新度降低。这在《喜羊羊与灰太狼》系列大电影上表现得较为明显。2013年《喜羊羊与灰太狼之喜气羊羊过蛇年》票房为1.25亿元,与前部相比,票房下跌逾24%。根据观众评价和业内看法,认为这是"审美疲劳"的结果。一方面,有创作者的原因,但另一方面,或者说主要原因是动画电影"品牌化"造成的必然结果。"品牌化"的本质,便是要将动画形象(包括动画造型、角色性格、人物关系、美术风格、叙事模式)符号化,使观众看到这个造型便会联想到其背后的一切,包括它代表的群体、文化、特质,等等。这种现象不仅仅是动画领域,大部分成功的品牌都有明确的指向,如耐克、苹果、路易威登、凡客,等等。对于消费产品,符号化是件好事,但是对于文化产品,符号化在某种程度上会造成创作思维的固化。即使创作者有创新的能力,也会由于品牌整体的战略布局而牺牲电影中的许多创新元素。从这个方面来说,单体的

"原创"动画电影则单纯许多，没有束缚，可以天马行空地进行创作，将艺术创新最大化。

（二）只针对低幼龄受众的"品牌化"动画电影

现阶段，与欧美、日韩等国的动画电影受众群体定位于全年龄群体、青少年群体不同，中国较为成功的"品牌化"动画电影具有一个共同特点：受众群体定位在低幼龄儿童。这样的定位，是中国动画电影市场一步步走出来的，或者说，是残酷的现实一步步逼出来的：从标志着动画电影市场化的作品《宝莲灯》（1999年）开始，中国动画电影早期的受众定位是全年龄段观众。这种定位显然是借鉴了迪士尼和皮克斯的思路。在这条路上，从《红孩儿大闹火焰山》、《梁山伯与祝英台》到《魔比斯环》，中国动画电影前仆后继，但票房市场一直不佳，企业亏损严重。创作者渐渐意识到，试图制作美式风格动画电影、与迪士尼和皮克斯争夺观众的道路难以走通，动画电影的成人受众群已经被美日动画电影牢牢把控，于是，一些创作者开始将受众定位于低幼龄群体。

针对低幼龄受众的"品牌化"动画电影的有利因素是：难度和成本较低，竞争不像全年龄或成人观众市场那么激烈。低幼龄群体审美标准不高，在故事、技术、画面精度等方面的要求低于成人，而且更为重要的是，这里是一片蓝海——争夺成人群体观众的，不仅仅是美日动画电影，还有更为强势、数量庞大的真人电影，竞争非常激烈；低幼龄群体的电影产品几乎没有，动画片为什么不去占领？如果说十几年前父母对孩子的投入（金钱投入和时间投入）还没有这么高的话，那么在现阶段父母越来越重视与孩子的亲子活动的背景下，影院成了非常好的选择之一。但问题来了：针对低幼龄的动画电影的推广策略是什么？如何将小观众吸引进入电影院？传统的电影推广手段（如广告牌、网络推广文章、微博等）并不适用于这部分观众。自然的，低幼龄受众的动画电影将目光集中在电视动画片身上，因为这里有共同的受众群。一直以来，中国的电视动画受众群为低幼龄儿童的特点非常明确，利用电视动画中成功的作品作为相关电影作品的先导和铺垫，成为水到渠成的选择。于是，便有了《喜羊羊与灰太狼》系列电影的成功。电视动画将营造多年的品牌延续到电影作品中，通过票房获得赢利。同理，基于游戏的《赛尔号》系列、《摩尔庄园》系列、《洛克王国》系列的票房热卖也源于此——跨平台的品牌衍生，使得动画电影获利。

但是，弊端也随之显现：只针对低幼龄受众的"品牌化"动画电影近来遇到瓶颈。《喜羊羊与灰太狼》系列票房基本为1亿~2亿元；《赛尔号》等游戏品牌的电影票房一般为2000万~5000万元。可以明显地看出，低幼龄受众群体的"品牌化"动画电影票房收入碰到了"天花板"。这在中国电影市场飞速发展的大背景下，显得有些另类——真人电影单片的票房纪录不断被打破，并且增幅惊人，从2010年《让子弹飞》的6.7亿元，到2012年《画皮2》的7.3亿元，到2013年《人再囧途之泰囧》和《西游·降魔篇》直接突破12亿元票房，针对低幼龄受众的"品牌化"动画电影票房增速显得温暾无力。背后的原因是这种电影的观影行为较为理性，家长每年带孩子去影院的次数相对固定，看电影的动机是亲子行为，而非内容驱动，众多低幼龄受众的"品牌化"动画电影所争夺的，是这些有限的亲子行为次数的份额。所以，如果这些电影的内容质量没有提高，只是靠"品牌化"的策略，就无法将低幼龄受众市场的票房总额扩大。

四 "品牌化"动画电影的升级

（一）作为"艺术"的"品牌化"动画电影

目前的"品牌化"动画电影作品在整个动漫品牌战略中一直处于从属地位，它要么是某个动漫品牌完善整个产品链条的一环，要么是这个品牌实现赢利的重要手段。在这些务实的需求中，作为电影创作中对艺术的追求，已经被置于非常靠后的位置。当然，我们无法苛求玩具公司的品牌化动画电影一定要具有艺术性，就像电视动画片《变形金刚》一样，它可能某种程度上就是玩具的广告；但是，对于某些仍然希望创作有艺术追求的动画电影的人们来说，"品牌化"的策略仍然可以借鉴。换句话说，如果我们仍然想通过内容本身来获得观众和市场，可以从门槛较低的漫画、动画短片等入手，开始打造基于形象的"品牌"。在这个过程中，我们应该注重对艺术和情怀的追求，并将这种理念注入品牌当中，直到品牌的影响力足够强大，进而开发基于这个品牌和理念的动画电影。此时，动画电影不再因为产品的束缚而失去追求艺术的可能。

(二)"品牌化"动画电影受众群体的扩容

定位低幼龄受众市场的动画电影已经饱和,怎样开拓其他受众群体市场成为问题的关键。就像前面所述,中国动画电影若还走好莱坞动画的道路,希望渺茫。在这点上,中国真人电影市场给了动画电影非常好的示范作用:近年来,中国电影在进口大片的夹击下,并未节节败退;相反,所占市场份额正稳步增加。归根到底,是由于中国电影创作者避其锋芒,开拓自己的电影类型,讲述自己的故事。无论是中国电影市场开启之作《英雄》所引领的武侠片,还是《画皮2》《西游·降魔篇》所代表的"东方玄幻题材"(乌尔善语),抑或是冯小刚的"冯氏喜剧",不同于好莱坞的类型使得中国电影找准了自己的位置;即使如《人再囧途之泰囧》《失恋33天》《唐山大地震》《让子弹飞》《北京遇上西雅图》等片,也因为讲述国人自己的故事和情感而获得可观票房。所以,避免走好莱坞动画的道路,是中国动画电影必然的选择。但非常棘手的是,这么多年来在世界范围内,成熟的、能够稳定获得商业收益的全年龄动画电影类型几乎就迪士尼动画一种,欧洲动画甚至日本动画电影都难以在世界范围内获得高票房。也就是说,真人电影的类型多样,但动画电影类型单一,好莱坞动画过于强势,以至于使得观众形成思维定式,对于创新的动画电影类型,市场接受度低。

所以,中国动画电影想要争取成人观众,必须借鉴中国真人电影的经验,避开好莱坞大片,走创新类型的路线。如何将创新类型的动画电影推向观众,使观众能够接受这种新的类型,是当前动画电影的首要任务。

在这点上,"品牌化"的策略,为我们提供了非常有力的手段。创新的动画类型需要市场的培育过程,如果直接用单体的动画电影来实践这个类型则较为冒险,可以采用门槛较低的漫画、动画短片、小说等形式进行铺垫,使得这种类型和相关的形象深入人心,取得了足够量的受众群之后再开发电影。这样,创新类型的动画电影的投资与制作风险就会小很多。同时,通过漫画、短片、电影等跨平台的内容将价值沉淀在动画形象上,以取得除内容之外更大的收益。

在这点上,《麦兜》系列是非常成功的案例。麦兜的受众群不是低幼龄群体,而是成人观众。可以想象,如果没有前期麦兜的漫画、绘本、形象等内容的铺垫,直接在院线上映麦兜电影的话,其结果也多半市场惨淡。因为无论从画面精度还是从故事梗概等方面来说，都难以在众多中外动画电影中脱颖而出；而且更为重要的是，因为麦兜的类型既不同于好莱坞动画电影，也不同于日韩动画电影，它几乎是一种全新的、散文化、情绪化、状态化、反故事的类型，没有前期内容的铺垫和市场的培育，观众很难认可接受。麦兜的创作者通过多年的漫画、绘本等内容的不断推出，精心运作"麦兜"品牌，使得麦兜所代表的香港本土文化、草根精神、轻故事重情绪的叙事方式、简单清新的画面风格、弱化弹性夸张所谓经典迪士尼的动作等众多创新艺术风格逐渐地被大众所接受，使得开发基于这种风格电影的条件最终成熟，从而获得了市场的认可，才有了麦兜系列电影的成功。

结　语

"品牌化"的动画电影对中国的动画电影市场来说，无疑是一针强心剂。沉寂多年的动画电影市场被带动起来，观众对国产动画电影的印象开始慢慢改观，投资者跃跃欲试。但是繁荣的背后也有隐忧："品牌化"电影的价值功利化，受众群体的单一化，都使得其发展速度减缓，创新度不足。长期来看，必然对动画电影艺术和市场造成伤害。所以，利用品牌化策略开发以内容本身为主导的动画品牌，扩大动画电影的受众群体，将动画市场的蛋糕做大，成为目前"品牌化"电影的升级方向。

动画作品中色彩语言的表意功能
——以动画系列电影《魁拔》为例

李 静*

【内容提要】 影视动画作品中的色彩是动画艺术本体性重要的组成部分，也是影视动画最重要的视觉元素。色彩的意义不再仅仅是传统动画观念中衬托人物、渲染环境和背景气氛，更在于画面色彩视觉的审美，也在于色彩在动画观念和动画叙事中具有的独特视觉语言表意功能。色彩在影视动画作品中的重要作用不容忽视，系统地研究色彩在影视动画作品中的特征与作用，对于动画的创新发展能够起到积极的作用。本文以电影学、色彩学、美学、心理学和符号学等领域的知识为指导，以动画系列电影《魁拔》为例，对色彩的审美特征和表意功能进行了较为系统的研究和阐述。

【关键词】 色彩 影视动画 魁拔

色彩在动画中的广泛运用，已然成为情感、思想传达的媒介，不同的颜色也因此被赋予了不同的含义。首先，色彩和概念之间的关系经过长时间的发展，已经渐渐被接纳为一种契约关系；其次，每种事物都有其规律，色彩的运用也要符合其搭配原则和组合关系。这一点可以类比于语言的运用，但与语言不同的是，动画色彩的特性体现在模拟代码和表现代码两方面。色彩语言与影像语言实属两个代码系统。影像语言之所以无法完全覆盖色彩语言，是因为色彩之中的亮度和纯度等因素都会影响到色彩在动画中所产生的

---

* 李静，北京电影学院教务处助理研究员。

效果。色彩语言的创立是为了更好地向观众传达作品的主旨，此类语言也如语言一般受到地域、文化的限制造成差异。色彩语言对剧情的发展具有推动作用，并凸显人物的性格特征，以极为隐晦的方式向观众传达。在动画制作中，镜头的不断切换使得各个画面以"线性"的方式形成连续动画，将动画中蕴含的深意传递给观众。现实生活中，由于色彩的大量运用，使得部分色彩的意义早已深入人心，这些颜色的意义也被人们以公式化的方式记住。正是由于色彩与概念之间形成了契约的关系，因此人们在遇到相同的颜色时往往会从脑海中搜寻以往储存的该色彩所包含的意义，最终使色彩语言具备了表意的能力。

一　由文化习俗形成的色彩的表意象征功能

在影视作品中，色彩的运用并不像语言那般简单，影视语言可以直接用于拍摄，有具体的符号可以使用。色彩语言的体现需要通过色素的合理组合和连接形成观众易懂的表达句。对电影符号作过深入研究的麦茨曾说过："说"用于语言交流中时，只是指的表面的运用，但在电影领域，"说"便被赋予了特殊的含义，是突破原有规约性的限制进行的创新。

相同的色彩在不同国家由于受到当地文化的熏陶，往往被赋予了不同的含义，这些色彩的含义一般都附带了浓厚的民族特色。举例而言，中国人心目中的"红色"和"黄色"代表了喜庆、雍容华贵以及积极进取的心态。但在某些国家这两种颜色却成为暴力、血腥的代表。在动画电影《魁拔》中，主人公蛮吉（见图1）的穿着设计就采用了黄色与红色的混搭，在中国人眼中，这样的穿着能够形象地反衬出"魁拔"的积极、坚强、不可侵犯的形象。与之相对应的是，在美国著名动画片制作工厂迪士尼出品的《小美人鱼》中，当人鱼国王得知自己心爱的女儿爱上一位普通人类时大发雷霆（见图2），在制作此片断时，制作人员就采用了将背景由蓝色转为红色的手法，自然烘托出一股紧张危险的氛围。中国人心目中白色是悲伤、庄重的颜色，常在祭奠逝者时采用，在戏曲表演中白色也通常象征着奸诈、狡猾。但以西方人的审美观，白色是天使的颜色，代表着圣洁、高尚，在婚礼中也往往以白色为基调。在印度被认为是悲泣哀伤的紫色在日本的艺术作品中常被用作表现高尚、善良。

图1 《魁拔》中蛮吉的形象

图2 《小美人鱼》中国王的形象

不同国家的人们在运用色彩时往往会不自觉地加入本国的文化特质，这种行为给色彩的应用赋予了特殊含义。艺术家们总是在作品中通过色彩的运用传达自身的感情，使作品的艺术感染力得到进一步加强，更能吸引观众的目光。但是，大千世界无奇不有，即使是同一种颜色，其传达的意思在不同状况下也有所不同,例如英国作品中的绿色不仅代表了充满生机和青春的气息,同时也具有嫉妒、眼馋的象征意义。

从上文的探讨可知,相同颜色在不同国家、不同民族代表的含义不同,这样的区别证实了文化上存在的差异。不同颜色的象征意义是由国家或民族的文化内涵决定的,是国家和民族的代表,但颜色能够传达象征意义的事实是不可变更的,这一点是具有共通性的。

民族文化具备独特的民族特征,作为民族文化的一部分,色彩文化也具备显著的民族性,民族特征显著的色彩语言常常会产生跨民族的沟通障碍。毫无疑问,长期的文化发展过程中已经形成了一些共识的色彩语言,受到世界所有国家和所有民族人们的一致认同。常见的色彩语言的共识,包括法律、宗教中的黑色和医疗体系中的白色,等等。《艺术、设计与视觉文化》中,马尔科姆·巴纳德提到色彩是一种长期、广泛使用的内部符号,它可以有效地展现形式和社会结构之间的关联,例如女士用品普遍色泽光亮、色彩丰富,而男生用品普遍为黑色、色泽较暗。

上述独特色彩特征可以代表相应的性别,同时也体现了形式(颜色)同社会结构(性别)的相互关联性。色彩语言也是动画作品中不可或缺的内部符号,可以有效展现形式与形象结构之间的关联,色彩不仅可以透视人物灵魂,还可以延展人物形象和性格。

二 由心理暗示形成的色彩的表意功能

对色彩的认知可以基于具体的事物,同时还可以基于色彩同特定实物之间的关联性,产生心理上的联想。心理上的联想常常需要以实物的普遍共识为基础,长期的社会生活使得一些实物的内在价值和特征形成了特定的联想关系,也就是此实物色彩的联想意义。

黄色是最明亮、最闪耀的色彩。早在汉代,黄色已经流行于官场,特别是皇帝穿着的黄锦袍,黄色代表了至尊、高贵的皇家色彩。首先,黄色色泽光亮,是最纯化的物质色彩,将其用于皇族,有效地凸显了皇家的权威,象征最高权力。其次,黄色色彩丰满、不透明,几乎没有重量感,因而人类历史常常用金黄色来体现神圣、光明、天国和来世,等等。在动画电影《魁拔》中描绘天界(见图3)的时候,所有的色调都是金黄色的。金黄色的元素，同淡紫、粉红色的云彩的结合有效地渲染出天界的神圣，将场景凸显，让观看者似乎置身其中。动画人物的服装元素中，果黄色常常代表青春、聪明和活泼；武士的服装中采用黄色，则表示无畏和勇敢。在《魁拔》中"蛮吉"的着装设计就采用了柠黄和果黄（见图4），有效地凸显了人物的青春、幼稚和勇敢的性格特征。但如果假设影片中"蛮吉"的服装采用其他颜色搭配（见图5），那将会产生怎样的观看效果？通过对比图4和图5，可以发现，试穿黑色服装的蛮吉所呈现出的人物形象同其内在的性格特征完全不符。即使采用了其他颜色都不会有黄色那么符合导演的初衷和剧情的发展。

图3　《魁拔》天界

动画作品中色彩语言的表意功能

图 4　《魁拔》中的"蛮吉"　　　图 5　试穿黑衣服的"蛮吉"

　　红色是一种非常纯正的颜色，有红色出现的地方总会带给人们一种难以拒绝的力量感和活跃感。也许是红色和阳光以及火有关的原因。要是人的视觉或者潜意识同血结合起来，就会产生害怕和危险意识。在光照下，红色就表现为红橙色，有一种发亮的色彩效果，红色具有核心地位，有争强好胜的热情表现。红色和蓝色或白色相融，可以展现凶狠阴暗的幻想情调。要是和黑色放在一起就能放射出高尚、守旧、传统或者刚强以及魔鬼般的情调。在《魁拔》中魁拔的"脉兽"（见图 6）的设计就采用了红黑配合，"脉兽"在电影中的比例设计远超常人，这种超比例的角色设计往往会造成上下不协调的画面效果，但红黑两种颜色的组合就避免了这种情况。当我们细细分析红色与黑色在视觉的感觉后，很容易就会发现红色有一种饱满的冲出来的视觉感受，而黑色则有一种浓缩的向后退的视觉感受，因此画面中"脉兽"在视觉上就有了一种带有强烈的压迫感和厚实感。这种黑红的搭配把脉兽的角色定位和性格特征彰显得淋漓尽致。

图 6　《魁拔》中的脉兽

- 113 -

和热情奔放的红色相比，蓝色是一种冰冷轻盈的颜色。蓝色能让人的视野放在天空、海川和神奇的宇宙中。电影艺术家和画家通常用蓝色反映人类想象的另一个世界，比如东方人害怕的地狱和西方宗教向往的天堂。不过，蓝色也拥有很多性质。蓝色和亮光融合在一起时，大多展现出乐观向上的情景；和阴暗统一时，就有害怕、难过和毁灭的意义。在《魁拔》中当"曲境一号"驶向"涡流岛"时（见图7），天与海的亮蓝色可以烘托出神圣联军向"魁拔"进军的自信和轻松的气氛，但当到达涡流岛与脉兽交战的画面则是暗蓝色的，这时电影中的蓝色（见图8）则是哀伤、恐惧的代言人。很多电影导演都非常钟情于蓝色。

图7　《魁拔》中曲境一号离港

图8　《魁拔》中进攻涡流岛后的战场

绿色象征着大自然无限的生命力，由蓝色和黄色融合而成。当绿色呈现在阳光之下的时候，往往表现出生机勃勃的青春的气息，让人产生兴奋与愉悦的感觉，所以一般情况下绿色都代表着希望和快乐。在生活中我们可以看到的邮政使用的橄榄绿色，象征的是和平。而如果对绿色作出暗化处理，那么就可以体现出稳重、安宁的感觉。在《魁拔》中"蛮吉"出世时的背景画面就是点缀有小黄花的亮绿色灌木丛（见图9），有一股生机盎然的感觉。此时的画面可以映衬出新生魁拔是个活泼单纯、具有顽强生命力的孩子。而在"蛮吉"从涡流岛的迷宫逃出来后（见图10），背景为浓厚的墨绿色调，显得此时的树林具有神秘、稳重的味道，暗示危险还没有过去。

图 9 《魁拔》中蛮吉出世

图 10 《魁拔》中蛮吉逃出迷宫

和绿色相比，紫色代表的含义非常丰富。明亮的紫色可以展现出高贵和虔诚的感觉，代表着智慧与才能；暗沉的紫色往往代表着迷信与威胁。蓝紫色有的时候可以代表孤寂和死亡，红紫色有的时候可以显示出神圣与兴奋的情境。在影片《魁拔》中，当镜头出现魁拔统治的世界时（图11），整个画面充斥这种紫灰色的阴影，使得观众在观看过程中感受到了危险与惊恐，同时在颜色的衬托下也交代了魁拔的残暴。

图11　《魁拔》中魁拔统治的世界

由于很多颜色都有特定的指代含义，所以动画作品里面往往为正面人物使用亮度很高的紫色、红色、绿色、黄色等颜色，这些颜色同时还代表光明与温暖。而当塑造反派人物的时候，通常使用代表邪恶与黑暗的颜色，比如一些黄色和绿色融合的效果，同时搭配一些亮度较低的灰色、黑色以及暗紫色等颜色。在影片《魁拔》中这一手法的运用得到了充分体现（见图12）。比如说影片中的反派"幽弥狂"的狭长眼眸中透露出的灰褐色光芒、灰白色的下巴、带着疤痕的面部等，所有的色调都非常阴暗，这些设定彰显了人物性格中奸诈、凶狠的特性；相比之下，"镜心"的设定就更加偏向于红色、紫色以及蓝色，运用这些颜色画出的脸颊以及眼眸都透露着人物正直、稳重的特点。这样的人物设定是利用观众生理和心理的双重表现，使得人们能够对人物性格进行更加顺利的交流、沟通。

图 12　镜心和幽弥狂的色彩对比

三　色彩具有识别形象的功能

有了色彩，形象才更活泼真实。在动画作品里，所有人物、动物以及景物都属于视觉符号的范畴，而正是有属于自己的颜色和形状，才能让我们对其进行准确的区分。创作人员在进行创作的时候往往高度概括了现实中存在的各种生命体与非生命体，并对它们进行抽象提炼，获得了无数的"象征符号"。这些符号加工出来的人物造型往往非常简单，具有高度概括的特点，所以常常与其他的形象有所混淆，因此创造人员对它们进行加工的时候必须坚持"似而不似，不似之似"的原则。在这样的要求下，就不得不利用色彩来对它们进行区分了。例如在《魁拔》中世界分为很多国家，各国士兵的造型基本都是相同的，因此影片采用了以色彩来区分不同国家的士兵，例如树国士兵（见图 13）运用绿色，凤国士兵（见图 14）运用白色等。拥有相似

图 13　树国士兵

五官和相同身高，国家却完全不同的士兵便彼此区分开来。如果没有各种颜色搭配后起到的区分作用，那么很多形象相似度非常高的常规电视电影就无法达到充分体现人物性格的目的。所以，只有色彩才是保证角色造型能够长期确定、人物性格能够更加鲜明的重要工具。这就是很多动画作品中会将人物造型颜色（包括人物所穿的衣服、裤子、鞋子乃至头发的颜色等）作出变更的重要原因。

图 14　风国士兵

由此可以看出，动画作品里最重要的传递信息的工具不是名称和形状，而是色彩。色彩在塑造人物形象的时候起到了形状和名称无法代替的作用。在二维动画制作的过程中，很多的色彩不仅可以表现人物的性格和好坏，还能体现事物的感光程度，这一功能通常由白色和原物色进行融合来发挥作用。如可以用一定长度的折线表现人物头发在光线下反射的光泽。有很大一部分动画作品喜欢用眼睛里的白色小圈来展现男孩、女孩眼中的神采；用蓝白色的色块来表现玻璃在阳光下的反射；还有一些作品中在人物头发上添加了局部泛白的折线，用来突出头发的光泽。

动画作品在色彩的变化应用上比普通的电影更加灵活。尤其是二维动画，制作二维动画的手法实质上是一些"运动的绘画"，动画色彩设计时并不用考虑真人，或者是自然条件的影响，使用动画色彩语言就能够实现对事物以及环境的有效表达,并不用去考虑别的因素的限制,因此得到的表达效果会更好。

<h2 style="text-align:center">结　论</h2>

总之,色彩能够作为一种语言使用的原因在于色彩存在一定的表意性以及模拟性,可以使用色彩实现语言的组合关系。特别是,画面中色彩语言使用的色彩组合形式等都是在日常基础上得到的,而人们在生活中已经形成了对于一些事物的色彩认识,当人们在看到这些色彩符号时,就能够联想到特殊的表达意境。因此,色彩具有的表意功能相对较强,能够通过使用色彩语言对人物的性格,或者是故事的主旨进行有效的表达。同时,在同一画面内使用不同色彩的组合,可以成为表意丰富的语言表达方式。

参考文献

陈伟、张瑞琴:《动漫色彩构成》,清华大学出版社,2007。
梁明、李力:《电影色彩学》,东南大学出版社,2008。
袁路:《浅析色彩在电影作品中的审美价值》,科教文汇出版社,2008。

2012年中国游戏行业热点综述

李晓彬[*]

【内容提要】 近年来，中国游戏业发展迅猛，已经发展成为一个规模庞大、市场成熟、利润丰厚的娱乐产业。本文详细分析了2012年网页游戏、移动网游戏、客户端游戏等板块的现状、问题和发展趋势，并对网络游戏的发展方向提出了思考，认为"立体"与"体感"的出现将游戏体验推向了一个新的高峰。

【关键词】 游戏业　网络游戏　发展状况

一　2012年中国网络游戏行业发展概况

游戏行业在2012年保持了强劲的增长势头，各项关键数值均得到了稳定增长。据中国版协游戏工委发布的《2012年中国游戏产业报告》统计，2012年中国游戏市场实际销售收入602.8亿元，同比增长率为35.1%。另据文化部发布的《2012中国网络游戏市场年度报告》（以下简称《年度报告》）统计，网络游戏为游戏市场贡献了601.2亿元，同比增长28.3%；其中互联网游戏市场规模为536.1亿元，同比增长24.7%；移动游戏市场规模为65.1亿元，同比增长68.2%。

作为中国游戏行业的主力，网络游戏为游戏市场贡献巨大。其中客户端

---

[*] 李晓彬，北京电影学院动画学院教授。

游戏仍然是网络游戏的主流，而网页游戏、移动网游戏、立体与体感机已然成为游戏产业新的增长点与亮点。

二　2012年中国网络游戏行业热点综述

（一）网页游戏

1. 现状

据《年度报告》统计，网页游戏（以下简称页游）继续延续前几年的高速增长趋势，2012年市场规模达92.3亿元，同比增长86.8%，增速较2011年有所放缓。页游上手简便、门槛低的特点成为其一大卖点。无须像客户端游戏那样下载客户端，页游只需要简单地打开浏览器就可以直接进行在线游戏，这也是网页游戏盛行的重要原因。对上班族来说，页游提供了一种便利的娱乐方式，让他们可以利用片刻的空闲进行游戏。页游对很多玩家来说已经成为一种习惯，融入人们的生活中，让人们用简单快捷的方法就可以体验游戏带来的满足感。页游的游戏内容也发展得更为丰富，体育、策略类游戏的比重持续下降，新页游类型层出不穷，类型的混合成为页游的主要形态。很多游戏在一种主要玩法的基础上结合了多种游戏类型的特点，产生了新的乐趣。

据《年度报告》统计，角色扮演类游戏在2012年发展迅速，占比65.9%，战争策略类游戏占比15.3%，其他如社交类、棋牌类等游戏均有一定程度的增长。在拉动页游市场增长的页游作品中，我们能够发现画质的普遍提升和核心游戏性的增强。例如全像素、即时制的普及，使页游的体验已经能与主流2D客户端游戏相媲美；对画面的追求使页游逐渐推出了客户端补充等。

2. 问题

页游恶性竞争、低俗营销等违规现象依然存在。大多数页游生存周期较短，因此管理人员往往追求经营上的"短、平、快"，这就产生了不惜采用暴力、色情手段为卖点进行游戏宣传的现象。这一现象依托与大流量网站的利益协作关系，用弹窗方式诱使用户点击广告，从而导入流量。这不仅造成了恶劣的社会影响，也破坏了中国网络游戏行业在公众心目中的形象。因此必须增强页游管理运营的道德意识，提升行业自律性，增加页游作品的内涵与文化属性，促使页游健康、可持续发展。

页游发展中的问题还体现在产品类型单一、局限性较大。虽然页游结合了一些客户端游戏（以下简称端游）的特点，但大部分的端游类型还是无法实现的，比如最基本的射击类和即时战略类游戏。同时页游的原创性仍需提升，很多游戏都是抄袭经典的案例。除了部分画面设计不同，并无其他变动。

3. 趋势

近几年，页游呈现出跨类型融合的趋势。随着页游对其他领域游戏类型的借鉴，以及广大玩家对游戏可玩性不断提出更高的要求，全新页游类型将会不断涌现。页游技术的整体升级，相对成熟的经营能力，也给其带来了强大的市场竞争力。随着国内网页游戏市场的成熟，页游厂商会利用自身优势，充分发掘民族资源，将市场打向海外。例如昆仑、乐港等出口领先的网页游戏研运一体商在海外市场的收益已经与国内运营收益相当，且出口覆盖国家及地区也越来越广。同时，其推广形式越来越体现品牌意识，低俗营销的比例变低，大的品牌与厂商开始凸显。国内的领军企业，凭借其雄厚的资本、一流的技术，拉高了国内页游市场的整体水平；玩家也自然会选择质量高、画面效果好的大品牌平台，而这也将造成新一轮公司间的洗牌。

（二）移动网游戏

1. 现状

移动网游戏主要依靠智能移动终端的使用，随着智能手机、平板电脑等设备的多样化与大众化，移动网游戏市场增速再创新高。据《年度报告》统计，移动网游戏在 2012 年收入为 65.1 亿元；其中下载单机游戏市场规模达 47.6 亿元，增速提高至 54.5%，移动网在线游戏市场规模达 17.5 亿元，同比增长 121.5%。

同时，2012 年移动网游戏用户规模继续保持高速增长，移动网下载单机游戏用户达 8200 万人，增长率达 60.7%；移动网在线游戏用户达 2670 万人，增长率达到 136%。这一方面受惠于智能手机的普及、WiFi 覆盖范围提升和 3G 网络拓宽等技术性原因，另一方面也受惠于我国的人口红利。据中国互联网络信息中心发布的《第 30 次中国互联网络发展状况统计报告》显示，2012年中国网民数量达到5.38亿人，手机网民的数量达到3.88亿人，首次超过台式电脑成为第一大上网终端。这在一定程度上使得移动网游戏成为目前数量因素仍旧比较重要的网络游戏类型，并吸引了大量投资的进入。

移动网游戏连年保持高速增长的态势，其成因主要有以下四点。首先，移动网游戏具有强大的受众基础。移动网游戏所具有的可随身携带特性为人们提供了很好的移动性，人们可以充分利用"碎片时间"进行游戏娱乐。这降低了游戏门槛，以往只有在家或者特定场合才能实现的游戏功能，现在随时都能上手。其次，游戏平台所需的技术性因素更加完备。来自工信部电信研究院的数据显示，2012年3G手机出货量达2.65亿部，同比增长81.4%；另据研究公司NPD提供的资料显示，2012年中国平板电脑的出货量超过6500万部，首次超过笔记本电脑。同时，WiFi热点覆盖率上升、3G服务普及等因素都为移动网游戏的运行提供了良好的技术性支持。再次，移动网游戏具有更广阔的市场空间。据中国互联网络信息中心发布的《2012年度中国手机游戏用户调研报告》显示，29.8%的用户在用手机玩游戏以后电脑端玩游戏的时间减少，22.4%的用户手机游戏时间越来越长，大众对手机游戏的需求正在分流电脑游戏运行时间，用户正在部分地从相对成熟的电脑游戏市场中转移。最后，移动网游戏在"走出去"方面有独特优势。移动平台潜在的游戏市场是全球10亿智能手机用户，而且几乎每一款智能手机都有与其相匹配的手机应用平台。用户可以从这样的开放平台中得到任何想要的应用。而网页游戏和客户端游戏的网络所受到的国家和区域限制比较大。在2011年，移动网游戏的出口数量是唯一有明显提升的网络游戏细分类型。

2. 问题

移动网游戏在飞速发展的背后还存在着许多问题。其中最重要的是手机软硬件制造商职业道德意识缺失和法律法规不健全所引发的用户权益受损。比如会暗中消耗手机费用的各种恶意插件、山寨游戏等；甚至无良软硬件制造商会相互勾结，捆绑预装劣质应用。类似的行为不仅严重损害了广大消费者的利益，也给移动网游戏产业带来了巨大的负面影响。

移动网游戏的问题还体现在游戏质同化严重，游戏质量亟待提升上。现在的情况经常是国外刚出现一个有创意的赚钱游戏应用，国内就有几十家公司或个人工作室群起效仿，山寨出数十个版本。这样的游戏一方面严重损害了原创精神，另一方面也无法带给用户满意的游戏体验，甚至侵犯了用户的权利，不利于手机游戏产业的长远发展。

3. 趋势

包括移动网游戏在内的移动应用一般需要通过一定的平台进行推广和安装，而平台往往意味着用户的大量聚集。这些平台包括腾讯、UC 等多渠道入口，也包括安卓市场等垂直入口，以及电信运营商的平台，竞争较为激烈。为了锁定不同平台所面向的特定用户群，抢夺更多的市场，游戏的跨平台发展必将成为一个趋势。

通过跨平台发展，一款游戏既可以在苹果的移动设备上出售，也可以在安卓的移动设备上出售，同时页游和客户端游戏可以移植到移动平台上来。这样一款游戏就可以将它的销量最大化，既可以让不同的人在不同品牌、型号的手机上玩，也可以让同一个人既能在家用 PC 机上玩，也能上下班时用手机来玩，同时提高了用户数量和在线时间。

移动网游戏类型的多样化与综合性已经在现有的成功案例中凸显出来，未来这种趋势会更加明显。例如 *Clash of Clans* 这款塔防策略类游戏，由 Supercell 公司开发，结合了塔防类游戏的防守与策略类游戏的攻击属性，让玩家对自己家园的建造、布局等因素都有所考虑，自己生产出来的军队还可以随机在全球范围内进行搜索并攻击目标。画面颜色鲜艳、饱满，用三维仿制的二维效果别具一格，视听内容非常精致。它还运用了"CLAN"概念，建立联盟城堡，这样就可以互相派兵保护对方，加入了社交类游戏的互动属性。*Temple Run* 系列是继《愤怒的小鸟》和《水果忍者》后又一个风靡一时的移动网游戏。这一游戏集角色扮演、冒险、动作等深受玩家欢迎的游戏元素于一身，用不同难度的奔跑和获取金币奖励的方式育成自己的角色，带给玩家极大的满足感。而另外一个动作游戏应用《滑雪大冒险》和益智游戏应用《求合体》，虽然品质出众并拥有较大的用户群体，但其较为单调的游戏性严重影响了用户的长期体验，在失去新鲜感后，用户往往很少再回到此类游戏中。

（三）客户端游戏

1. 现状

据《年度报告》统计，2012 年的客户端游戏（以下简称端游）市场增速进一步放缓,市场规模为443.8亿元,同比增长16.6%。其中MMORPG类端游收入达326.7亿元,同比增长13.3%,增速有所放缓。其他非角色扮演类游戏市场规模达到117.1亿元,增速超过MMORPG,达27.1%。总的来说,MMORPG在端游市场中的比重虽有下降,但依旧是网络游戏市场中的主力。

随着生活节奏的加快,工作压力的提升,时间变得更为碎片化,大批的用户玩家没有大块时间进行客户端游戏;同时,端游中的角色扮演类游戏由于其创新度不够,所以在近几年一直保持着一个相对衰退的局面,取而代之的是更加便利、快捷的页游和移动网游戏。

随着电脑配置的日益强大,端游画面渲染效果以及游戏的细节度都得到了极大提高。游戏可以使用更多的面数和贴图,以提升玩家的体验。MMORPG的出现,充分利用了电脑的计算能力,使得端游进入了巅峰时期。其主要特点是当玩家离开游戏的时候,运营商提供的虚拟世界还继续存在,人物关系的互动仍在延续。第一代MMORPG以《网络创世纪》为开端,它是世界上第一款图形网络游戏,它让玩家第一次感受到了虚拟网络世界,模拟社会给玩家带来的乐趣。第二代MMORPG的代表是《魔兽世界》,其画面效果、游戏互动都较第一代MMORPG提升许多,受到了玩家的狂热追捧。再如2012年上市的《天龙八部online》,是一款搜狐畅游研发的3D武侠类MMORPG即时战斗类型游戏,其贸易系统、画面效果都有较大提升。第三代MMORPG在前两代网游的基础上,提出并实现了创新的理念与核心玩法,玩家不再只是被动地体验"游乐场式"的乐趣,自己也能创造出内容和玩法,可以获得完全不一样的游戏体验和结果,拥有持续长久的可玩性,是目前该类游戏发展的趋势。

2. 问题

在端游市场中,MMORPG已经趋于饱和,增长连年放缓。受到其他娱乐方式和页游的冲击,MMORPG在新用户开发上鲜有成果,主要的营收来自老用户的消费能力发掘。

2012年端游市场集中度继续提高,主要市场份额由几家大的寡头垄断,如腾讯、网易、盛大等。中小企业由于研发成本过高,产品创新能力不足,纷纷离场。市场更新能力不足。

三　网络游戏的发展方向：立体与体感

　　游戏的代入感是游戏卖座的根本，"立体"与"体感"的出现将游戏体验又推向了一个高峰。立体与体感概念成为2012年游戏产业新的增长点。索尼公司在2010年将立体视觉搬入家庭，PS3上的很多游戏，例如《GT5》《使命7》《杀戮地带3》《孤岛危机2》《山脊赛车7》《反重力赛车HD》等都将"立体"元素带入进来，将精美次时代游戏画面同"立体"效果结合，大大增强了玩家的游戏体验。

　　同时，多维度体验互动式游戏在不断增多，其中家庭式体感机较为突出。在国外主要的机型有Xbox360、Wii等，其中Xbox360主要采用Kinect动作感应器追踪用户的动作，在进行游戏时，根据现有的数字骨骼，通过感应器对当前的动态进行采集，进而形成与游戏之间的互动。而任天堂Wii是通过手柄传感器捕捉用户动作，虚拟映射到电视机画面上。体感机改变了游戏方式，以肢体动作代替遥控器控制。虽然目前这些新兴的游戏操控方式还不像页游、移动网游戏或端游那么大众化，但可以想见的是，将来的大多数游戏形式包括网络游戏一定会与之关联，带给人更方便、优质的游戏体验。

四　反思与展望

　　虽然中国的电子游戏市场方兴未艾，但我们应该看到当前普遍存在的一些问题。首先，在题材和游戏性上我们应该勇于创新，不要一味地模仿，要深挖民族文化潜藏的价值，抓住市场的先机。为此创作者要充分理解广大玩家的意见和建议。就像暴雪娱乐股份有限公司幕僚长Itzik Ben-Bassat参加高峰论坛并发表的演讲，在论及玩家社区对游戏创作和电子竞技行业的推动时提到："最初正是《星际争霸》和《魔兽争霸》社区中的天才玩家发明了例如塔防和DOTA类型的游戏方式。"他表示，暴雪始终追求集思广益，激发玩家社区的创造力，从玩家身上寻找并吸收灵感。其次，要能够培养游戏高端设计人才。现在许多高校与培训机构只注重对游戏美术设计上的培养，忽略了在游戏策划、游戏编程方面的培养，二者兼得的游戏制作人才少之又少。再次，绿色游戏比例低。据《中国游戏绿色度测评统计年报（2012）》的调查显示，2012 年市场上流行的 423 款网络游戏中有 78.5% 不适合未成年人。适合 6 岁、12 岁、15 岁未成年人使用的网络游戏共 91 款，占游戏总数的 21.5%，而适合 6 岁儿童使用的仅占 2%。网络游戏本身具有开发儿童智力、培养儿童兴趣的作用，在平时玩电子游戏的同时，可以提高其电脑操作的能力，为以后的电脑软件应用打下良好的基础。而现在的电子游戏呈现出了一边倒的局势，面临着针对儿童的游戏种类少、可玩性差的不利局面。从游戏公司的角度，要有针对性地进行游戏开发，把握好未成年人网游市场，开发适合未成年人的游戏。可以结合学习、教育等因素，让他们在玩的同时，能学习到科普知识。从政府的角度来看，应该大力扶持游戏公司，要求文化、教育等部门与游戏公司联合，大力开发适合未成年人的游戏，让游戏公司看到未成年人这块市场的潜力。

虽然我国游戏产业起步较晚，但已然成为文化产业中的新星。当前中国的游戏产业，不仅具备了游戏发展的机遇与环境，也具备了相当程度的人才储备、专业能力与经济实力。相信在国家的大力扶持下，各业界人士的共同努力下，中国的游戏产业必将迅猛发展，不但会成为一个游戏大国，更会成为一个彰显中国文化软实力的游戏强国。

国产游戏的品牌化发展方向

张兆弓　刘跃军[*]

【内容提要】 我国游戏行业发展迅猛，从早期的代理游戏到现在的自主研发，市场规模和技术水平已经占到了国际前列，而游戏产品占到国际前列的却凤毛麟角。国外产品可以存活十年，而国内的大部分产品还是短命，玩家心目中的口碑游戏也大多出自海外。游戏行业应该考虑怎么树立品牌，彻底走出国门，赢得国际好评。

【关键词】 国产游戏　品牌化　口碑

一　市场推动国产游戏品牌化

中国游戏行业发展了十几年，从最早的引入产品运营，逐步过渡到大量的自主研发，到今天在世界游戏行业占有一席之地，步伐之大，速度之快，让国人骄傲。随着最初的几百万玩家到现在的两亿玩家，市场规模在不断地扩张。当然，游戏公司的数量也急剧扩张。市场的快速发展导致了国内上千家研发公司的激烈竞争，这个领域已经是红海，甚至是紫海，不禁让研发公司晕眩。

但有两个现状值得关注，第一，国产游戏无论是收入还是研发技术都走到了世界领先的位置，但是玩家觉得口碑好的游戏往往还是来自海外。第

---

[*] 张兆弓，中央美术学院设计学院讲师，北京电影学院中国动画研究院产业经济研究所副研究员；刘跃军，北京电影学院动画学院副教授，研究专长为游戏设计。

二，玩家玩过了很多游戏后，很少有什么样的形象或者说视觉元素被广大玩家关注，能记住的游戏视觉元素90%也都是海外的。

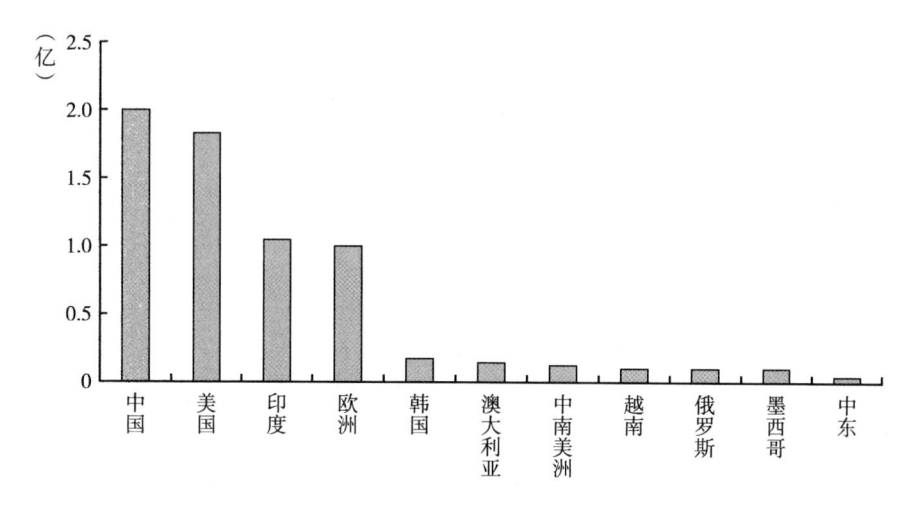

图1　全球玩家数量

根据粗略统计，全国的网络游戏开发运营企业有820多家，手机游戏开发运营企业有250多家，网页游戏开发运营企业有320多家，游戏机类生产企业有1200多家，游戏机经营娱乐场所有31000个左右。全国游戏行业大小企业有33590家。

说到这里，可能有读者会有疑问。既然已经在收入和技术水平上达到了国际水平，还在乎玩家说啥吗？还在乎玩家是否记得住吗？当然是在乎的，人们买运动鞋都会想到NIKE和ADIDAS，喝白酒都想着茅台，买包包都会想到PRADA。这些都不是因为它们收入好，它们的技术水平高，是因为它们的品牌为买家所熟悉，有良好的口碑。其实单从收入和技术上说，劳作在我国沿海城市的工厂，无论收入还是技术方面都不差。游戏也是产品，自然就适用于这个道理。比如我国的知名游戏公司完美世界就建立了很不错的品牌基础，很多玩家都相信只要是完美世界出品的游戏就能拥有漂亮的画面。再举例说国内头号游戏公司腾讯，真的是树大招风。虽然国内绝大多数的玩家都喜欢腾讯运营的游戏，但是这家公司之前的口碑一直很差，甚至有玩家和业内人士直呼其山寨公司。这些看似不疼不痒的说法，在腾讯游戏未来要走的路上，无论是自主研发，还是建立基于某款游戏的大品牌都将成为阻碍。这也是为什么腾讯游戏在2013年主打泛娱乐策略，引进了大量的知名导演和在文化领域有所造诣的大师们。但无论是腾讯还是完美世界，其实相对于国外一些知名的公司或者产品来说，品牌之路还需要走上一阵子。

二 品牌化之路如何走起

对于产品如何实现好的口碑，树立好的品牌，需要系统化一体化的策略，从研发到运营推广必须要有效结合。举例说明，如果某个演艺公司打造了一个清纯美女艺人，然后在网络上散播各种该艺人性感照片和绯闻，自然是不配套的。一定要宣传该新人初探演艺圈，当初是如何艰辛地从一个莘莘学子走到了当红明星，公布她的择偶标准是多么的高深莫测，导致她一直单身至今，誓死要嫁一个有才学的奇男子。这就是配套宣传。对于游戏产品，也同样适用。有很多网络上的游戏广告，都是擦边球广告，或者套用金刚葫芦娃或者忍者神龟这种根本没有版权的为玩家所熟知或者感兴趣的名字，通过这样的手段将玩家吸引到游戏登录界面，至于玩家能不能走下去另说。这种广告之所以出现的原因肯定是和广告主的付费标准有关，但现在游戏市场已经不是几个"小朋友"在玩了，是在游戏行业做了十几年的巨头拼杀的时候，这个时候真的要拿出点"大人"的样子。"大人"之间的竞争就是要让玩家信任我们，做到表里如一！

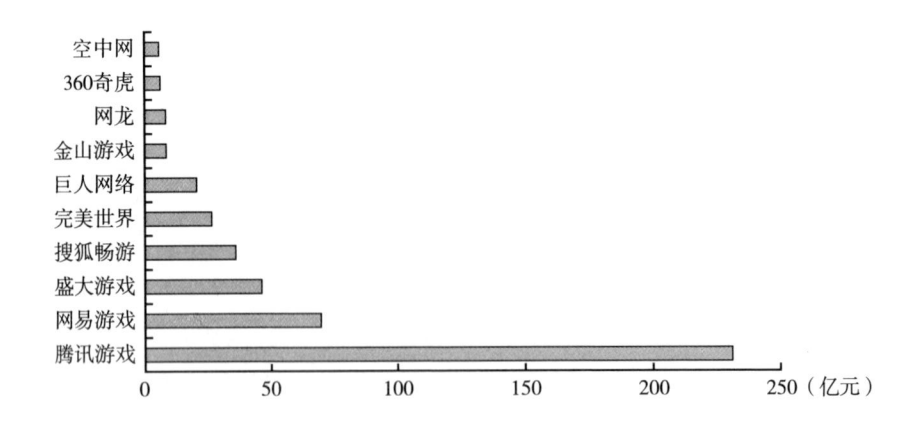

图2 2012年中国上市公司游戏业务收入Top10

该如何做到表里如一，从以下几个方面讨论一下。

1. 世界观的搭建

游戏的世界观通常是要和现实生活有比较大的区别，要么是设计者重新搭建的一个现实中不存在的世界观——比如世界末日，要么是设计者还原一个玩家渴望的世界观——比如三国争霸。好的世界观就像是拍电影时好的剧本，又好比加多宝和王老吉为啥非要争一个"正宗"二字，再比如中国的网游仙侠类、三国类、西游类泛滥的原因，就是因为这几个世界观都是被玩家所认可的而且待挖掘的深度很大。总结下来，世界观一定要和当下有时间跨度、有感知跨度，可以往前也可以推后，要让玩家觉得这个世界是游戏之外他不可能感受得到的。

那么，好的世界观除了要选择好的背景以外，还要给玩家一个合理且激爽的挑战。这里不得不提三国题材，一个被国人泛用的题材，之所以屡试不爽就是因为这个故事的挑战——统一天下，是一个故事里和故事外的人都去思索分析而努力达到的目标。故事里的人对这个目标充满了遗憾，故事外的人热议当年的人种种决断的前因后果，如此这般会怎样，如此那般又怎样。所以说这个挑战摆在这儿，让玩家参与是经典的。这里要说明一下，给玩家的挑战直接决定了玩家受众群体，比如之前有过一款日本的老游戏叫做《心跳回忆》。这个游戏的终极挑战就是追到一位女孩子，然后不停地刷关追各种不同的女孩子。这个挑战显然是针对男孩子的，玩这个游戏的女孩一定很少，但这款游戏在当时卖得非常成功。所以说挑战一定要合理，不要贪图所有人群，也不要去特意锁定小众，只要合情合理。再提及一款至今还在热卖的游戏《生化危机》，这款游戏是 CAPCOM 公司在 1996 年由三上真司推出，至今已经推出了六个系列的版本，并且周边产品、电影、书籍、玩具的销量都还不错。这款产品的世界观是说人类的某项实验出现了差池，导致病毒蔓延，丧尸遍地，玩家扮演某个平凡且美丽，或者平凡且帅气的主角，逃离这个丧尸之地。这款产品成功的原因之一，就是制作人塑造了一个前所未有的挑战感受。当深夜里，玩家一个人走在逃离的路上，从某个门后突然蹿出一个僵尸扑向你的时候，玩家惊呼了。这个挑战既合情合理，又刺激。生化危机的成功带来了一系列的品牌效应，使得这个生化题材在各个娱乐领域都带来了大量的效益，典型的品牌之路学习典范。

表1 CAPCOM公司全球热销游戏排行榜

序号	游戏名称	销量（万份）	版本数
1	生化危机/Resident Evil	4000	56
2	洛克人/Mega Man	2800	124
3	街头霸王/Street Fighter	2700	62
4	鬼泣/Devil May Cry	1000	11
5	怪物猎人/Monster Hunter	850	11
6	鬼武者/Onimusha	780	12
7	恐龙危机/Dino Crisis	440	13
8	魔界村/Ghosts'N Goblins	440	16
9	快打旋风/Final Fight	320	10
10	逆转裁判/Ace Attorney	320	12
11	龙战士/Breath of Fire	300	15
12	失落的星球/Lost Planet	270	7
13	战场之狼/Commando	120	2
14	1942	120	3
15	战国BASARA/Sengoku BASARA	120	10

《生化危机5》的一张普通日版的正版游戏售价8800日元，美版是49.99美元，港版是398港币，价格上折合成人民币也相差无几。Screen Gems所推出的《生化危机》系列电影在全球票房超过5.8亿美元。

2. 难忘的形象

《生化危机》这个产品目前一共出了6代，相信编故事的人也绞尽脑汁续写了各种曲折，那么每一代的男女主角就至关重要。国内一所知名的美术高中，有一个经典的人物速写课程。这个课程第一步既不教授学生绘画技法，也不讲述速写理论，而是让学生在静静地观察模特之后，闭眼回忆模特留给你最深刻的印象。可以是外轮廓，可以是五官，可以是形态。关键是这个回忆能代表模特，能让人想起模特。这个训练培养学生的一种能力——"感受"。提及这个课程的原因是要说形象，难忘的形象其实就是玩家玩过游戏后，首先应该感受到的东西。游戏是一个产品，它自然不能让玩家像画师一样自己去摸索对这个产品的深刻印象，而应该是把特点放在那里，把最容易让玩家记住的东西安排好，静静地躺在那儿让玩家按照设计者安排的节奏去发现它。个性鲜明的游戏人物是难忘的形象的优势选择，比如《古墓丽影》的劳拉，《拳皇》的不知火舞，《街头霸王》的春丽都是典型的例子。有时候如果设计者不慎对现有的成功形象做了调整，也许还会造成诸多玩家的不满，甚至玩家的流失。有些游戏开发商干脆就从形象出发，他们从各种渠道筛选众多的形象，挑选出众的角色形象，这里不见得是人，主要是让人难忘的形象。前段时间在移动平台上比较火爆的游戏《Angry Birds》，就是做了这样的突破，其实游戏玩法还是蛮简单的，关卡设计得很好。但最令玩家记忆犹新的就是那个一脸怨恨的小鸟和无辜的小猪，这两个形象配合世界观和玩法，就十分的合情合理。不禁让人联想小鸟和小猪背后的故事，到此就已经产生了品牌的潜力。所以，现在移动平台的产品，会更注重形象的设计。芬兰游戏开发商 Rovio 市场总监 Peter Vesterbacka 在 GMIC 2013 上表示，当前 Rovio 公司 45% 的收入来自游戏周边产品。《愤怒的小鸟》系列游戏目前在全球的下载次数超过 17 亿。Rovio 目前在积极开发游戏相关的玩具、衬衫等周边产品，公司 45% 的收入来自这类业务。Rovio 2012 年的收入为近 2 亿美元，而且 Rovio 在动画片、图书、主题公园等业务上都在进行尝试。

3. 内在"气质"的打造

气质非常重要，如果是选女友，大家会十分在乎气质，游戏产品的品牌塑造也尤为重要。但内在"气质"不完全是说系统玩法，因为游戏发展到今天很多经典玩法已经产生，完全去创造一个新玩法并不是树立品牌的关键。其实这个内在的"气质"主要还是指游戏方方面面的体验。每个游戏互动体验的核心兴奋点往往就是宣传产品，塑造品牌的利刃。这个点其实是非常考验制作人功夫的，因为如果产品的核心体验没有符合产品的世界观和系统玩法，打造品牌必然是徒劳的。前阵子比较火热的一款单机游戏——《行尸走肉》在这个方面做得非常出色。《行尸走肉》这个名字首先在美国火起来是因为电视连续剧和漫画，所以从世界观上已经具备了良好的基础，核心挑战也很直接，就是活下去。而如何活下去是靠玩家一次次的选择，所以游戏的核心玩法就是选择。

4. 打造与"美人"的相遇

选产品如同挑美人，和对的人相遇在对的场合、对的时间。首先定位产品的气质，研运一体。每个产品都有自己的基因，了解产品再去做运营工作是必要的，研发和运营的脱节会大大打击品牌的树立。了解产品的世界观以及核心挑战点，确立其受众群体才好去投放相应的广告。现在网络上到处都是研运脱节的广告，各种双峰涌动的"美女广告牌"，还有打着金刚葫芦娃、圣斗士星矢动漫品牌一类的虚假广告。这类广告，往往都是某些厂商花重金购买了一定数目的点击量，网络广告商为了达到目标采取各种手段吸引浏览者。96%以上的浏览者都是"一次性"的。例如 Minecraft 这一类的产品，你采用"美女广告牌"把玩家吸引进来，换来的必然是又一个流失。而相反，精准了解产品后，精准投放产品广告，这不见得省钱，但一定会有效。能够谈得上去做品牌运营的厂商，可以说往往都是不差钱儿的公司，所以不急于早期一下子招来好多玩家，控制好早期的玩家群体，尽量导入与产品核心挑战配套的玩家，然后重点做好产品中或产品周边的社交机制，让玩家阶段性地口口相传，自流入游戏。可以关注近期在手机平台比较火的《疯狂猜图》《疯狂猜歌》这两个产品。两款产品的运营模式都是利用游戏内容社交的推力，来运营推广产品。前者是给图让玩家来猜，猜不出来可以分享到微信的朋友圈，大家来帮忙。后者是猜歌，模式一样，单从推广的角度两者如出一辙地双双成功。这其实和早期 MMORPG 的社交方式也是共通的，需要完成某个任务和副本需要多人参与，要不然那个屌丝任务就一直挂在屏幕右侧，玩家在游戏里寻找玩家就有了互动，在游戏外拉个人来玩就变成了口口相传。如果游戏里的这类任务达到一定数量，口口相传就是必然的结果。笔者认为，品牌的核心概念就是用户都已经认知了且肯定了这个产品或厂商，所以产品自推广手段是塑造品牌的一张王牌。

除此之外，厂商要给予玩家正确的舆论引导，也就是关于产品的主题或核心玩法的讨论。这一方法在一些体育赛事开赛之前，或者大片上映之前应用得十分广泛。现在也有部分产品针对游戏产品开始做各种各样的节目，例如直播、比赛，等等。但是大部分还是以美女主持，或者低俗搞笑来粘贴玩家，系统地介绍游戏产品的较少。现在国家也在强调"严肃游戏"的发展，如果厂商真的想让自己的产品能够具备享誉世界的品牌，官方的舆论引导一定要抓住产品的核心，不要过多地牵扯核心外的内容。当然也有例外，比如产品的核心竞争力就是和"美女"有关，那自然可以着重推广这一点，比如《劲舞团》这个国内知名游戏，本身就是以平台的女性玩家数量为核心竞争力。但又比如英雄联盟这类竞技游戏，核心挑战肯定是玩家对于英雄以及战役的理解，那么舆论的重点就要倾向于这方面。

最后还有一个，也是作品的关键。游戏商店要物有所值，放眼品牌的价值，不要急于赚快钱。自《征途》成功开创新的商业模式后，免费游戏已经是惯例，游戏厂商投入研发，运营商先垫钱运营推广，最后付费玩家来给非付费玩家还有研发商、运营商买单，这样的模式单靠小额人民币玩家来支撑游戏是很紧张的，多半还是要靠一些大额人民币玩家的投入，才能支撑这样一条产业链。如此可见大额人民币玩家的投入是多么得"深厚"，甚至在很多游戏中玩家投入 1000 元人民币也只算是个小额人民币玩家。这样的模式目前还是很成功的，很难说有啥副作用。但想想大额人民币玩家在虚拟世界里花费的数额，多多少少还是有些"内伤"的。至少，目前可以看到很多游戏的生命周期变得越来越短，一批玩家的钱洗出来后，马上合服开服迎接新的一批玩家。相对于魔兽世界这样十年如一日的经典游戏来说，很多游戏只是昙花一现，更谈不上品牌。那么国产游戏的品牌之路，首先就是要厂商具备放眼未来市场的内力，不去在乎眼前的收益，而是关注一个品牌塑造起来之后的长远获益。国内不乏具备这样实力的厂商，也有一些厂商启动了自己的品牌计划。还是要拿《英雄联盟》举例，目前来说腾讯也没有大范围地公开这款游戏的月收入，从产品内购设置来看恐怕也不是一款人均消费很高的游戏，但行业内外对这款产品的关注空前绝后。从 Dota 玩家对这款产品的质疑，到很多 Dota 玩家的转移，还有各种"小学生"的加入，这款产品可以说为国产游戏品牌化做了一个开路的楷模。这款游戏目前收入数据没有达到这个游戏名声的级别，但日后必然会带来各方面的获益。

三 游戏口碑是未来的核心竞争力

国内优秀的厂商已经开始品牌化之路的尝试，如《斗战神》《我叫MT》。各大类型厂商的品牌之战应该很快就要打响了。先人一步的腾讯游戏，棋出"泛娱乐"一着，邀请各个行业的大师成为其腾讯娱乐大师班成员，从产品的世界观，到舆论对产品内容玩法的阐述，阐明大师对其产品的指导监制，煞有一副决心洗清自己山寨前嫌的作为。其产品《斗战神》更是选择了西游史诗的世界观，从 CG 影视到原画风格都颠覆了原国产魔幻题材穿着雨衣洗澡般不给力的表现，极凶恶煞的孙猴子，性感撩人的罗刹等角色都冲击着玩家的眼球。《斗战神》制作团队更是颇有自信地吼出了——"你期待这样的西游多久了"，换起无数玩家呐喊期待。

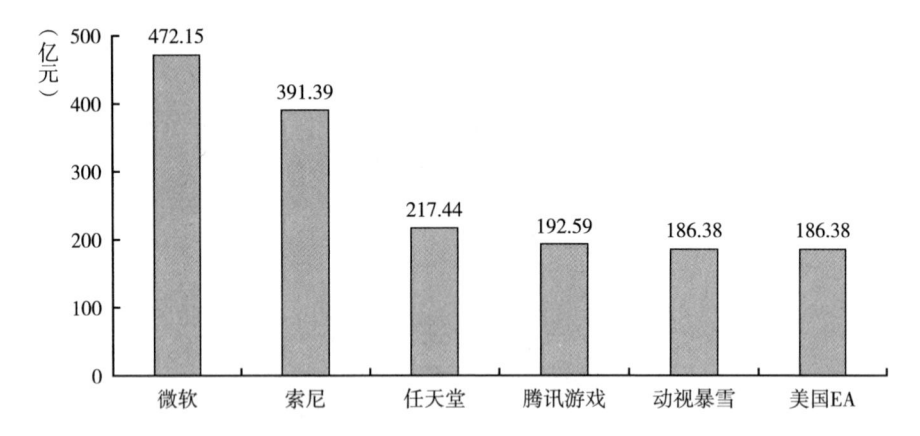

图 3　2012 年前三季度全球游戏公司营收排名

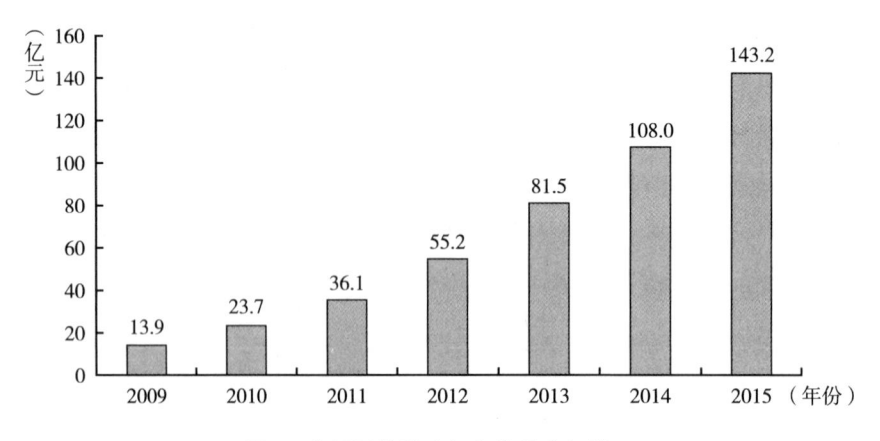

图 4　中国网络游戏行业海外市场情况

除了客户端游戏，也有网页游戏、手机游戏开始宣传。《帝国文明》的广告充满了公交车，传统媒体也疯狂。北京乐动卓越科技有限公司以 300 万元人民币的价格签约纵横中文网旗下网络原创动漫品牌《我叫 MT》全球独家游戏改编权，手机游戏《我叫 MT》火爆移动平台。国内游戏市场发展迅速，我国游戏研发运营水平也在世界名列前茅，腾讯游戏 2012 年第三季度已经超过美国 EA 和动视暴雪，成为全球第四大游戏公司，同时我国游戏出口产值的增速也很稳定。游戏行业从业人员应该转变心态，不要仅考虑"借鉴"国外产品，还要做好准备冲上国际游戏行业的山峰。而打造游戏的好口碑，厂商的品牌就是这上山的第一步！

参考文献

Jane McGonigal：《游戏改变世界》，闾佳译，浙江人民出版社，2012。

Michael Thornton Wyman：《神作之路——卓越游戏设计剖析》，李鑫译，人民邮电出版社，2013。

翁颖明：《游戏设计内幕》，清华大学出版社，2010。

Phil Co：《游戏关卡设计》，姚晓光译，机械工业出版社，2011。

陈洪、任科、黄昆：《游戏运营管理》，清华大学出版社，2009。

对于游戏设计源头——游戏性的探索

李 刚[*]

【内容提要】 游戏是为人们带来娱乐感受的一种方式,伴随人类社会的诞生直到今天,其基本的要素都没有变化。本文通过分析游戏的共同特性、基本娱乐要素和游戏性的设计,论述了在设计游戏时,为达到适当的游戏性目的,应当遵循的一种普遍规律。

【关键词】 游戏要素 娱乐 游戏性

中国版协游戏工委等机构在《2012年度中国游戏产业报告》中提出:"中国游戏产业十年来的高速发展,掩盖了部分企业简单依赖人口红利,经营模式单一化的问题。企业缺乏对用户的细分、缺乏创新的勇气。不敢创新带来的结果,是产品同质化严重。同质化主要反映在主流网络游戏类型长期沿袭固有模式、内容重复、玩法单一、缺乏创新元素;内容题材同质化,集中于武侠、神话、战争,有时同一个题材多家游戏厂商同时开发。"那么游戏该如何创新,游戏的本质又是什么呢?

一 游戏是什么

游戏是一种人们在闲暇之余,通过某种方式实现的自我娱乐。无论在人类的历史上还是今天,游戏都是拥有空闲时间的人群进行的一种活动方

---

[*] 李刚,山西传媒学院讲师,北京电影学院中国动画研究院产业经济研究所副研究员,研究专长为游戏设计。

式。游戏是为人带来娱乐感受的一种方式，而对于娱乐的感受，每个人都不尽相同。比如，一个人可能会认为狂奔数十米跨越一个障碍很有趣，而另一个人则认为这样做很无聊。正因为如此，我们在创作游戏的时候，会根据不同游戏的种类和方式而划分不同类型的游戏，或者是把这些有趣的元素融合在一起。这个组织有趣元素的过程，就形成了我们现在意义上的电子游戏。

游戏是伴随人类社会的诞生到今天的，但其基本的要素却没有变。所有的游戏都必须满足以下三个要素。

（1）游戏必须要有趣味性。就像大米必须具备可食用的本质一样，游戏没有了趣味性要素，它就不再是游戏。但是，游戏有很多的种类。有的人喜欢踢足球，有的人喜欢放风筝，有的人觉得射击游戏很酷、很有代入感，但有的人却觉得经营一个农场很惬意。所以游戏设计师要做的事情是为不同的人群带来他们所期望的欢乐。只有极少数玩家称自己没有在电子游戏中感受到趣味（1.7%），而有92.6%的用户将此情感列为自己的主要感受，有39.7%的用户表示他们积极寻找此感受（数据来源于游戏邦）。

（2）游戏必须要有挑战性。这种挑战是安全的，失败者也不用付出太大的代价。比如，掰手腕挑战别人的力量，跳舞机挑战一个人的灵活性，《星际争霸》挑战一个人的速度、意识和战略思维，等等。如果一个游戏不能给人提出适当的挑战，玩家很快就会对这个游戏产生厌倦。

（3）游戏要有规则。游戏的规则决定了玩家在竞争中必须完成的事情和必须遵守的规范。大多数情况，游戏会有一个目标，大家会竭尽全力完成这个目标。达到这个目标的，一般来说会是赢家。如果有玩家试图作弊或者破坏游戏内规则，将会被踢出游戏。

游戏的本质是为人们带来欢乐，因此游戏必须要有趣，并且要有玩家发挥的空间，可以让玩家乐此不疲地玩到几十甚至上百小时以上。和电影的两三个小时不同，游戏需要持续抓住玩家的注意力，并提供娱乐的要素。玩家在玩游戏的过程中，逐渐熟悉游戏的内在原理和规则，并到达较高的层次，以此来享受游戏的乐趣。在游戏行业中有一句话叫做："容易上手，难于精通。"

二 游戏娱乐的主要因素

与电影行业非常类似，游戏产业也极富偶然性，常常出现某某公司靠一个极富创意的游戏席卷整个市场，剩下的产品只能拿到很微薄的一部分利润。对于发行商而言，很多时候他们更愿意投资给玩家们已经熟悉的产品，因为这些产品是已经被玩家认可的较为成熟的类型。尽管如此，创新概念的游戏往往还是会在市场上大放异彩、引领潮流，只是需要一点勇气来押宝。充分地理解游戏的基本元素，并将之运用得当，可以更好地让游戏设计者将优秀想法带入市场，不会仅仅停留在游戏基本概念的层面，而是深入本质。

游戏的乐趣来源于敲击键盘或者鼠标吗？显然不是，你完全可以在断电的情况下做这一切。是游戏慢慢展开的故事吗？很多游戏中有很宏大的世界观和故事背景，用来增强玩家的代入感和指引玩家下一步要做什么。但是，这种形式的娱乐性可以被很多的媒体形式代替，并不是游戏娱乐因素的主要内容。

可以这么理解，游戏的乐趣在于玩家跟游戏世界的相互作用，他真的可以融入环境、利用环境甚至改变环境。游戏本身是一种交互式的娱乐，不是被动的欣赏或者接受。玩家操作界面能够让他控制游戏世界中的事物。一个好的用户界面可以很快让玩家置身游戏世界，随着游戏的进程融入游戏。尽管玩家可以控制游戏中大部分的事物，但还是应该存在很多不可知的因素，可以让游戏更有神秘感和探索的欲望。一些随机性事件和事物的加入，可以增加玩家的不确定性，让游戏更有重复游玩的能力。

（一）游戏的互动性

我们大致可总结以下几点娱乐的要素，如：探索、战斗、开发、技巧、解谜、建设、故事等。

1. 探索

人天生就有好奇的本质，人类的发展史无一不是伴随好奇驱使的探索行为而发生的。很多的游戏都有探索这一经典的元素，一个迷雾的世界，一个未知的战场，一个云雾缭绕的火山，等等。玩家需要通过各种手段来揭开新的目标或是路径。未知的领域隐藏着不可知的危险和奖励，挑战危险和获得奖励本身就是一种乐趣。有时候，在路上偶然发现宝物或者资源是一种极大的惊喜和优势。随着可探索部分的减少，游戏本身的乐趣也会逐渐减弱，这时就需要加入其他的因素来吸引玩家。

以游戏《魔法门英雄无敌》为例，游戏从一开始就在强调探索周围的环境。玩家从一座城堡出发，周围是各种的资源和宝藏。然而，每一个宝藏下都可能有不同的怪物把守，等着跟你一战。以游戏的节奏而言，探索基本上囊括了游戏前中期的大部分时间。而地图的丰富程度也决定了很少有玩家是探索完整张地图而结束游戏的。

2. 战斗

许多的游戏类型都包含战斗的内容，乐趣主要来自于胜利的喜悦，这种乐趣的获得可依靠很多因素，如技巧、反应、熟练、团队、运气，等等。游戏中的战斗又分为很多种类，强调团队配合的战斗、强调历史史诗的战斗、强调技巧的战斗，等等。时下比较热门的游戏《英雄联盟》是一款典型的以战斗为主题的多人游戏，强调团队配合、个人技巧、反应，等等。

3. 开发

多数游戏中都会让玩家获得一定的资源类物品，用来升级建筑，购买物品或者获得一些短期的属性提升，等等。玩家往往需要在很多次的尝试后，探索出一套行之有效的资源管理策略来进行游戏，这种技巧在游戏中又可以不断地提升。游戏《工人物语》相信大多数玩家都玩过，里面的资源开发、资源调配系统做得非常系统和有趣。

4. 技巧

这种因素往往出现在动作类游戏中，玩家控制一个角色闪转腾挪或飞檐走壁，每当完成一系列高难度动作后，玩家可感受到兴奋。例如，《古墓丽影》系列将动作游戏做到了一个里程碑的高度。玩家在游戏中需要根据不同的情况，利用劳拉的动作来挑战难关，令玩家刺激而又兴奋。

5. 解谜

这也是一种游戏中常常会用到的元素，游戏中会出现一道道亟待解决的抽象难题，玩家需要通过自己的智慧解开这些谜题来获得奖励或者通向下一个关卡。玩家的乐趣主要来自于解开谜题的那一刻带来的成就感。

纯解谜类的游戏很多,也有很多游戏是解谜综合类,如《生化危机》系列,除了恐怖剧情的代入感外,设计紧凑合理的解谜关卡为游戏更增加了一层紧张的气氛。

6. 建设

当我们还是孩子的时候,就会沉迷于堆积木或者是在沙滩上建造城堡的游戏。在游戏中,建造带来的成就感也是充满了乐趣的。《虚拟城市》《工人物语》等游戏的主要乐趣就来源于此。

7. 故事

游戏让玩家以主人公的身份,经历一场轰轰烈烈的历史战争,或是一场比赛等。与其他的娱乐形式不同的是,游戏中,玩家的决定将影响游戏世界中其他的部分。当玩家的决定跟一些游戏中随机的因素结合时,即使玩家重新玩,选择相同,结局也不会相同。

(二) 游戏娱乐要素的构成比例

如果要确定一款游戏的内容,我们可以将这些游戏要素分解,然后分配一下在游戏中的比重。比如一款第一人称射击游戏:探索:65%,战斗:25%,解谜:6%,装备:2%,角色互动:2%。

通过上面的分配,我们可以大致看出,游戏的主要时间放在了探索和战斗上面。但是战斗的时间远低于探索的时间。那么这款游戏应该是有大量的闯关、寻找信息、解决难题的内容。如果战斗时间加长,那么一定是关卡内的敌人数量增加。

(三) 游戏的主要娱乐要素

当游戏中的各种要素的比重安排得当后,设计师就可以开始设计游戏的实质内容了。我们已经设计了,游戏中25%的时间用于战斗,但具体是哪一部分时间呢?这些内容又该如何体现呢?在这个基础上,我们就可以进一步地进行详细的描述。

之前的游戏要素是用来描述玩家在游戏中的行为,但这些行为是一个宏观行为,还可以分解为很多具体的行为。如战斗包含很多可能的行为,比如射击、跳跃、奔跑、挥舞、投掷,等等。

表 1　游戏娱乐因素常见的行为方式

探索	战斗	开发	技巧	解谜	故事
·在战场上穿梭移动 ·查找可疑地点 ·侦察敌人位置 ·寻找宝物 ·勘察地形 ·超出视界范围的地图覆盖战争浓雾	·肉搏战 ·武器选择 ·逃跑 ·投掷手雷 ·冲锋 ·紧急医疗	·占领敌人物资 ·交易物品 ·升级装备 ·购买药品 ·收集物资 ·清点财产 ·玩家交易	·跳跃鸿沟 ·飞檐走壁 ·特殊时间动作 ·技巧跳跃	·猜出图形 ·完成要求，获得奖励 ·输入正确的密码 ·正确的组装	·与NPC交谈 ·回答NPC了解剧情 ·从一个老人处听取过去的历史 ·接到一个任务 ·与商人讨价还价 ·战斗中英雄救美

我们这里所描述的要素，都是玩家主动完成的部分，不是被动接受的。游戏应该是玩家所做的一切，而不是玩家的感受。我们在设计的时候应该主要考虑玩家做了什么，而不是仅仅考虑玩家遇到什么。游戏是互动的，重点是主动。

三　游戏性的设计

当玩家在玩一款游戏的时候，应该有一个目标，它指引着玩家的行动。同时游戏应当富有挑战性、平衡性、体验性。

1. 挑战性

玩家之所以会连续几十小时玩一款游戏，是因为游戏中尚有他没有达成的目标，比如不断有新的世界需要探索，遭遇不同难度的敌人，新的剧情，等等。当玩家很快了解了所有的剧情，拿到了所有的装备，没有什么新的目标激励后，兴趣就会大打折扣甚至消失。

我们可以采用的一种方式就是，在确定了一系列的游戏要素后，先将其所有可能的改变全部都列出来。尽量增加游戏中各种要素的可变性。同时，玩家的乐趣不仅仅来自于对游戏的掌控，也会受到气氛和感受的影响。利用视觉和听觉制造一定的故事氛围，通过操控让玩家感受到游戏世界中的反馈也可以增加玩家的乐趣。游戏《俄罗斯方块》在进行过程中，通过方块掉落的速度和音乐的速度很直接地解决了这个问题，虽然游戏简单，但风靡全球。

2. 平衡性

挑战性固然重要，平衡性也是游戏中至关重要的一个要素。例如我们常常玩到的扑克游戏，每一个起到牌的玩家的机会是均等的，那么这个游戏就是平衡的。如果一个玩家可以随意拿牌，那么这个游戏的平衡也就不存在了。但在游戏中，规则的设置往往不这么简单，比如一个玩家的武器是威力超强，但规则的设计可以让它存在一些其他的缺点，比如射击速度很慢，可以伤及同伴，等等。

在多人游戏中，平衡性会受到更多因素的影响。一些玩家的反应速度，或者是灵活度优于其他的玩家，那么这个平衡自然就会被打破。如果一些玩家长期处于优势地位，那么所有人都会感到索然无味。一些游戏的做法，比如赛车游戏，会让处于落后的玩家略微提一下速，让玩家之间的竞争一直处于胶着状态，增加游戏的趣味性。

3. 体验性

电子游戏是一种复杂的游戏形式，常常会伴有很多的模式，往往强调玩家互动。但是随着游戏的发展，赋予玩家的操作越来越多，以至于很多玩家在玩游戏之前很可能就被复杂的操作拒之门外。

我们在设计游戏界面的时候，应区分主要控制和次要控制，让玩家可以尽快地熟悉主要控制。主要控制是在游戏中使用频率最高，产生主要影响的控制按钮。次要控制产生的影响比较小，使用频率也比较低。比如在《侠盗猎车手》中，方向键和鼠标是主要控制，因为角色或者车辆的移动和方向要靠它们来影响，车内的视角切换、喇叭等是次要控制。

设计师在设计时，应遵循"少就是多"的原则，不要把复杂的操作扔给玩家，而是把人性化、简洁化的操作留给玩家，将复杂的原理藏在背后。

四 游戏设计的注意事项

造成游戏失败的原因有许多，有一些原因是制作团队无法控制的，比如新技术的出现、大众口味的改变，等等。但大多数原因我们是可以控制的。

大多数原因来自于前期设计规划的不够充分。在制作阶段，这些问题会逐渐暴露出来，让制作团队备受煎熬。除此之外，执行阶段也会出现一些问题，如代码执行效率，或者是周期问题，等等。

1. 前期问题

在设计游戏的时候,最不该做的事情就是让玩家无所适从。常见的一种失败的设计是把游戏要素充满了游戏的画面,让游戏界面过于复杂和难以理解。尽管我们做减法相对容易,但对于周期而言,我们浪费了不必要的时间。我们要确定哪些要素是主要的哪些要素是次要的,在设计文档中将它们的优先等级予以划分,这样在制作周期内就可根据重要程度来依次实现。

2. 中期问题

团队经常遇到的另一个问题是思路的完全枯竭。一般是在一定时间后,团队对项目感到了厌烦,一些成员会对项目提出一些建议,进行一些改变。如果这个时候建议被采纳,项目进度将会被延期。

设计和制作游戏需要耗费大量的时间和精力,设计者应该密切关心游戏的乐趣要素,把这些游戏的要素整合梳理,构建出自己的游戏。当游戏要素整理完毕,设计者可将这些要素和想法转化为对游戏机制的描述,在开发文档中,尽可能详细地解释清楚所有的游戏要素,使得同伴们可以清楚地判断如何很好地执行这些内容。

参考文献

徐进:《网络游戏中的游戏性问题研究》,华中师范大学,2008。
朱宇宙:《游戏在真实与虚拟的世界》,南京艺术学院,2005。
郑达:《游戏元素设计中艺术特征的体现原则和方法》,武汉理工大学,2006。
宋刚:《游戏设计中视听语言研究》,武汉理工大学,2006。
周冉曌:《关于网络游戏设计的研究》,吉林大学,2006。
才源源:《青少年网络游戏者的心理需求研究》,华东师范大学,2007。
任文启:《快乐与意义:电子游戏及其场域》,西北师范大学,2006。
高飞:《成功游戏的可玩性研究》,武汉理工大学,2007。
高颖:《游戏角色服饰设计基础研究》,武汉理工大学,2007。

·版权经济·

论我国电视节目模板的著作权保护

高冠群[*]

【内容提要】 电视节目模板是由一系列电视节目元素组合而成,即制定了一系列具备共同特征的电视节目创作元素的一整套节目策划创意表达和构思。电视节目模板是智力活动的产物,具有独创性、可复制性的特点。电视节目模板拥有广阔的商业发展前景和巨大的社会文化价值。迄今世界尚无一个各国达成共识的电视节目模板著作权保护法,但是,给予电视节目模板著作权保护已经成为一种国际趋势。我国著作权法并没有明确表示电视节目模板是其保护的客体,存在侵权认定标准不明确的问题。与此同时,公众著作权意识的普遍淡漠,也制约了我国电视产业的快速健康发展。但是,通过著作权实现电视节目模板法律保护具有可行性。因此,完善电视节目模板著作权保护机制迫在眉睫。首先,应当把电视节目模板列为著作权法的保护客体;其次,应当明确电视节目模板著作权的具体内容;再次,应当明确电视节目模板侵权行为的认定标准;最后,应当建立电视节目模板著作权登记制度。

【关键词】 电视节目模板　著作权

随着传媒产业的不断发展,电视节目模板作为一个新兴的事物逐步进入了人们的视野,其带来的数目庞大的观众群体、较高的电视收视率,产生了

---

[*] 高冠群,北京电影学院现代创意媒体学院传媒管理系助教。

可观的投资回报，使众多广播电视台和娱乐产业投资者对此颇为关注，同时也成为当下法律界所热议的话题。

自从中国加入WTO以来，广播电视产业国际层面交流不断加深，许多优秀的国外娱乐综艺类电视节目模板被引入国内并产生了良好的市场收益。由于市场经济逐利性的特点，一个新型的电视节目一旦在中国成功推出，立即会引来众多的克隆模仿者，电视节目同质化的问题日益突出，这对花巨资引进电视节目模板的国内投资方显然是不公正的。从2010年开始，在我国国内电视娱乐综艺节目中刮起了一股相亲栏目的风潮，各大省市电视台争相播出自己的主打相亲节目来争抢国内的收视份额。其中最知名的是江苏卫视的《非诚勿扰》和湖南卫视的《我们约会吧》。但就在这两档节目如火如荼地播放过程中，湖南卫视却以克隆抄袭为由将江苏卫视告到了国家广电总局。《我们约会吧》这档栏目是湖南卫视购买英国Fremantle公司经典电视交友节目《Take Me Out》独家版权进入本土化改造的节目。① 该节目自播出后收视率长时间处于全国领先地位，直到江苏卫视《非诚勿扰》的出现，《我们约会吧》的收视率才被其反超。对于是否构成克隆抄袭，两家电视台各有自己的理解，国家广电总局对此也没有进行明确的答复，双方进入了无休止的互相指责中。② 由此围绕着电视节目模板的著作权保护问题被人们提上了讨论的日程。

无法否认，电视节目模板作为一种资产，具有不可估量的价值。但就目前为止国内还尚未形成专门针对电视节目模板的立法保护，阻碍了电视行业贸易的繁荣和发展。因此，对电视节目模板进行著作权保护就具有重大的现实意义。西方发达国家对电视节目模板的法律保护十分看重，而我国国内也有相关的学者提出了独特的见解，因此应当在国外电视节目模板著作权保护实践研究的基础上，结合我国现有国情，建立符合我国实际的电视节目模板著作权保护制度。

一 电视节目模板概述

电视节目模板贸易作为一个朝阳行业，在探讨如何建立有效的著作权保

---

① 刘文杰、曹曼文：《电视节目模板的版权保护》，《现代传播》2011年第3期，第111页。
② 谢国敏：《论电视节目模板的作品属性》，《湖北职业技术学院学报》2011年第2期，第94页。

护机制之前，应当首先明确电视节目模板的含义，分析电视节目模板的特征，知晓电视节目模板保护的意义。

（一）电视节目模板的含义

虽然近年来电视媒体界和法律界已经针对电视节目模板展开了一系列的探讨，像"模板""版式"等诸如此类的名称已经被广大观众所熟知，但电视节目模板具体的内涵和外延还没有形成一个定论。

国内有的学者认为："电视节目模板是电视系列节目外在构成的框架，其不单单局限于某一期节目的制作，而应该将这个电视系列节目作为一个统一的整体进行考量。"① 有的学者认为："电视节目模板按照字面意思可以理解为设计、类型、风格、安排的样式，内容非常的广泛，如图像、节目准则、舞台设计、音乐制作等等，因此还可以叫做电视节目模板包。"② 有的学者将电视节目模板形象比喻成包馄饨的面皮，通过相同的电视节目模板制作而成的电视系列节目就如同在相同的馄饨皮上添加不同的佐料做成不同口味的馄饨。③ 国内还有学者认为，"电视节目模板是人们的智力成果，一个电视节目模板的形成主要分为三个环节：首先要产生一个节目创意理念；其次要通过一个纸面的模板对该创意、目标观众、节目定位、表现形式进行恰当的总结；最后是形成电视节目模板包，其包括节目原则、相关概念、复制同类节目的所有相关要素，例如音乐、图形标示设计、演示磁带等等。其中能够被不断重复表演的同类节目电视节目模板包就是人们日常所提及的电视节目模板"④。

1960 年，美国作家协会对电视节目模板给出了如下的定义："电视节目模板本质是电视系列节目外在框架的书面说明，内容包括主角应当扮演什么角色，同时在每一期节目中哪些固定的外在框架能够被不断重复表演。"⑤ 通过该定义可以发现电视节目模板的内在特征是一种电视系列节目的外在制作框架，但是由于此定义仅仅将电视节目模板局限于书面表现形式而未能够

---

① 罗莉：《电视节目模板的法律保护》，《法律科学》（《西北政法学院学报》）2006 年第 4 期，第 13 页。
② 李鹏：《电视节目模板的法律保护初探》，《安阳师范学院学报》2008 年第 3 期，第 25 页。
③ 程德安：《论电视版式的法律保护》，《新闻界》2005 年第 6 期，第 33 页。
④ 黄小洵：《电视节目版式版权保护之法律困境和进路探索》，《部门法专论》2013 年第 4 期，第 86～87 页。
⑤ 刘文杰、曹曼文：《电视节目模板的版权保护》，《现代传播》2011 年第 3 期，第 112 页。

得到公众的认可。随后,英国学者摩兰曾经对电视节目模板做出如下解释:"在一个电视节目中存在一系列固定的元素,但是每一个单独组成的部分中还存在一些变化因素"①。

综合以上学界的观点,可以发现电视节目模板通常存在一些通用的元素,包括规则设计、编排方式、主持风格、环节安排、背景布置、参与人员、道具、口号、音乐等。因此电视节目模板可以做出如下定义:电视节目模板是由一系列电视节目元素组合构成,即制定了一系列具备共同特征的电视节目创作元素的一整套节目策划创意表达和构思。

(二) 电视节目模板的特征

1. 电视节目模板是智力活动的产物

智力成果是人们通过一系列脑力劳动进行想象、构思、编排所产生的具有一定外在表现形式的科学文化成果。智力成果本身具有非物质性、公开性、社会性和创造性特点,其目的在于传播思想文化和科技信息。② 电视节目模板是思维活动的产物,是无形的,具有非物质性的特点;电视节目模板只有当具有一定的外在表现形式并呈现在观众的眼前时才会创造出应有的价值,所以具有公开性的特点;电视节目模板通常情况下都是以一定的社会背景为根基,反映一定的社会问题,并对社会的进步起到一定的推动作用,因此具有社会性的特点;电视节目模板并不是对原有模板的简单复制,缺乏新颖性的电视节目很难迎合现代观众的口味,只有当电视节目模板具有一种前所未有的视觉冲击效果时,才能够获得较高的收视率,这就需要电视节目模板制作者充分发挥主观能动性,投入极大的精力和财力去创作,因此具有创造性的特点。一个娱乐综艺节目无论是在游戏规则的设置、游戏背景的布置、游戏种类的选择,还是在游戏主持风格的变换方面,都极有可能成为该电视节目与其他栏目相区分并由此获得成功的金钥匙。因此,通过分析可以发现电视节目模板的各个部分无不渗透着主创人员的心血和灵感,其对于电视节目的具体策划和编排也起着十分重要的作用,毫无疑问是一种智力活动的产物。

---

① 吴京、韩笑梅:《电视节目模板的著作权法保护困境及出路》,《黑龙江省政法管理干部学院学报》2010 年第 2 期,第 23 页。
② 朱谢群:《创新性智力成果与知识产权》,法律出版社,2004,第 7 页。

2. 电视节目模板具有独创性

独创性是指一件作品应当是作者通过自己综合的考量、选择、设计、编排、取舍而创作完成的，劳动成果源自于劳动者本人，既不是单纯对现有成果的简单复制，也不是对已有程序的简单推论。[①] 因此，独创性要求该劳动成果必须是创作者自身独立完成的，源于本人的思考，而非抄袭而来。该独创性不同于专利法层面的新颖性，该作品不要求是首创的。对于电视节目模板而言，其构成元素可以是当前已经存在的，创作者通过自身的选择和编排在已有的元素上进行一定程度的再创作，其创作而成的电视节目模板就拥有了独创性。[②] 与此同时，该选择和编排并不要求达到专利法中创造性的高度，并不要求具备高度的文学和美学价值，但要求该智力创造性不能过于微不足道，需要体现出创作者富有个性的判断。[③] 电视节目模板作为电视节目整体层面的总结和提炼，是创作者通过其智慧将数字、音符、光线、图形等一系列的元素按照既定的规则和标准进行的排列组合，体现出创作者自身特有的行为习惯和制作手法，反映出创作者对事物认识的与众不同，因此电视节目模板具有独创性。

3. 电视节目模板具有可复制性

可复制性是指受到著作权保护的客体能够被固定在有形的物质载体上，而且可以不断地进行重现，具有能够被重复使用的特征。如果站在经济学的视角上看，电视节目模板可以作为一种无形的商品，其本身具有一定的价值与使用价值，这是电视节目模板能够被拿来进行价值评估的学理依据。电视节目模板被合理地应用到节目当中后能够为投资者带来持续性的收益，其价值与使用价值得以在其复制品或其他的有形载体上体现，因此电视节目模板具有可复制性。

（三）电视节目模板的价值分析

1. 电视节目模板的商业价值

到目前为止，电视节目模板产业已经在国际市场上初具规模，贸易的销

[①] 刘春田：《知识产权法》，高等教育出版社，2010，第46页。
[②] 李静静：《论电视节目模板的可版权性》，《延边党校学报》2012年第4期，第87页。
[③] 王迁：《著作权法学》，北京大学出版社，2009，第9页。

售方通常是欧美发达国家的跨国娱乐媒体公司。欧美跨国娱乐媒体公司在经过多年的市场检验后率先发现了电视节目模板的商业价值,它们通过创作一种新颖的电视节目模板帮助购买方获得可观的市场份额从而在激烈的竞争市场中处于有利的位置,与此同时这些欧美跨国娱乐媒体公司也能够从中分一杯羹达到一种互惠共赢的状态。英国是电视节目模板贸易的先行者,其著名的广播电视台英国广播公司(BBC)的盈利渠道已经不仅仅依靠传统的商业广告,其主要精力也已经投入电视节目模板的创作和销售中。英国电视媒体行业率先看到了电视节目模板的独特魅力,并且通过出售优秀的电视节目模板赚得盆满钵满。1998年,英国ITV公司创作完成一档电视益智娱乐节目《谁想成为百万富翁》,在全球范围内取得了巨大的成功。截止到2002年,ITV公司已经向全球107个国家销售了该档节目的版权,其中香港亚视公司花费3000万港币一次性购买了52集的改编权。①

英国电视节目模板贸易在世界范围内的成功,极大地提高了世界各个国家投资创作电视节目模板的积极性。美国、欧盟、韩国等的电视娱乐媒体公司相继制作了很多优秀的电视节目模板并将其成功推入市场。

2. 电视节目模板的社会文化价值

电视节目模板的创作者在追逐利润最大化的同时还起到传播主旋律、弘扬正能量的作用,这是电视节目模板社会文化价值的重要体现。在进入21世纪以后,人们的生活进程不断加快,越来越多的人已经没有足够的时间和精力去慢慢品读一档电视节目的内涵,快餐文化在娱乐媒体行业内颇为流行,观众对娱乐节目的要求也越来越严格甚至是苛刻。当一部优秀的电视节目播出以后很快被他人大量地复制模仿,必定会引起大众的审美疲劳,最终也会打击电视节目模板创作者的投资热情。在市场经济中,对电视节目模板创作者而言,他们一方面希望自己的劳动成果能够得到社会的认可、观众的肯定,需要得到精神层面的支持;另一方面他们希望能够获得合理的投资回报,毕竟他们还要进行再生产、再创作,而这些都需要一定的物质因素做基础。② 而为了满足大众精神文化层面的需求,电视视节目模板的创作也不能仅仅是新瓶装旧酒、换汤不换药,而是要有突出的实质性进展,需要推陈出

---

① 肖叶飞:《中西电视制播制度的比较分析》,《传媒》2010年第5期,第51页。
② 程德安:《论电视版式的法律保护》,《新闻界》2005年第5期,第30页。

新。优秀的电视节目模板本身就蕴含着巨大的社会文化价值,理应受到法律的保护。①

三　国外对电视节目模板的著作权保护

目前,国际上还没有形成一个统一的关于电视节目模板著作权保护的国际公约,即便是在电视节目模板贸易十分繁荣的欧洲也还没有形成统一的著作权保护制度。作为致力于利用知识产权作为激励创新与创造手段的世界知识产权组织也尚未将电视节目模板著作权保护作为其研究讨论的主题。虽然世界范围内还没有一个被各国所认可的电视节目模板著作权国际保护法,但已经有很多国家在其国内法层面给予电视节目模板相应的保护。

(一) 美国电视节目模板著作权保护

在 2003 年,美国哥伦比亚广播公司以其《幸存者》的电视节目模板未经许可被《我是名人,带我离开这》栏目组无端复制为由将美国广播公司告上了法庭,此案在美国娱乐界引起强烈的轰动。

《我是名人,带我离开这》节目模板主要内容是选择 8 位知名人士在条件十分艰苦的热带丛林中与各种自然现象做搏斗,最终的优胜者将获得丛林王者的称号。《幸存者》节目模板主要内容是挑选 16 名参赛者,将其派往一个荒无人烟的小岛上。参赛者通过栏目组提供的特定工具来求得生存,需要自己动手解决吃住问题,同时还要参加既定的智力、体力考验,最后的优胜者会赢得百万美元的大奖。② 这两档节目都是考验参赛者在艰苦条件下的生存能力,都是对人类耐力、意志力、团队能力的比拼。

美国纽约区法院法官在审理此案过程中并没有就哥伦比亚广播公司的《幸存者》和美国广播公司的《我是名人,带我离开这》两档节目的电视节目模板是否应当作为著作权保护的客体进行确认,而是采取"接触"与"实质性相似"的原则将两档节目的电视节目模板进行了内容上的比较。"接触"原则指的是原告作品能够被公众所知悉,该作品已经出版发行或者

---

① 冯晓青:《知识产权法利益平衡原理》,湖南人民出版社,2002,第 23 页。
② 李明德:《美国知识产权法》,法律出版社,2003,第 213 页。

被告由于和原告存在特殊关系而有机会获取原告作品。"实质性相似"指的是被告的作品在外在的表达上与原告的作品相同或有内在本质上的近似。美国纽约区法院法官认为由于现代电视节目自身的特殊性，美国广播公司可以通过一定的渠道"接触"到哥伦比亚广播公司的电视节目模板。然而在"实质性相似"问题上，法官通过对原被告双方的电视节目模板进行系统分析发现两者并不存在"实质性相似"。最终，美国纽约区法院判决哥伦比亚广播公司败诉。①

通过上述案件可以发现，虽然美国法院没有直接界定电视节目模板是否具有著作权，但在进行侵权责任认定时采用了司法实践过程中的常用基本规则即"接触"和"实质性相似"原则。因此，美国的司法界已经有将电视节目模板赋予著作权法保护客体的态势。

（二）英国电视节目模板著作权保护

根据英国1989年制定的《版权法》，著作权法保护的是可以通过某种有形形式进行固定并具外在表现的原创音乐、戏剧、文字艺术作品。② 因此根据英国著作权法规定可以发现受著作权法保护的作品必须具有形式固定性和外在表现性的特点。通常情况下，电视节目模板难以通过某种有形形式进行完整的固定并得到全面外在呈现，也基于此，英国法院在司法实践中很少赋予电视节目模板著作权的保护。

英国历史上第一起电视节目模板侵权案是发生在1979年的Hughie Green起诉新西兰广播公司案。该案对英国的司法实践产生了十分重要的影响。英国电视节目创作者Hughie Green主张新西兰广播公司播出的电视节目《机会来敲门》未经其许可擅自照搬其娱乐节目的电视节目模板，构成侵权。③

该案的一审在新西兰法院，Hughie Green在一审的过程中主张新西兰广播公司存在仿冒其节目的行为，构成对其节目脚本、节目戏剧形态的侵权，并据此要求新西兰广播公司赔偿其经济损失。但新西兰一审法院最终判决驳回Hughie Green的诉讼请求，没有支持原告主张。Hughie Green在一审败诉

---

① 李明德：《美国知识产权法》，法律出版社，2003，第214页。
② 李晓红：《电视节目版式的产权保护》，《新闻战线》2013年第5期，第93页。
③ Alison Davis, "Legal Protection of Reality Television Formats", *Media&ArtslawReview*, 2002 (7): 20.

之后，又再次上诉至新西兰上诉法院和英国枢密院，英国枢密院做出了终审判决。英国枢密院法官在审理该上诉案件时针对原告诉求进行了以下分析：第一是节目脚本是否属于著作权法保护的客体。该案法官认为节目脚本只是对一个常规的观点或概念的表述，这是属于思想的范畴而不受著作权保护。第二是电视节目模板是否构成戏剧作品从而受到著作权法的保护。该案法官认为著作权法意义上戏剧作品应当具备两点特性，首先是要具有整体性，其次是要具有表演性。原告的电视节目模板起到了其音乐或戏剧表演外部呈现的作用，但其内部组合还缺少戏剧作品所应当拥有的内在关联性，电视节目模板本身也不具备戏剧作品所要求的形式固定性，因此不能将其看作戏剧作品进行著作权保护。①

（三）荷兰电视节目模板著作权保护

在 2000 年，全球知名娱乐节目《幸存者》的电视节目模板在荷兰引发了侵权诉讼，吸引了众人的目光。环球 24 影视公司和卡斯塔韦公司主张其合作创造的《幸存者》节目模板受到爱德默公司《老大哥》节目的违法复制。原告认为其《幸存者》节目模板是受著作权法保护的作品，该作品通过对 12 种节目元素进行合理编排，具有独创性的特点。而被告则认为原告《幸存者》节目模板不属于作品范畴，其《老大哥》节目模板不构成著作权侵权。荷兰一审法院判决驳回原告的诉求。随后，一审原告再次上诉到荷兰上诉法院。荷兰上诉法院通过对两档节目的电视节目模板构成元素进行对比研究后最终维持了一审的判决。荷兰上诉法院判决理由如下：电视节目模板具体是由若干要素组成的，只有当该模板众多要素被他人以有形形式进行复制时才构成侵权，仅仅是个别的节目要素被复制则不构成侵权。因此，电视节目模板要素被复制到何种程度才达到侵权的标准还没有一个统一的规定，要进行个案分析。2004 年，原告又申诉至荷兰最高法院，荷兰最高法院最终驳回了申诉，维持了上诉法院的判决，与此同时荷兰最高法院还指出电视节目模板是著作权法保护的客体，但在该案中被告的电视节目模板没有侵犯原告的著作权。②

---

① Green, "Broadcasting Corp of New Zealand", *All England Law Reports*, 1989（12）：30.
② Daniel Doherty, "Can the Format of a Television Programme Attract Copyright Protection", *Copyright World*, 2004（29）：15.

四 我国电视节目模板著作权保护的现状及不足

进入 21 世纪以后，我国文化产业发展的步伐不断加快，电视节目模板纠纷问题也日益突出。我国在处理该问题时在司法实践过程中奉行的是思想与表达二分法原则，在立法层面上没有赋予电视节目模板著作权保护的法律地位，电视节目模板著作权保护现状堪忧，存在很多的不足之处。

(一) 我国电视节目模板著作权保护现状

在中国，电视节目模板著作权保护是一个新兴的话题，现实中电视节目遭遇克隆抄袭的现象日渐增多，比如 2001 年发生的《梦想成真》节目著作权纠纷。《梦想成真》节目是由北京电视台与北京怡通公司合作创作完成的一档综艺娱乐节目，该节目是日本 TBS 电视台《幸福家庭计划》节目的国内版，北京电视台和北京怡通公司为此每年都需要向 TBS 电视台支付上百万人民币的版权费。该节目一经播出便受到了广大观众的喜爱，但随之便受到其他电视台同质化节目的困扰。2001 年，《梦想成真》节目的创作方为了维护自身的合法权益，向国家知识产权局递交了电视节目模板专利权申请，但是由于国家知识产权局从未受理过此种申请，专利法也未对其做出相关规定，因此国家知识产权局最终拒绝了该申请。该事件被新闻媒体报道后引起公众的普遍关注。随后，《梦想成真》节目的创作方又向国家版权局申请著作权保护，国家版权局对此持否定的态度："我国著作权法保护的是能通过有形形式表现的实体，如文字作品、美术作品、音乐作品等等，而创作这些有形实体抽象性的方法则不属于著作权法保护的对象。因此《梦想成真》节目除了其节目标志图形可以申请美术作品著作权保护之外，其他节目要素如游戏的规则、方法等创意性内容是无法受到保护的。"[1]

我国是《伯尔尼公约》的成员国，同其他成员国一样，我国著作权法保护的基本原则是思想和表达二分法，只保护思想观念的表达而不保护思想观念本身。根据《著作权法实施条例》的规定，著作权法保护的作品指的是文学、科学、艺术领域内具有独创性并能以某种有形形式复制的智力成

---

[1] 李慧：《电视节目版式的著作权法保护》，《怀化学院学报》2011 年第 10 期，第 43 页。

果。影视作品包括电影作品及以类似摄制电影的方式创作的作品，该类作品指的是摄制在一定介质上，由一系列有伴音或者无伴音的画面组成，并且借助适当装置放映或者以其他方式传播的作品。① 影视作品所享有的著作权主要包括人身权和财产权两大类，人身权包括保护作品完整权、署名权、发表权、修改权四项内容，财产权主要包括发行权、复制权、表演权、广播权、放映权等12项内容。根据定义可以发现电视节目属于影视作品而受到著作权法的保护并享有16项权利，而电视节目模板因缺少法律明文规定则不能成为著作权法保护的客体。在司法实践的过程中，电视节目模板通常只能获取著作权法一定限度的保护，即部分构成要素在满足特定条件下可以受到保护。电视节目模板所涵盖的图形标记、歌曲、舞蹈可以归类到美术作品、音乐舞蹈作品等著作权法传统保护范畴中去，但是像节目规则、方法等类似创意性的元素则不受著作权法保护。

（二）我国电视节目模板著作权保护缺陷

现阶段，我国电视节目模板著作权保护存在如下的不足之处。

首先，我国现行著作权法并未将电视节目模板纳入保护的客体。电视节目模板在我国国内还没有形成一个统一的概念，更谈不上如何保护的问题。国内有学者认为："电视节目模板仅仅是一个创意，它无法通过有形形式固定在特定的载体上并被人们所感知。电视节目模板属于思想的范畴，因此无法受到著作权法的保护，一旦将其纳入著作权法保护范围就意味思想表达二分法的基本原则发生了变化。"② 此类学者的观点比较片面，没有看到电视节目模板的可版权性，因此是不合理的。同时也有学者认为："电视节目模板的实质并不仅仅是一个创意和构思，它是创作者智力活动的产物，具有独创性和可复制性，能够通过有形形式被公众所知悉。"③ 此类学者对电视节目模板著作权保护持肯定的态度。综合来讲，电视节目模板具有广阔的商业发展前景并且起到了科技文化传承的重要作用，理应受到著作权法的保护，但目前我国法律对此存在缺失。

---

① 王迁：《著作权法学》，北京大学出版社，2009，第60页。
② 吴京、韩笑梅：《电视节目模板的著作权法保护困境及出路》，《黑龙江省政法管理干部学院学报》2010年第2期，第24页。
③ 李静静：《论电视节目模板的可版权性》，《延边党校学报》2012年第4期，第88页。

其次，著作权法对电视节目模板侵权认定的标准没有明文规定。电视节目模板的基本构思和创意属于思想的范畴，不能单独获得著作权的保护，电视节目模板的创作者无法禁止他人借鉴自己的构思和创意。电视节目模板中一些具体构成元素在满足特定的条件下虽可以受到著作权法的保护，但这些节目元素能够被他人轻易修改从而产生一档表现形式不同的新节目，即便修改后的新节目与原节目存在风格上的近似也难以被认定为侵权。通常情形下，对电视节目模板的克隆抄袭行为主要表现为对电视节目创意和构思的复制，根据目前的法律规定这不属于侵权行为，但受著作权法保护的电视节目模板构成要素在被复制抄袭到什么程度才构成侵权，还未能形成统一标准。①

最后，社会公众的著作权保护意识还比较淡薄。尽管近些年来各级地方政府都开展了不同形式的著作权保护宣传活动，公众对著作权法有了更为直观的了解，人们的著作权保护意识得到不断加强。但不可否认，我国著作权保护环境仍需完善。由于电视节目模板在世界范围内还存在一定的争议，社会公众对其了解也并不充分，在著作权保护意识还比较淡薄的背景下，电视节目模板的著作权保护实际状况堪忧。②

五 完善我国电视节目模板著作权保护的措施

针对我国目前所面对的电视节目模板著作权保护问题，应当从以下四个角度去做妥善的处理，以使我国电视节目模式著作权保护机制能够具有现实的可操作性。

（一）将电视节目模板列入著作权的保护客体

如何有效地利用我国现有法律对电视节目模板提供著作权保护，可以从三个角度切入：首先，电视节目模板的创意书、策划书可以作为著作权法层面上的文字作品加以保护；其次，著作权法虽然不保护思想，但保护思想的外在表现形式，具体到电视节目模板，像图形标记、歌曲、舞蹈等构成元素

---

① 孟祥娟：《版权侵权认定》，法律出版社，2001，第6页。
② 冯军、黄宝忠：《版权保护法制的完善与发展》，社会科学文献出版社，2008，第54页。

可以单独作为著作权法保护的客体；最后，电视节目属于著作权法意义上的影视作品，可以将电视节目模板纳入电视节目中进行整体性的保护。因此，电视节目模板尽管不是现行著作权法肯定式列举保护的内容，但可以从保护对象的立场出发探寻有效的保护方式。

通过分析可以发现以上三条保护路径提供了电视节目模板著作权保护的现实可行性，但从具体操作层面上来讲还未能从根源上解决该问题。著作权法所保护的作品应当具有三个特征：独创性、可复制性和智力成果。[①] 电视节目模板首先产生于一个创意，充满了创作者的智慧，然后通过具有原创性的活动将节目的有形形式表现出来，最终就形成了具有新意的电视节目。电视节目模板作为智力成果其自身具备的可复制性使得改编、模仿具有现实可能性，从而促生了电视节目模板著作权贸易市场的繁荣。英国娱乐媒体界率先探寻到这条充满富矿的康庄大道，通过向其他娱乐媒体同行销售电视节目的模板获取财富。因此，电视节目模板拥有著作权法所保护作品的全部特征，但由于法律自身的滞后性还未能对此做出合理的解释。因此这就需要全国人民代表大会常务委员会在未来进行《著作权法》修改时将作品的范围进一步延伸，使得电视节目模板能够纳入著作权保护的客体范畴中。随着经济文化的发展和科技水平的进步，作品的表现方式也日新月异，著作权法所保护对象也应当随之调整。[②] 作品是否能够受到著作权保护的关键是该作品的本身是否具有独创性，因此在保护电视节目模板时就应当从此着手。电视节目模板的独创性主要表现为音乐舞蹈的选择、游戏的种类、节目的编排和背景的选择等方面，只要这些节目要素具备了独创性，理应得到系统的保护。

（二）明确电视节目模板著作权保护的内容

将电视节目模板纳入著作权法保护的客体之后，还应当完善电视节目模板著作权保护的具体内容，保护期的期限可以参考著作权法影视作品有关规定：其著作人身权保护期不受限制，著作财产权保护期为50年，截止于电

[①] 韦之：《著作权法原理》，北京大学出版社，1995，第15页。
[②] 刘剑文、傅绪桥：《我国版权转让贸易立法的现状与完善》，《法商研究》（《中南政法学院学报》）1996年第1期，第23页。

视节目首次播放后第 50 年的 12 月 31 日。在电视节目模板公之于众之前，创作者享有保密的权利。在公之于众之后，创作者拥有以下权利：第一，修改权，未经其许可不能擅自修改电视节目模板；第二，广播权，对于参照电视节目模板创作的电视节目，未经创作者允许不得以有线传播或转播的方式向公众传播该电视节目；第三，授权他人发行、复制、改编其电视节目模板创作的电视节目，并由此获得报酬的权利。对电视节目模板权利人的合理使用与法定许可同样可以参照著作权法现有的规定。

（三）明确电视节目模板侵权行为的认定标准

目前电视节目模板著作权保护还没有形成一个统一具体的侵权认定标准，即使是查阅西方发达国家的法律也很难得到一个明确的答复。电视节目模板是由众多的节目元素构成的，对其中一个元素进行克隆抄袭构成侵权还是对多个元素进行复制借鉴构成侵权现在还没有定论。如果行为人复制了电视节目模板的所有元素这毫无疑问是侵权行为。如果行为人只是复制了没有独创性的内容，结果也是肯定的，没有任何侵权行为的发生。但是到底有多少节目要素被复制能够被认定为侵权行为要视案件的具体问题进行具体分析。

知识产权是一项十分脆弱的权利，侵权行为人有时并不需要花费太大的成本就能对权利人造成严重的侵害，因此各国政府在立法层面倾向于对其采取严格保护。在知识产权诉讼过程中，严格保护主要体现在被告的举证责任上。电视节目模板侵权案件可以由被告承担证明其电视节目模板具有独创性的义务，即该电视节目模板是被告独立创作完成的。[①] 在此可以学习美国的经验，采取"实质性相似"、"接触"外加"排除合理解释"的原则，在被告与原告的电视节目构成实质相似性的前提下，由原告证明被告接触过原告电视节目模板脚本或创意书，法院就可以推定被告的行为构成侵权，其电视节目模板没有独创性。如果被告要进行反驳，就应当承担以下责任：首先，被告不存在接触原告电视节目模板脚本或创意书的事实。其次，如果接触过该脚本或创意书，就应当证明其电视节目是其独立创作的事实。对被告而

---

① 魏玮：《知识产权侵权诉讼中证明责任的分配——兼论商业秘密侵权诉讼中证明责任的分配规则》，《西南民族大学学报》（人文社科版）2008 年第 9 期，第 212 页。

言,这两种举证责任是十分苛刻的,特别是第二项举证责任通常很难实现,因此在采用"接触"与"实质性相似"的原则时应当以原被告的电视节目存在实质性相似为前提,只有满足了该前提才能进入下一阶段去判断被告是否存在接触原告电视节目模板脚本或创意书的事实,此时如果被告存在接触事实而又无法拿出合理的反驳事由,就可以判定被告构成侵权。"实质性相似"、"接触"外加"排除合理解释"的原则,最大的优势就是能够恰当地分配原被告的举证责任。在实践过程中,被告的接触行为一般都是在很短的时间内完成的,原告很难进行举证,因此原告通常举证被告是否具有接触的可能性而不是接触事实。[1] 当然,若原告能够直接证明被告有接触的事实,在满足"实质性相似"和"排除合理解释"的原则情况下可以直接认定被告构成侵权。

(四) 建立电视节目模板版权登记制度

现行著作权法对作品采用的是自动保护制度,不以著作权登记为要件,但考虑到电视节目模板自身特性,实行电视节目模板著作权登记制度能够有效地处理侵权纠纷,有利于原被告双方进行举证,维护权利人的权益。

在 2000 年召开的国际电视节目贸易洽谈会上,成立了专门的电视节目模板保护协会 (FRAPA),这是一个民间非官方组织,该协会的宗旨是"能够使电视节目模板得到广泛的承认并受到合理的保护"。目前 FRAPA 已经发展了 100 多名会员,主要是电视娱乐媒体公司。FRAPA 除了举办日常的媒体公司交流活动外,还为这些公司的电视节目模板提供注册登记服务,通过专门的登记系统来记录电视节目模板的创作完成时间,从而起到减少侵权纠纷的效果。FRAPA 成立以后,对电视节目模板纠纷起到了很好的调解作用,仅在 2008 年就使得 40 多起纠纷有效地达成了和解。[2] 这种民间性质的电视节目模板登记制度对我国在该领域的保护问题上起到了很好的示范作用。

结　语

伴随着电视节目模板贸易的快速发展,对模板创作者提供行之有效的保

---

[1] 叶姗:《试析电视节目形式的法律保护》,《知识产权》2002 年第 4 期,第 40~43 页。
[2] 郭霭雯:《浅论电视节目模板的知识产权保护》,《法制与经济》2011 年第 4 期,第 30 页。

护措施已经成为当今社会的共识。电视节目模板贸易拥有广阔的商业发展前景，蕴含着巨大的社会文化价值，理应受到法律的保护。但我国目前在电视节目模板保护方面还存在着法律缺失的现象，对于电视节目模板侵权行为的界定还没有统一的规定，电视节目模板克隆抄袭问题严重。

电视节目模板的创作和交易活动属于国家重点扶持的文化创意产业发展的范畴，对电视节目模板提供合理有效的著作权保护将直接关系到我国电视产业未来的发展前景。在面临众多复杂的电视节目模板侵权纠纷时，著作权主管部门不能消极回避，应当依据我国的现有国情并吸收国外电视节目模板著作权保护的有益措施，完善我国电视节目模板著作权保护。

参考文献

朱谢群：《创新性智力成果与知识产权》，法律出版社，2004。
刘春田：《知识产权法》，高等教育出版社，2010。
王迁：《著作权法学》，北京大学出版社，2009。
冯晓青：《知识产权法利益平衡原理》，湖南人民出版社，2002。
李明德：《美国知识产权法》，法律出版社，2003。
孟祥娟：《版权侵权认定》，法律出版社，2001。
冯军、黄宝忠：《版权保护法制的完善与发展》，社会科学文献出版社，2008。
韦之：《著作权法原理》，北京大学出版社，1995。
刘文杰、曹曼文：《电视节目模板的版权保护》，《现代传播》2011年第3期。
谢国敏：《论电视节目模板的作品属性》，《湖北职业技术学院学报》2011年第2期。
罗莉：《电视节目模板的法律保护》，《法律科学》（《西北政法学院学报》）2006年第4期。
李鹏：《电视节目模板的法律保护初探》，《安阳师范学院学报》2008年第3期。
程德安：《论电视版式的法律保护》，《新闻界》2005年第6期。
黄小洵：《电视节目版式版权保护之法律困境和进路探索》，《部门法专论》2013年第4期。
吴京、韩笑梅：《电视节目模板的著作权法保护困境及出路》，《黑龙江省政法管理干部学院学报》2010年第2期。
李静静：《论电视节目模板的可版权性》，《延边党校学报》2012年第4期。
肖叶飞：《中西电视制播制度的比较分析》，《传媒》2010年第5期。

李晓红:《电视节目版式的产权保护》,《新闻战线》2013年第5期。

李慧:《电视节目版式的著作权法保护》,《怀化学院学报》2011年第10期。

刘剑文、傅绪桥:《我国版权转让贸易立法的现状与完善》,《法商研究》(《中南政法学院学报》)1996年第1期。

魏玮:《知识产权侵权诉讼中证明责任的分配——兼论商业秘密侵权诉讼中证明责任的分配规则》,《西南民族大学学报》(人文社科版)2008年第9期。

叶姗:《试析电视节目形式的法律保护》,《知识产权》2002年第4期。

郭霭雯:《浅论电视节目模板的知识产权保护》,《法制与经济》2011年第4期。

Alison Davis, "Legal Protection of Reality Television Formats", *Media&Artslaw Review*, 2002 (7): 20.

Green, "Broadcasting Corp of New Zealand", *All England Law Reports*, 1989 (12): 30.

Daniel Doherty, "Can the Format of a Television Programme Attract Copyright Protection", *Copyright World*, 2004 (29) 15.

中韩电影贸易竞争力比较研究

庄增晗[*]

【内容提要】 近年来中国电影产业虽然进入高速成长的时期,但电影产品在国际贸易市场中的竞争力仍然比较弱,电影产品出口额在中国服务业出口总额中所占比重甚至可以忽略不计。较早进行电影产业化的邻国韩国,电影产业俨然已经成为其重要的贸易支柱产业,并成为世界第五大文化输出国。单从贸易竞争指数上看,中韩两国差距不大,但韩国已形成的文化影响力到底是通过哪些途径实现的,是有必要探究的。从韩国的发展道路中提取值得借鉴学习的经验,有助于促进中国文化竞争力的提升。

【关键词】 中韩电影产业 电影贸易 出口竞争力 文化输出

电影产业作为文化经济的一部分,已经逐渐成为各文化强国的贸易增长点。在电影贸易竞争中,主要发达国家占据主导地位,在海外电影市场赢得了经济利益与政治文化利益的双丰收。在这些国家当中,韩国仅用了20多年便迅速成长为文化强国。韩国的电影产业在2004年前后超过许多传统产业成为新的国民经济支柱和贸易增长点,对促进韩国的经济增长和文化价值观的输出起到了巨大的推动作用。因此,根据最近三年来中国和韩国电影产业发展的变化,对比韩国电影的发展道路,探讨中国是否可以仿效韩国之路来提高中国电影出口竞争力是有必要的。

---

[*] 庄增晗,北京电影学院中国动画研究院产业经济研究所助理研究员。

国内也有很多学者对电影出口竞争力作出研究,他们对电影出口竞争力的分析主要引用波特的国家竞争优势理论,认为生产要素、国内需求、企业战略等是构成国际贸易竞争优势的"钻石模型"。这些研究成果对进一步研究我国电影出口竞争力提供了良好的基础,但该方法仍然有其局限性。主要表现有两点:第一,大部分著作都基于第三方统计数据,采用描述性的分析方法,其科学性略显不足。第二,部分研究成果时间跨度较长,展示了一段时期内的电影出口竞争力的变化,但未对近一两年的电影出口情况进行深入分析,即时效性较弱。

一 中国电影贸易竞争力分析

1. 中国电影贸易竞争力指数分析

贸易竞争力分析指数包括贸易竞争指数(TC)、显性比较优势指数(RCA)、显性竞争优势指数(CA)和国际市场占有率(MS),笔者在本文中仅以贸易竞争指数为例来衡量中韩电影行业贸易竞争力。贸易竞争指数可以判断一个国家的某种产品在国际市场上是否具有相对竞争优势,它可以表示某行业的进出口贸易差额占进出口贸易总额的比重。电影的收入来源有很多,包括电影票房收入、DVD收入、电影周边收入等,但大多数收入额以电影票房和DVD收入为基准,本文中所提到的电影的进口额是以进口影片在中国或韩国市场的票房和DVD收入为基准,而电影出口额以中国或韩国影片在海外市场的票房和DVD收入为基准。

电影行业贸易竞争力的计算公式为:(电影出口额-电影进口额)/(电影出口额+电影进口额)。该指标均在-1~1之间。其值越接近于0表示竞争力越接近于平均水平;该指数接近-1时代表进口多于出口,表示竞争力越弱;该指数接近1时代表出口多于进口,表示竞争力越强。根据近十年来中国电影、录像贸易竞争力统计数据(见图1),除去在2006~2008年有竞争优势外,在1997~2005年以及2009~2010年,中国电影行业都显示出贸易竞争劣势。2005年中国电影获得空前发展,海外票房从2004年的11亿元人民币达到2005年的16.5亿元人民币,海外交易年增幅达33%,其中《无极》的海外收入打破国产片纪录。

然而,2010~2012年,国产影片海外销售额逐年萎缩,2010~2012年

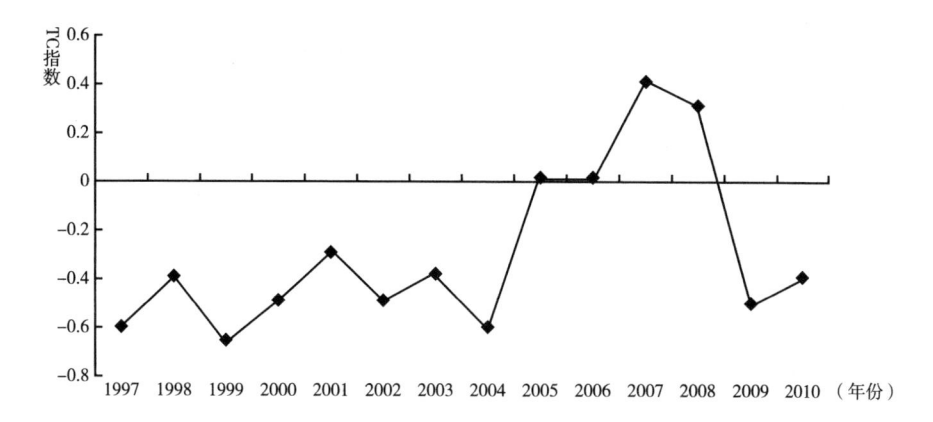

图1　1997～2010年中国电影、录像贸易竞争力（TC）指数

资料来源：1997～2010年国际贸易收支平衡表。

更是三连跌（见表1）。2010年为35.17亿元，这其中中美合拍电影《功夫梦》创造了23.63亿元票房，占国产电影2010年海外输出总量的67%。2011年为20.46亿元，2012年为10.63亿元，2012年相比2011年暴跌五成。相比进口影片在中国市场的强劲势头，中国影片在吸引国际观众眼球上还有很长的路要走，外国影片在产品本身吸引力、海外发行模式、营销模式等方面都值得国内电影界参考借鉴。

表1　2010～2013年中国国产片与进口片贸易竞争力对比

单位：亿元（人民币）

项目	2010年	2011年	2012年	2013年上半年
国产片海外票房和销售额	35.17	20.46	10.63	6.5
进口片国内票房和销售额	44.38	60.84	88.78	41.43

根据国家新闻出版广电总局电影局"2013年上半年全国电影产业数据"，全国电影票房收入109.9亿元，其中产片票房68.5亿元，票房同比增长35%，占上半年总票房的62.33%，创下新的历史纪录。进口片国内票房与2012年上半年相比下降17%。业界普遍认为这与2013年新导演崛起，成为中国电影市场的主力军具有不可分割的关系。然而，2013年上半年大热的几部国产影片却在海外市场频频遇冷，诸如《小时代》《北京遇上西雅图》《人再囧途之泰囧》等影片的制作方和发行方对海外版权出售额以及海

外票房更是讳莫如深。因此各大国产片出口额具体数据还不得而知，但可根据外汇局发布的 2013 年上半年国际收支平衡表，得知电影出口额约 6 亿元人民币。

根据以上数据，2011~2013 年的国产电影贸易竞争力为：

2011 年：(20.46 - 60.84) / (20.46 + 60.85) = -0.5
2012 年：(10.63 - 88.78) / (10.63 + 88.78) = -0.8
2013 年上半年：(6.5 - 41.43) / (6.5 + 41.43) = -0.73

由上述数据可知，中国电影在国际贸易市场中竞争力极弱，并在近三年来持续颓势。究其原因是多重的。一直以来，功夫片和武侠片是国产电影海外输出的主要类型，但近几年由于故事重复、题材老套、模仿痕迹重等因素，海外观众对中国武侠片的热情消磨殆尽。此外，中国影片国际程度弱、外语片偏少、不切合西方审美情调、对海外观众的市场调研不够等都是国产片海外票房败北的主因。

2. 中国电影出口的制约因素与思考

导致中国电影出口竞争力弱的制约因素有很多，而主要因素在于电影产品本身不够精良，次要因素在于政策限制、电影人才和产业化不足等。从电影产品本身上来说，类型片发展不足，题材以及故事情节的创新性欠缺，制作质量的良莠不齐是国产电影在国内国外两个市场上都存在的普遍问题，也是制约中国电影发展的根本问题。2012~2013 年，一些新生代导演兼制片人，如郭敬明、徐峥、赵薇等已经开始慢慢把准国内电影市场的脉搏；一些类型电影的大获成功，表明了中国电影开始找准一些细分市场的观众口味，可以做到适销对路。但是，这些在国内票房大卖的影片却在海外市场反响平平甚至铩羽而归，其背后的原因也是值得探讨的。

中西文化的不同是主因。电影作为一种文化产品，在海外输出时遭遇价值观的不认可是情理之中的，中国文化与世界各国的文化差异也是中国电影走不出去的原因之一。2012 年，中国共有 75 部影片销往海外，其中票房最高的是《非诚勿扰 2》，也仅仅只有 40 多万美元。2012 年贺岁档的低成本影片《人再囧途之泰囧》打破了华语影片票房纪录，引起了欧美电影人的广泛关注，然而这部在国内声名鹊起的影片在外国观众的眼中却充满着思维逻辑混乱、语言障碍等不足。根据北京师范大学中国文化国际传播研究院公布的"2012年中国电影国际影响力全球调研数据",喜剧片继功夫片、动作片之后成为第三大最受欢迎的中国电影类型。虽然如此,具有国际影响力的国产喜剧影片寥寥无几,海外观众对中国喜剧电影的印象依然停留在成龙的一些动作与喜剧相结合的桥段上。从《人再囧途之泰囧》的海外反应中我们可以体会到,喜剧影片要想在海外市场分得一杯羹,需要去本土化,加入带有文化普遍性的喜剧元素才能促进中国喜剧电影输出。

中国电影缺乏能够引起所有人共鸣的价值观,中国的传统价值观以及现代中国社会价值观的变化与国际文化不相容,特别是近年来出现的拜金主义、物质主义、消费主义等社会思潮在电影作品中也有所体现,而电影又对这种社会风气具有反推力,使得中国影片只能对国内观众不断产生影响,而缺乏相同的价值观与文化认同感的海外观众并不买单。例如2013年分别于6月和8月上映的电影《小时代》第1、2部,影片不遗余力地堆砌繁华喧嚣的城市与光怪陆离的奢侈品景象,却缺乏能够引起国内外观众广泛共鸣的核心主题,不能引起来自不同文化背景的观众的普遍共鸣。

中国电影产品制作上与国外产品差距较大,审美情趣不同。海外观众希望看到的中国影片大多数与中国传统文化相关,这也是《英雄》《卧虎藏龙》《霍元甲》等武侠、功夫影片能够顺利走向海外市场的原因。然而纵观中国其他的类型电影,诸如《失恋33天》《北京遇上西雅图》《致我们终将逝去的青春》等爱情电影、青春电影或者文艺片都不符合海外观众的口味,中西爱情观的不同、社会经济水平的差距、时尚方式的不同都是造成各国观众审美不同的原因。此外,能够吸引海外观众的中国特色未被彻底开发出来,国际明星阵容也未能推陈出新,使得海外观众审美疲劳。

从外因上来说,我国政府对电影等文化产业的管制过多、审查过严,无法调动影视人创作的积极性,尤其是相关法律法规的缺失,电影投机风气盛行,使得影片商业气息太浓而文化艺术水平低下。例如2013年的《天机·富春山居图》,虽然票房高涨,却成为艺术水准低劣的代名词,对于中国电影业风气产生恶劣影响;产业链的配套设施和配套企业尚未成形,尤其是后电影产品开发的滞后,使得我国影视收入严重依赖票房,缺乏分担风险和抵御风险的能力；专业高级电影人才尤其是具有先进经营理念的制作人的匮乏，导致电影创作的创意灵感缺失，技术手段落后。

二　韩国电影贸易竞争力分析

1. 韩国电影贸易竞争力指数分析

20世纪90年代，韩国本土电影市场萧条，国产电影银幕稀少，观众上座率低，票房被好莱坞大片所垄断。为保护本土文化、抵制美国文化入侵，1994年韩国政府拟定《电影振兴法》鼓励本土电影发展。由2012年末韩国电影产业振兴委员会公布的近十年韩国电影输出量及输出额趋势图（图2）可见，韩国电影输出片量在2009~2010年处于低迷状态，其他年份呈稳步增加或略有浮动的状态。然而与输出量的可观形势形成鲜明对比的是，电影输出额却在2005年一落不起，持续在2000万美元徘徊。

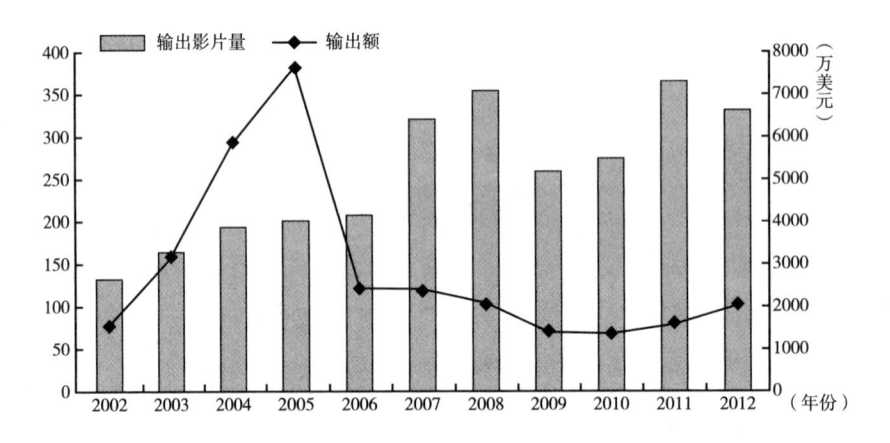

图2　2002~2012年韩国电影输出量和输出额趋势

资料来源：《2012年韩国电影产业结算》，韩国电影振兴委员会电影政策中心。

2010~2013年间，韩国进口片票房收入分别为6.12亿美元、6.41亿美元、6.19亿美元、6.2亿美元。该数据与其近几年的电影出口额2000万美元形成明显差异，因此单从电影贸易竞争指数上来说，韩国电影出口竞争力维持在-0.8~-0.9之间，与中国相似。形成此种现象的原因是好莱坞大片在世界各国的影响力深远且持久，其电影的卖座程度和文化渗透性是一般国家在短时间内很难达到的。不论在中国还是韩国，外国电影票房都几乎占到50%，而其中90%以上的外国电影是美国好莱坞电影。所以只有当一个国家的电影在世界范围内得到认可，其产业化程度堪比好莱坞之时，其电影贸易的逆差才能得到彻底扭转。但现阶段来看，好莱坞的势头还是无人匹敌的。

尽管如此，韩国已成为世界第五大文化输出国的头衔也不是空穴来风，特别是身处亚洲的我们，近几年更能感受到这种"走出去"步伐正在加快。韩国电影的出口竞争力主要表现在以下几个方面。

韩国在2006年为促进韩美自由贸易区谈判进程，同意减少韩国国产电影配额，将影院义务播放韩国电影的天数由143天减少到73天，引起韩国电影界极大不满。然而，即便在此种压力下韩国电影占有率也并未减少很多，这是韩国电影在质量上可与好莱坞相抗衡的突出表现；韩国国民对本土电影的大力支持，不仅有赖于韩国国民本身强烈的爱国热情，也归功于政府的宣传。截至2013年12月18日，韩国全年累计观影人数已超过2亿，创造了韩国电影史上的最高纪录，2013年票房冠军《七号房的礼物》的观影人次更是达到了1280万人次。自21世纪世界各国开始系统地对观影人数等进行统计以来，年累计观影人数超过2亿的纪录只出现过5次，达到这一数量的国家除韩国外，还有印度、美国、中国和法国。截至2012年7月，韩国人均观影次数已达4.1次。在超过2亿的累计观影人数中，韩国国产电影的观影人数近1.2亿，市场占有率已逼近60%。2012年观影人数超过500万人次的10部电影中，8部均为韩国国产影片。韩国民众高涨的观影热情，推动了韩国电影走出去，推动整个韩国电影产业的发展；韩国本土市场狭小，韩国电影着眼亚洲市场，电影输出额近几年虽略有起落，但在亚洲市场保持稳步增长，2012年相比2011年韩国电影在亚洲和北美的出口额各增长60%和72%（见表2）。

韩国电影的崛起也引起了好莱坞的注意，资料显示，截至2008年上半年，好莱坞翻拍的韩国电影数目就已达到25部，如《触不到的恋人》（美版《湖边小屋》）、《我的野蛮女友》（美版同名）、《蔷花，红莲》（美版《不请自来》）等。除此之外，小众的韩国电影却能维持稳定的收益，比如2003年金基德导演的《春夏秋冬又一春》票房达到100万美元，姜帝圭导演的战争片《太极旗飘扬》卖出111万美元，2005年朴赞郁的《老男孩》有71万美元，奉俊昊导演的《汉江怪物》则以220万美元为韩国电影在美国创下佳绩。

表 2 韩国电影输出额

单位：美元

地 区	2011 年	比重（%）	2012 年	比重（%）	与上一年对比增减
亚 洲	9012061	56.90	14439757	71.60	60.20
北 美	1672677	10.60	2872752	14.20	71.70
欧 洲	3522333	22.30	2455745	12.20	-30.30
中南美	147000	0.90	233500	1.20	58.80
大洋洲	309891	2.00	134196	0.70	-56.70
中 东	132000	0.80	39000	0.20	-70.50
非 洲	53000	0.30	—	—	-100.00
其 他	979700	6.20	—	—	-100.00
合 计	15828662	100	20174950	100	27.50

资料来源：《2012 年韩国电影产业结算》，韩国电影振兴委员会电影政策中心。

2. 韩国电影发展的启示与借鉴

韩国影视产业成功的国际化运作对中国电影从产品到政策、人才各方面都颇有启示意义。韩国的经验已经证明，电影可以成为经济推动力，也可以成为文化产品"走出去"的一大支柱，而这种成就需要政府、业界的共同努力。本文总结为以下几点。

由于韩国国内市场有限，韩国从一开始就把目光瞄准国际市场，采取着眼亚洲市场，逐步走出亚洲的国际市场战略。政府在税收、政策上给予优惠，鼓励本国电影参加各种影展，还积极投入巨额资金举办各类电影节，为本国电影走向世界搭建平台。韩国政府鼓励文化产品走出国门，设立文化产品出口大奖等。

在这样高力度的支持下，韩国的电影企业也承担起振兴韩国电影的责任。2006 年，韩国迫于美国通商条款压力调整电影配额制度，从对本土电影保护天数由 146 天改为 73 天，使得进口影片大举进入韩国市场。一些电影人为了表达强烈的民族情感，呼吁民众积极保护本土电影，更有甚者以"削发明志"的行为来表示振兴韩国电影业的决心，以此唤起民众的民族自尊心与自信心。这些对促进韩国电影的发展起了至关重要的作用。

从韩国电影产品本身来讲，由于韩国较早接触西方文化，因此其电影兼容了东西方文化的特性。东方观众在观影时，不仅能够体验到传统东方文化，也因为融入了西方情调而体会到耳目一新的感觉。特别是在一些市场化经济进行得如火如荼的国家，如中国以及一部分东南亚国家，韩国的电影模式为这些国家的观众所接受，这种经过亚洲及西方文化融合改造过的文化产品，符合亚洲乃至亚洲外观众的审美情趣。此外，从内容来看，韩国电影主题多发自对深层人性的思考，核心主题主要以爱情、亲情、伦理、信义等为主，深度表现人性的真实，考验观众的情感尺度，容易引起广泛共鸣。

在中国电影市场日趋开放、竞争日益激烈的新形势下，合拍电影是一条尽快走出去的捷径。既有助于借鉴先进经验，提升国产片的艺术能力和制片实力，又能使境内制片机构整合已有资源，发挥各自优势，在知己知彼的前提下主动出击，与海外制片机构和国际发行网络建立长效合作关系，让中国电影真正走进世界各地的主流院线。

世界电影经历了百年多的发展，各个国家的影片都形成了独特的艺术风格。跨国合拍可以兼蓄各国之长，在融合中彰显各自的文化意蕴。中国电影人应该认真研究各国电影的优秀传统，把丰富多样的世界电影精华为我所用。在当前的国际竞争中，文化软实力越来越成为凸显综合国力的重要因素，而电影则是各个国家提升文化软实力的重要载体。我们需要认真吸收境外电影的成功经验，借助世界各地的资金力量与人才资源，以求最终提升中国电影的国际竞争力。

版权与电影：市场经济下的中国电影

管燕秋[*]

【内容提要】电影已经成为全球文化产业的支柱性产业，作为电影的经济基础，版权的作用日趋重要。通过版权交易，电影版权所有人可以从影院放映、电视播映、后期产品开发、网络播收等途径获得经济收益。然而，现今电影侵权、盗版问题层出不穷，给中国电影产业的发展带来极大危害。对此，需要特别加强中国电影的版权保护工作。

【关键词】电影版权　版权经济　版权保护

在中国经济改革浪潮大发展的环境下，经过十余年的产业改革，中国电影产业较之以往呈现出很多新的趋势，尤其是 2013 年上半年，中国电影产业在既有的产业布局和市场规模基础上，产业内部精细化分工越来越明显，许多原本没有得到足够重视甚至根本不存在的产业环节和新兴行业相继显现，其中不乏有些行业得到较好的发展。电影人对电影版权的保护意识也逐渐增强，电影版权带来的一系列变化尤为明显。这些新变化，将在拓展中国电影产业链的同时，有效地提升电影版权管理的专业化水准。而中国电影版权作为电影行业非常重要的一个方面，虽迎来了新的发展，但版权保护意识仍显不足，法律维权意识较为淡薄。在此基础上，中国电影产业和市场将迎来新一轮的机遇和挑战。

"版权"（copyright）这一名词，最初出现在软件企业的相关报道中，随

---

[*] 管燕秋，北京电影学院现代创意媒体学院传媒管理系主任助理。

着电影产业的发展，电影版权逐渐成为电影界热议的话题，也关乎着电影多方面的经济利益。电影版权，即电影著作权，是指电影作品的个人作者或者公司对其作为制片人所依法享有的人身权和财产权。电影版权包括电影发行权、电影放映权、信息网络传播权、复制权等17项权利。众所周知，电影并不是一个单一的工作，而是一项浩大的系统工程。从纵向来看，电影包含前期策划、拍摄到后期制作、发行、放映等诸多阶段，需要由很多分支创意部门，包括文学、美术、化妆、摄影等通力合作完成，需要使用大量的劳动力；从横向来看，电影除了能在电影院、电视台、DVD和互联网等平台上放映外，还能被改编成电视剧、书籍、音乐原声带，电影中的人物形象或故事元素也能被用来生产玩具、游戏，创办主题公园等衍生品，从而实现更多的版权收益。人们不难发现，电影产业发展到今天，其带来的效益已经远远不止票房效益那样简单，而是浑身都是宝。

2013年伊始，国产电影就诞生了一个新纪录，由徐铮执导的处女作《人再囧途之泰囧》以13亿票房的成绩成就了中国电影史新的票房传奇。在这部电影的催热下，国产电影迎来了票房春天。数据显示，2013年上半年，全国电影票房收入109.9亿元，其中国产片票房68.5亿元，票房同比增长144%，占上半年总票房的62.33%；进口片票房41.4亿元，票房同比下跌21.4%，占上半年总票房的37.67%。《西游降魔篇》和《钢铁侠3》分别成为国产片和进口片的冠军。而在这一系列环节中，电影版权的保护与纷争一直没有停息。如何进行票房分账和版权分销成为电影大鳄争夺的焦点。《人再囧途之泰囧》及其他单部电影的成功神话并不是推动电影行业长期发展的根本动力，在票房分账和版权分销过程中逐步确立良好的交易秩序和健康的发展模式，才是奔向下一个纪录的起点。我国知识产权业发展一直较为缓慢，版权保护意识一直得不到显著提高，所以，虽然我国电影产业的精细化分工正在迅猛发展，版权保护意识正逐渐受到重视和增强，但是版权意识与美国等电影工业更为发达的国家和地区相比仍然属于相对滞后甚至是起步阶段，版权保护意识不足和盲目跟风造成的同质化竞争等问题尤其引人注目。

在国内市场，一部成本1000万元左右的影片，除去前期广告植入、赞助和版权预售等收入，如果不能获得3000万元的票房，那就意味着亏损。而在好莱坞，这一盈亏平衡点正好相反，一部花费3000万美元制作的电影，只需要取得1000万美元的全球票房收入，即可保证基本赢利。原因就在于，国外市场的版权保护机制更加健全，发行方可以从其他渠道持续获得稳定收益。以《星球大战》系列电影为例，该系列6部电影全球总票房约为44亿美元，而由此带动的影碟收入达38亿美元，游戏、玩具等衍生商品为其制作公司带来的收入高达200亿美元。为了收购该公司，迪士尼不惜花费40.5亿美元现金。在电影衍生商品方面，《变形金刚》《哈利·波特》的品牌价值早已超过百亿美元。迪士尼的实力更是无人能及。《狮子王》的相关产品收入，至今已超过其票房总收入（7.5亿美元），与米老鼠有关的产品则以每年1亿美元利润计算，迄今仍是迪士尼最大的"摇钱树"。

而在我国，除《宝莲灯》《喜羊羊与灰太狼》等少数动画电影的相关衍生商品得到开发外，这一极具经济效益的领域发展较慢。由于盗版猖獗，大量未经授权的电影衍生品在市场上随处可见，这些盗版的衍生产品使电影的版权收益大打折扣，进而伤害整个行业的发展热情。从美国的发展经验来看，电影产业的总体产值是电影票房的5~6倍，如此高的产业效益也使以电影产业为代表的文化产业跻身美国三大支柱产业之一。但是目前在我国，仍然有不少人将电影票房等同于电影产业整体收益，行业分工精细化和专业化带来的巨大收益将扭转这种观念。许多大中型城市的观众在经历了电影产业改革，培育了观影习惯后，在消费过程中对看电影之外的需求也越来越多，这也使新型电影院获得了票房之外的收益空间，如餐饮服务、衍生品销售、广告经营等。据了解，目前国内一些经营较好的影城卖品部收入已经达到其票房收益的12%~15%，但和西方、日本等相比还是非常薄弱。

在好莱坞进口影片全面入侵国内市场的今天，中国电影在版权运作和品牌开发上的努力，确实任重而道远。最初人们对版权的保护意识主要是音像制品。提起"盗版"，人们会自然联想到盗版影碟等。然而，随着各种新技术的兴起和快速发展，尤其是数字和网络技术的进步，电影侵权已经不仅仅局限于盗版影碟音像，同时也出现了多样化的电影版权盗版方式。中国是互联网大国，而互联网上各种形形色色的网站中不乏提供电影在线观看、下载的网站。其中较为著名的有人人影视、思路网等。国内提供美剧及电影字幕翻译和下载的知名影视站点人人影视是一个非营利性组织，2006年6月1日从YYYYeTs字幕组分离出来，正式建立独立论坛，并且广招爱好者加入，经过多年的发展形成了现在的人人影视。该组织是由一群超级粉丝们组成的网络虚拟非营利性组织，仅凭兴趣和爱好一起在网络上合作翻译字幕，并免费发布分享。广大网民几年来一直享受这免费的高清甚至蓝光国内外电影。而 2013 年 4 月 26 日，人人影视于"世界知识产权日"突然关闭，人人影视没有发表官方声明，而业内人士认为，人人影视突然关闭可能与思路网受查封有关（思路网号称中国最大的数字高清门户网站，已成立 10 年，会员人数更是达到 140 余万。经过几个月的侦查，北京市文化执法总队联合警方于日前展开行动，将该网站 CEO 周某等人抓获，罪名是涉嫌侵犯知识产权）。人人影视选择在"世界知识产权日"这天关闭，是为了躲开知识产权保护这个敏感话题。它的关闭从另一个侧面反映了国人知识产权保护意识的逐渐增强。而人人影视几年来一直为广大网民提供免费高清影视下载的现象说明，和西方、日本等有泾渭分明的法律限制不同，中国网络上关于影视、漫画等文化产品的版权问题向来存在争议，中国网民其实很幸福——几乎一直享受着完全免费的各种剧集。网友自发翻译（后来演变为"字幕组"形式），再将制作好的成品放在网络上供其他人下载，其实已经形成一个庞大的产业，无数年轻网民通过这种形式接触着各种国外的影视作品。而随着作品所有者版权意识的逐渐增强，加之国内相关的法律较为薄弱，带来的争议也越来越多。随着网络规范的加强，如同人人影视这样游走于"灰色地带"的网站必然有面对生死选择的一天。中国网民以后想要享受免费的国外影视剧，就必须向通过正规渠道购买过版权的公司或组织购买，越来越多的国内大网站发现了这块市场的价值，如腾讯、新浪、爱奇艺等网站都购买了诸多著名动画、美剧的版权，并且同样免费提供给网友——只是可能会有更多的植入广告。

随着版权保护意识的增强，我国于 2005 年 8 月 29 日成立了中国电影版权保护协会，旨在维护会员电影作品和以类似摄制电影的方法创作的作品的著作权以及与著作权相关的权利，促进国产电影创作、传播和使用，促进国内、国际电影交流，推动中国电影产业的繁荣和发展。据中国电影版权保护协会调查的 30 家提供免费下载影视服务的网站显示，每家网站平均提供下载的影片 1634.7 部，其中提供下载的国产电影 144.6 部，占总数的 8.85%，而这些影视节目基本上没有得到权利人授权和许可。国家版权局版权管理司版权处副处长苏如松介绍说，截止到 2013 年 5 月 31 日，各地版权部门在当地公安、电信主管部门的大力配合下，共查办网络侵权案件 172 件，其中已完全办结案件 149 件。版权执法人员对涉案 173 家网站、405 台服务器进行调查、取证，依法关闭"三无"网站 76 家，没收专门用于侵权盗版的服务器 39 台，没收非法所得 3.9 万元，责令 137 家网站删除侵权内容，对 29 家侵权网站给予共 78.9 万元的罚款处罚，移送司法机关涉嫌刑事犯罪案件 18 件。除网络侵权外，电视台对电影的侵权盗播行为异常严重。根据中国电影版权保护协会 2013 年上半年对数家省级非上星电视台的影视频道以及一些城市电视台的影视、文艺娱乐频道的监播发现，被盗播的影片数量相当惊人，高达上百部；而且从播放影片的种类上，很多影片都是最近面世的市场效益好、内容新的作品。

中国电影版权保护协会法律部主管孟雨表示，根据已掌握的情况推算，全国省和省会以上城市以及计划单列市的非上星电视台，每年侵权播出属于中国电影版权保护协会会员单位享有版权的电影作品应当在 1200～1500 部次，或者更多。如果按照刚刚结案的中国教育电视台侵权播出电影《冲出亚马逊》赔款 5 万元的标准来推算，电影版权所有人因为电影作品被电视台盗播而每年损失的金额将达到 6000 万元到 7500 万元。

另外，中国电影版权保护协会理事长朱永德说，未经许可，擅自在长途汽车、飞机、轮船、宾馆、饭店等场所设立各类电影 VCD 视频点播系统也属于侵犯电影版权的行为。

除了网络侵权之外，电影侵权也存在其他侵权方式。以 2013 年票房之首《人再囧途之泰囧》为例，2013 年 3 月 3 日，电影《人在囧途》系列影视作品官方微博发出了一条"维权微博"，贴出了法院受理案件通知书，宣布 2013 年 2 月 28 日北京市高级人民法院已经受理了武汉华旗影视制作有限公司（以下简称原告）提起的"不正当竞争及著作权侵权之诉"。本案的被告方是《人再囧途之泰囧》的片方——北京光线传媒股份有限公司、北京光线影业有限公司、北京影艺通影视文化传媒有限公司和北京真乐道文化传播有限公司。原告表示，在电影进行宣传的时候，被告故意暗示明示，《人再囧途之泰囧》是《人在囧途》的升级版，直接、大量地擅自使用《人在囧途》特有的名称，导致观众严重地混淆、误认——这是原告起诉被告"不正当竞争侵权"部分。如果事实确凿的话，《人再囧途之泰囧》就有利用《人在囧途》在市场和公众的影响搭便车的嫌疑。原告表示，将《人在囧途》与《人再囧途之泰囧》两部电影进行的比对中清晰地发现，无论从电影名称、构思、情节、故事、主题还是台词等处，两部电影实质相同或相似——这是原告起诉被告"著作权侵权"部分，原告必须提交充分有力的证据才能证明被告构成侵权行为。有人认为，这是《人再囧途之泰囧》树大招风的结果，但从电影版权的角度考虑，原告方其实不无道理。2013年另外一起著名的侵权案则源于王全安执导的史诗巨片《白鹿原》。渭南电视台原文艺部主任王元朝以擅自使用其创作的四句小诗为该片片尾曲为由，将西部电影集团有限公司等5家单位告上法庭。影片《白鹿原》宣传片中歌曲"风花雪月平凡事，笑看奇闻说炎凉，悲欢离合观世相，百态人生话沧桑"系王元朝诗中词句，但直至电影正式放映，原作者仍未收到电影制片方的任何通知和报酬。

2013年中国影视剧版权市场继续保持快速增长态势，预计全年版权收入将突破30亿元，达到创纪录的32亿元，是2009年的3.6倍。经历2012年213%的爆发式增长后，随着视频网站并购重组升级、自制剧投入力度增强等因素导致2013年市场发展趋于理性，盲目抢剧风潮减弱，收入增速回落到28%。新媒体版权收入已成为影视剧公司新兴的收入来源之一。通过新媒体版权预售，影视公司可提前回笼资金充实制作经费。来自华录百纳的数据显示，该公司来自上述部分的收入比重由2007年的0.5%快速增长到2012年的6.0%，五年时间实现12倍增长。华谊兄弟、华策、新文化等上市公司也都成为新媒体的受益者。

影视公司新媒体版权收入的快速增长与视频网站的爆发式发展紧密相关。以优酷土豆为例，2012年内容版权采购费用达到7.5亿元，同比增长150%。过去五年该费用增长近40倍，从一定程度上体现了中国视频网站的正版之路。从内容成本占营收的比重分析，优酷土豆在2008年29%的高点振荡下滑然后触底反弹，2012年为36%，是近五年的最高点。随着优酷土豆广告收入的快速增长，该比例或将呈现缓慢下滑态势。

从小说到电影——中国小说改编版权大幅增长。从《失恋33天》《致我们终将逝去的青春》到《小时代》，如今的电影市场，越来越多的电影是根据小说改编的，这些由当红小说改编的电影所取得的票房成绩也是不容小觑的。《失恋33天》曾经以3.5亿元票房的好成绩创造了当年的票房奇迹，而2013年由著名作家郭敬明写作并执导的《小时代》《小时代2：青木时代》更是来势汹汹，在2013年暑期档创造了票房神话。如今，畅销小说改编成电影并不是新鲜事儿，而真正让人吃惊的是影视改编版权费用的迅猛上涨。短短的几年之内，小说改编版权费用已经上涨了上百倍，成为巨大的利益蛋糕。不仅电影作品是这样，在电视界也是如此。如由著名编剧流潋紫创作的《后宫·甄嬛传》被改编成电视剧，流潋紫本人也拿到了天价版权费用。

  其实只要静下心来观察就会发现，中国电影产业发展到今天，产业链浑身都是宝。精细化分工带来的产业链拓展和版权收益拓展才刚刚开始，在这个时候，谁能准确捕捉到市场释放的新信号，谁就把握住了发展的先机。这个过程中，盲目跟风和投机心理都不是聪明的做法，市场最需要的是敏锐的双眼和机智的判断。支持正版，拒绝盗版，完善著作权集体管理制度，为建设创新型国家营造一个良好的版权环境，早日实现全体中华儿女的中国梦。

·广告营销·

2012年电影映前广告市场现状和发展趋势

刘嘉 查巍[*]

【内容提要】 随着中国电影业的快速发展,电影的商业价值也在不断提高,电影映前广告更是如此。本文通过深入分析电影映前广告的发展脉络和现状,对于当前存在的不足和今后的发展策略提出了建议。

【关键词】 电影广告 映前广告 发展策略

尽管受到各方因素影响,2012年中国电影票房仍然达到170.73亿元,与预测目标基本吻合,全年的观影人数达到历史性的4.7亿人次。随着中国电影产业继续高速健康发展,依托电影产业链的不断壮大与完善,电影衍生行业兴起是产业发展的必然,其中电影产业链条的下游已具雏形,有影响力、与影院经营关系最密切的电影映前广告在2012年亦取得较大的发展。

自1994年11月随首部引进大片《亡命天涯》引入的影院映前广告,到1998年4月给各影院经营者留下深刻印象的《泰坦尼克号》映前贴片广告的疯狂搭载,再到2012年电影映前广告所涵盖的广告品类由多样化向类型化转变,作为电影产业链条之下游的重要组成部分,我们见证了中国电影映前广告的发展历程及媒体化转型。

随着中国电影在世界范围的影响力越来越大,国内外知名广告主开始关注

---

[*] 刘嘉,北京电影学院现代创意媒体学院客座教授;查巍,央视三维电影传媒集团战略市场部副总裁。

中国电影市场电影映前广告的潜力，电影映前广告的营收开始在影院经营模式中占据越来越大的比例，电影映前广告媒体化趋势愈发明显，运作模式日益成熟。

一 2012年电影映前广告市场回顾

2012年2月国内电影市场受到"中美电影引进新政"的影响，进口片配额增加，出现了众所周知的档期调控即"国产保护月"。"国产保护月"一定程度上影响了市场规律的运行和对票房预计的影响。但是，国内市场电影消费的"刚需"依旧。11月底的贺岁档带动市场票房上升，最终使全年票房收入超过并实现预期，中国电影市场年度票房170亿元，全年的观影人数达到历史性的4.7亿人次，取代日本成为除北美之外全球最大的电影消费市场。

（一）票房持续高产，观影人次创新高

2002年，中国年产电影不足百部，国内票房不足10亿元人民币。2012年，中国电影产量达到745部，国内票房170.73亿元，同比增长30.18%；全年观影人次达到历史性的4.7亿，较2011年的3.7亿增长27%，观影频次达到1.87次/月。约24%的人群平均每月的观影频次在1次以上。

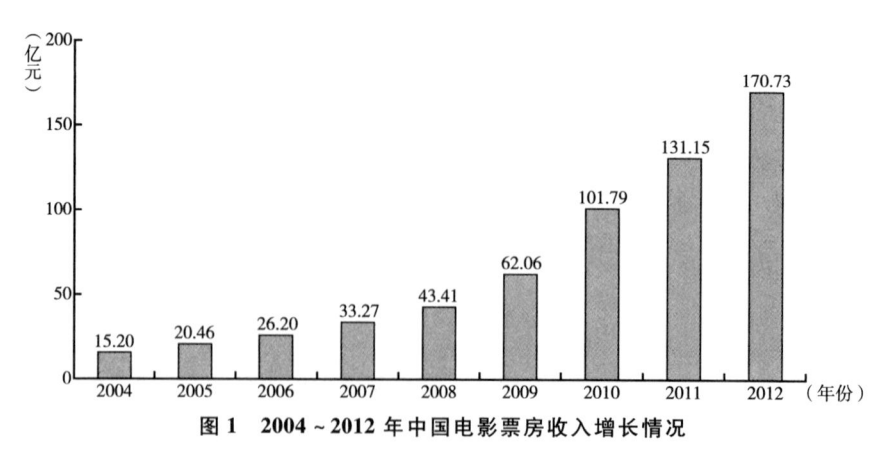

图1 2004~2012年中国电影票房收入增长情况

数据来源：中国电影家协会。

（二）过亿影片数量激增、黑马频出，档期营销常态化

在上映的 320 部影片中，票房过亿的影片达到 45 部，比 2011 年的 38 部增长 18.4%，其中票房过 5 亿元的影片为 8 部，比 2011 年多出 6 部。票房产出在档期中的规律出现一些新特点，受进口片增加配额的影响，影片上映与档期信息极不对称。以年末贺岁档为例，大小影片都不断调档，市场节奏变幻无常。个中原因，首先是制作掣肘或是出于票房考虑，前者以《一代宗师》为最；《十二生肖》《人再囧途之泰囧》《大上海》无一例外均修改过上映档期。其次是市场快速发展与经营模式的滞后。真正有观众，有影响力的影片无论在什么档期皆能胜出。《寒战》、《少年派的奇幻漂流》及《人再囧途之泰囧》的市场路径就是依靠口碑和成功的市场定位成为各自档期的黑马。"好档期必出好票房"变得无从考据，市场明确提示了档期常态化经营是正确途径。

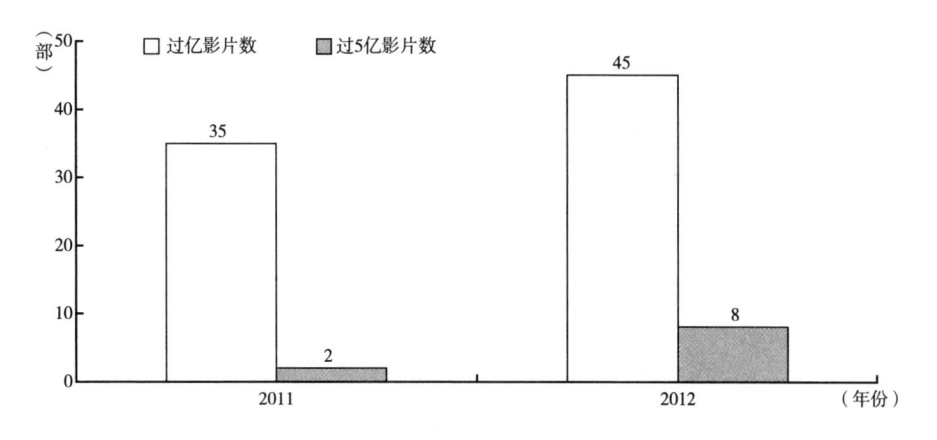

图 2 2011~2012 年国内票房收入过亿影片数量

数据来源：中国电影专项基金办。

（三）院线增加带动影院建设速度居高不下，单一院线影响力减弱

2012 国内院线增至 47 条，有 25 条院线年度票房超过亿元，万达院线、上海联和、中影星美、中影南方、广州金逸、广东大地 6 条院线单一票房均超过 10 亿元，院线市场格局变化极大，虽然万达院线一直领先全国，但传统意义上的一条院线独大、垄断票房的状况不再出现。产业的快速成长进一

步推动了影院建设的发展。连续几年中国市场银幕增长率居全球之首。2011年，中国市场日均增长银幕数高达8块。2012年，日均新增银幕达到10.5块左右。目前全国处于经营状态的影院有3000多家，经常性营业的影院2500家，全国银幕总数达到13118块，中国内地银幕数仅次于美国，成为全球规模第二的电影市场。

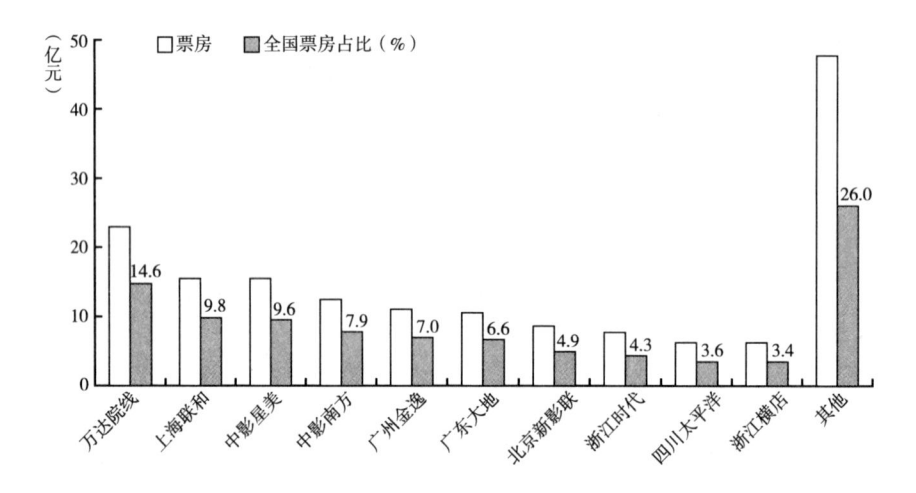

图3　2012年主要43条院线票房占比

数据来源：中国电影专项基金办。

（四）一、二线主流城市仍是票房产出主力，票仓城市队伍不断扩大

2012年票房产出城市排名中，有37个城市过亿，比2011年增加了5个；其中有7个城市超过5亿元，分别为北京、上海、广州、深圳、成都、武汉、重庆。以2012年9月票房为例，主要8个票房产出城市——北京、上海、广州、深圳、成都、武汉、重庆、杭州占比为41%，而包括这8个城市在内的32个票房过亿城市①（以下称"票仓城市"）票房占比为71%，

---

① 32个票房过亿城市，又称"票仓城市"：北京、上海、广州、深圳、成都、武汉、重庆、杭州、南京、西安、苏州、天津、沈阳、宁波、郑州、昆明、长沙、大连、无锡、长春、哈尔滨、佛山、福州、合肥、东莞、厦门、温州、青岛、常州、南昌、济南、南宁，均为中国一、二线主流经济和票房产出最多的城市。2012年的票仓城市增加到37个。

可见经济文化等综合因素决定了票房产出，而这些城市的票房潜力依旧巨大。

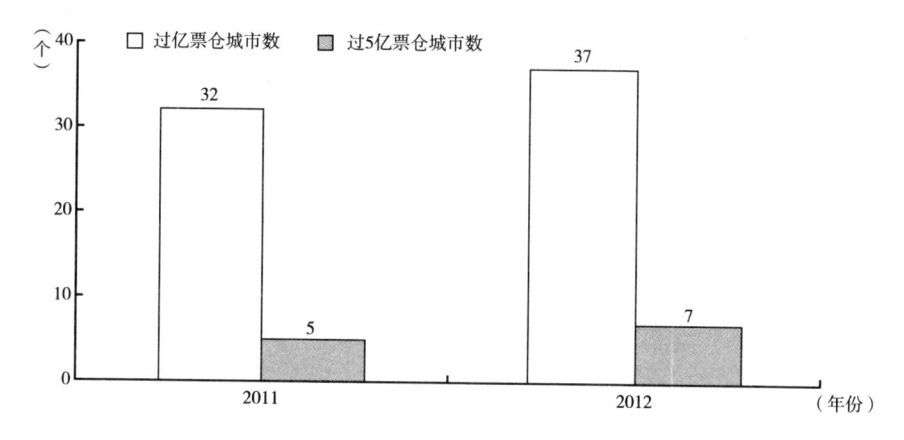

图4　2011~2012年国内票房收入过亿城市数量

数据来源：中国电影专项基金办。

票房和影院的高速增长，除了电影内容与产量的原因外，有效观影人次上升给市场与产业发展带来不容低估的贡献。到影院看电影的人多了，影院非票房收入同时增加，对于渴望寻找品牌营销新思路的广告主而言，观影人群的消费特质、庞大基数以及蕴藏的巨大消费潜力，为各商业广告主投放增加了无限可能性。2012年电影映前广告的价值越来越受到影院和广告主的重视了。

在经济高速发展中新兴视频媒体因具备"发现、定义、呈现、到达"的高效特性而备受商家关注。电影就是这类媒体载体之一，具体表现形式即电影映前广告。时下中国社会，随着经济发展，人们在经济物质生活极大丰富后，对精神文化娱乐的需求不断增长，大众的娱乐文化、娱乐需求在一些特定时候呈现出强烈的刚性需求特点。同时，在消费品牌同质化日益严重的广告市场，传统媒体的日渐弱化，使其广告投放价值随之弱化，都市主流消费群体越来越受到新兴视频媒体，如网络视频、电影大银幕等吸引。电影媒体因其具有优质影院资源是各大都市、中等城市人流量最大的场所，而具备资源稀缺之特点。因此，将娱乐内容、话题关注度和大视频之优势融为一体的电影映前广告，成为今天经济社会中备受关注的广告载体，电影媒体之迅速崛起是必然趋势。

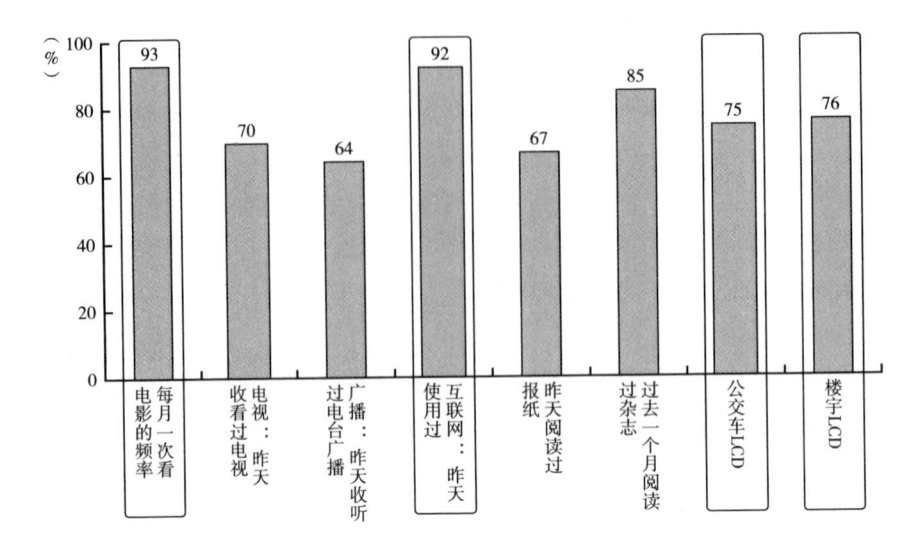

图5 15~45岁人群媒体接触习惯

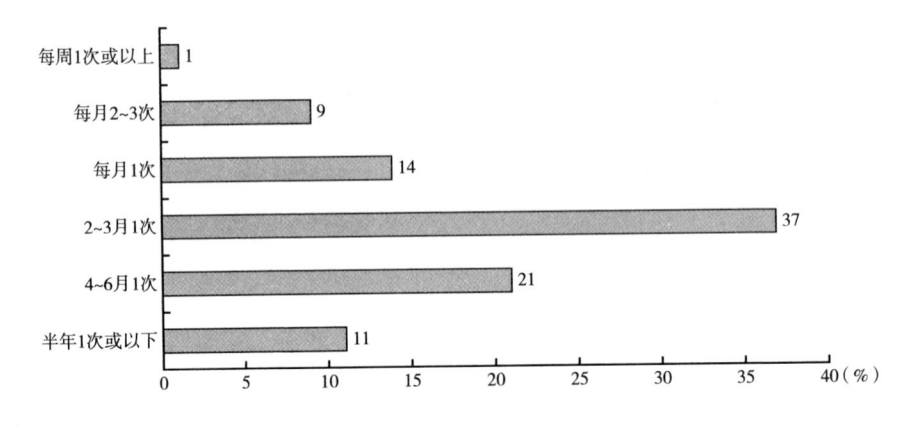

（电影每月一次看的频率 93；电视：昨天收看过电视 70；广播：昨天收听过电台广播 64；互联网：昨天使用过 92；报纸：昨天阅读过 67；过去一个月阅读过杂志 85；公交车LCD 75；楼宇LCD 76）

图6 近年来电影观影频次变化

（每周1次或以上 1；每月2~3次 9；每月1次 14；2~3月1次 37；4~6月1次 21；半年1次或以下 11）

数据来源：CMMS人群研究，2012年春。

二 全球视野下的中国电影映前广告

（一）电影映前广告的定义与沿革

一直以来，媒体及行业内对于电影映前广告的定义仍不清晰。本文研究的电影映前广告,即在影院内电影正片播放之前放映的银幕广告。在不同的时期,映前广告有不同的定义。大体分为以下三个阶段。

1995~2002年,贴片就是映前广告。1995年肯德基作为第一条贴片广告形式出现,意味着贴片时代到来。

2005~2011年,贴片与"包月包厅"广告统称为映前广告。随着贴片广告影响力及份额的持续下降,"银幕巨阵"为"包月包厅"形式的代表。

2011年10月10日至今,贴片逐渐退出历史舞台,包月包厅成主流。自出台《电影贴片广告、映前广告自律规则》政策之后,贴片广告与映前广告在播放位置上差别不大,故电影正片放映之前的广告只有一种模式——映前广告,为5分钟稀缺资源。保守估计,目前的大致占比为:包月包厅80%,贴片20%。

表1 2011~2012年全国贴片趋势

年份	上映影片数	附着贴片影片数	贴片条数	占比	趋势
2011	245部	55部	210条	22%	降幅高达71%
2012年前10个月	226部	33部	59条	14%	

数据来源:央视三维电影映前广告上刊执行报告统计。

贴片逐渐退出的原因:一方面,附加在单一影片投放广告,有不确定的风险。最能吸引广告主的中外大片,受政策环境、档期变幻莫测、观影受众需求等的影响,广告投放周期难以计划,不确定性因素太多;正在成长中的中国电影市场票房黑马频出,惊喜皆在不经意间。例如,2012年最高票房与人气双冠王的《人再囧途之泰囧》,之前就是一部正常的喜剧片,难入贴片广告主的眼。

另一方面,进入市场影片数量的增多,贴片消耗周期急剧缩短,影院与银幕越来越多,广告投放场次消化越来越快,不少影片票房和人次的高峰期出现在第二周,贴片模式随单一影片发行受限制,投放影响力每况愈下,如需达到之前同等广告效果,必然要求广告主大幅提高广告预算,令其难以接受。诸多因素导致贴片模式不再受青睐,贴片大幅度退出电影映前广告是趋势。

(二) 与国外成熟市场相比,中国电影映前广告市场潜力巨大

从影院经营角度看,影院人流量多,会给影院带来非票房收入。对于寻

找机遇、推广品牌营销的广告主,观影人群的消费特质和日益增长的消费基数,为其广告投放实现价值提供了无限可能性。对于观影受众来说,看电影是娱乐休闲的方式,长此以往就成为自己生活中的一种精神文化消费习惯。在电影映前看广告,等待中的信息接收,大多并无反感,或感到不适。从广告中获得与自己价值观、消费观匹配的商品消费导向,是观影中的附加收获。所以,电影映前广告的价值也就越来越受到影院和广告主的重视,受众也爱上这种独特的广告形式。

与北美等国外成熟市场相比,中国电影产业尚在初级阶段,影院非票房收入比较单一,电影映前广告的发展亦处于逐渐呈规模化的过程之中。以北美为例,其GDP与电影票房的基数相对较大,影院映前广告的品类繁多且成熟,这些因素共同导致其营收基数比中国高出许多。2012年北美票房总收入约为108亿美元,按常规5%的占比,其映前广告营收约为5.4亿美元。

中国电影映前广告2012年整体营收额在10亿元左右(含贴片等其他形式在影院发布的广告收入),占影院票房收入的5.8%。2011年电影映前广告只占3%左右,如此比较国内电影映前广告的潜力也在逐步开掘和提升中。

首先,电影映前广告投放量以每年平均超过30%的幅度增长。以电影映前广告投放刊例值计算,2011年,投放刊例值为14亿元左右,2012年就达到18亿元左右。

其次,电影映前广告涵盖类别由多样化向类型化转变。2012年,以LV、芝华士、百利甜酒等为代表的全球奢侈品牌大力度投入电影映前广告,越来越多的时尚潮流品牌进驻这一高度内容化、娱乐化和话题性媒体平台。真正契合影院媒体的高端品类的出现,表明电影映前广告的价值正在逐步体现。

经过几年的经营,映前广告品类从单一的汽车类,发展到目前的多样化品类(截至2011年,映前广告投放涵盖20个品类左右,Top10占据80%左右,分别是交通、通信、饮料、房地产、网络、IT/数码、食品、金融、日化品类)。2012年新兴品类增加了3~5类,主要是奢侈品、日化类、酒类。其中知名奢侈品牌首次投放在电影映前广告,标志着与电影媒体高度契合的时尚个性品牌开始认识到电影映前广告的传播价值,电影映前广告类别朝类型化方向发展。

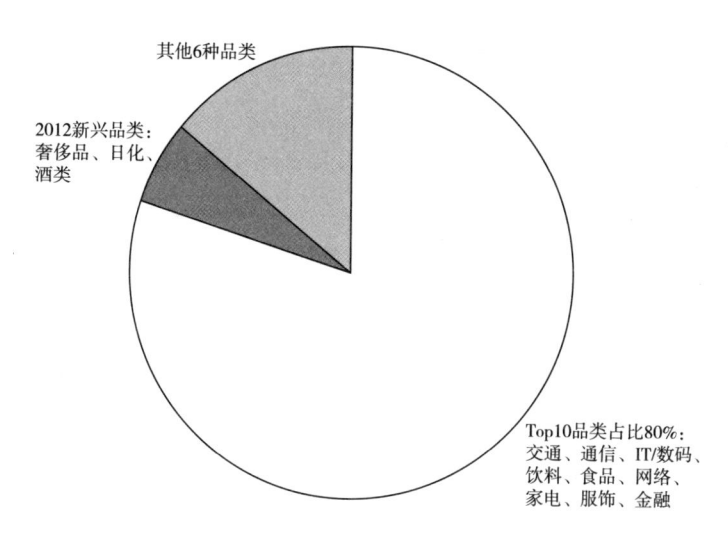

图 7 2012 年中国电影映前广告品类占比

数据来源：央视三维电影映前广告上刊执行报告统计。

最后，映前广告投放呈现常态化趋势。近年来，随着电影市场的高度繁荣和映前广告传播效力越来越被认可，越来越多的品牌加入常态化投放的行列。以联想集团的电影映前广告投放为例，自 2010 年初至今，其在央视三维旗下影院进行的全年常态投放收效甚丰，无论是新产品上市、固有产品促销还是品牌形象维护，都在影院大银幕得到精彩呈现。电影映前广告的真正价值——针对都市领先型消费群体的高关注度、娱乐化、内容化整合营销传播得到充分体现。

总体而言，中国电影映前广告发展潜力巨大。由于电影产业受政策、经济影响大，附加在产业之上的电影映前广告均受此影响，与国外成熟电影市场相比，存在较大的差距。同时，中国地域广阔，经济发展不平衡，地区间电影市场也不平衡，这就增加了广告主投放的不确定性，使其难以长期规划投放目标。

例如，广告主一般青睐的国内一、二线城市，电影映前广告收入可达到影院非票房收入的 5%～8%；而中国更多的二、三线城市虽然经济发展速度也很快，但是难入广告大户法眼，如青岛、绍兴等城市电影映前广告仅占非票房收入 2%～3%。在电影映前广告上，这种以城市大小来决定广告投放，轻视快速崛起的二、三线城市的投放策略，阻碍了相关品类广告投放价值的下沉度。

从电影放映市场发展趋势看，一条院线，即使是跨省院线的影院的覆盖与票房影响力均无法满足广告主对市场推广的需求。影院资源优化而灵活组合，市场效益最大化，才能赢得广告主的信赖，实现常态化投放与合作。

单一院线的覆盖与票房影响力正在减弱。5年前，国内主流院线在起步阶段，大型院线的覆盖面与票房影响力十分突出，这使得大型院线掌控着较强的话语权。随着国内影院建设的井喷式增长及新院线进入，院线间尤其是超大院线差距就在伯仲之间。院线各层级间差距的逐步缩小，给电影映前广告的运营提出新的信息。2012年已有47条院线，6条超大院线中，任意两条院线产生的票房就可超越排名第一的院线。

伴随着中国电影市场和产业链的高速发展，映前广告市场得到快速发展。同时，这一产业板块则需要专业的媒体机构来实现其产业边际价值的创造与提升。由此，承载广告主与电影之间深度沟通的映前广告经营主体——电影映前广告运营机构（简称"电影传媒"）的作用就日益受到重视，并在2012年实现了快速发展，形成一定的规模和格局。

三 电影映前广告运营理念

（一）国内映前广告典型模式：央视三维电影传媒

央视三维电影传媒成立于1998年，是中国最早的专业电影广告公司之一。独立运营的案例包括：

2001年，首推贴片广告按场次计费，开创了中国贴片广告科学计费的历史。

2002年，策划实施"《英雄》与手机多普达"电影整合传播活动。

2005年，推出"银幕巨阵"全国高端影院映前广告联播网，开创中国电影广告"媒体化运作"新时代。

2008年推出"影院终端全线无缝化整合传播"概念，为客户打造全新的影院终端"线上＋线下"整合营销传播理念。

2010年，率先实现了电影媒体全制式的覆盖。

2011年，推出"巨阵式"映前广告新业务，提供更全面多元的电影媒体整合传播服务。

央视三维电影传媒作为电影映前广告运营机构的代表，在行业概念化、精细化以及前瞻性方面做了许多积极而有效的尝试。从广告客户角度考量，则主要通过行业与广告主两方面来实现电影映前广告的投放价值。

（二）提升优质影院资源控制力，实现投放价值最大化

1. 票仓城市+价值商圈+优质资源的核心影响力

截至2012年12月，在全国可统计的2673家影院中，全国Top400影院所产出的票房占到六成以上，其中优质影院票房占到56%，基本上可以代表主流电影市场的走向，是电影放映市场的风向标。

以国内9月票房产出为例，在全国票仓城市中，价值商圈的优质影院贡献的票房占比达到全国票房的45.4%，而在其中的主要8个城市又占比54.5%，在Top400电影院票房中的市场份额占据46.8%。票仓城市14%的影院资源获得了88%的票房。

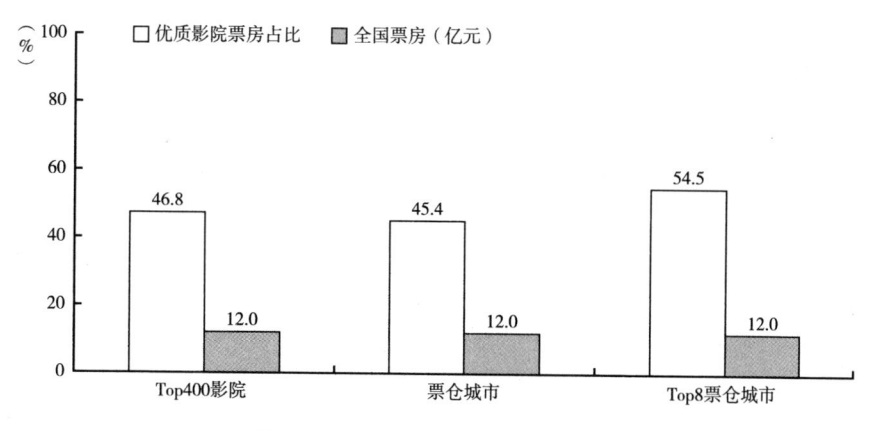

图8 2012年9月国内票房产出比例

数据来源：中国电影专项基金办。

对广告主而言，票仓城市才是有投放价值的市场。城市主流消费群体和最有效的品牌口碑传播者，共同促成了广告传播的有效到达。

在票价不变的情况下，票房产出高说明该城市观影人次多，看电影的人多了，看电影映前广告的人自然就多，其品牌传播的到达率及效果才有保障。

2. "包月包厅" + 监播体系，保障广告覆盖率

由于贴片退市渐成不争的事实，目前电影映前广告基本是以"包月包厅80% + 贴片20%"的形式存在，基本模式为全影片、优质影院全影厅包月形式的"银幕巨阵"模式。未来的电影映前广告就是包月包厅广告。同时，"银幕巨阵"衍生而来的影院阵地落地延展模式，为广告主提供了更多可能。

广告主投放映前广告的执行与效果反馈十分重要。通过第三方监测机构CTR，以周为单位，提供实时广告投放、执行监测和广告效果调研。广告主可实时了解电影映前广告实际播放情况，以及广告实际播放后观众的反馈效果，并对观众结构、习惯等进行量化。

对于投放下刊客户，影院提供广告结案报告和由影院盖章的书面场次报告；对于特定的客户，影院可提供个案广告效果调研报告，内容涉及广告到达率、广告偏好、广告记忆度、广告对品牌的影响、广告对产品的预购情况、品牌在影院受众中的认知情况等，全方位保障广告传播效果，并给广告主提供一定的价值参考。

3. 精细化挖掘影院数据，凸显媒体的精准传播价值

通过对2012年全年票房按周统计发现：全年档期状况与往年出现了一些很有趣的变化。档期排片失误最多的明显出现在5~6月和7~8月的暑期档，这些按惯例都应是票房高峰的档期却没有出现预期票房收入，这意味着该档期的观影人次并未出现上升，对于广告主的映前广告投放效果会有一定的影响。因此，精细化挖掘影院数据对于帮助广告主进行规模有序投放具有权威的指导意义，有利于引导其走向常态投放的新思路，在减少投放预算成本的同时取得效果最大化。

细化数据分析对于电影市场也有一定的前瞻性导向作用。电影市场若能实现档期市场有计划调节，进一步放开电影内容及发行，使电影专业机构的管理更规范化和制度化，中国电影市场将拥有持续增长的动力。

然而，我国档期内在潜力尚不能准确预测。按照世界电影的规律预测,未来3~5年,国产片与进口片份额的波动起伏是一种正常现象。从全球电影市场看,由于好莱坞电影工业的强势地位,各国本土电影份额大多在40%以下,一般在20%左右,这是长久形成的一个电影市场现象。2013年进口片仍会增加,放映市场因有了各种类型的文化形式交融与碰撞,会吸引更多的人走进影院。观影人次的上升是中国电影持续增长的根本驱动力,由此带来影院非票房收入的增长空间会不断扩大,电影映前广告也会随之发展。

电影传媒有了对优质核心影院资源的控制力,才能把控市场趋势。电影映前广告业只有完成从粗放向精细转变,更好地管理和整合广告资源,努力拓展潜在广告资源,才能在电影产业链条中得到更加广阔的成长空间,在产业发展中发挥更大作用。

(三) 引导投放新思路,助推客户品牌传播最大化

1. 观影人次价值是第一位

电影映前广告主曾有的疑惑:电影媒体属于新兴的媒体平台,如果没有权威指导,仅凭影院票房占比数字就决定投放与否,对广告投放效果不会有确定把握。事实上,广告主在做抉择时,都有电影映前广告效果投放预期排序——投放城市影响力排名,但这不能完全指导投放预算。广告客户看的是效果,是投放广告后的市场结果。目前电影传媒在传达给广告主媒体优势时,有时会忽略一个重要的概念——观影人次。广告主一方面关注票房,另一方面更关心到影院看电影的人次,因为这直接影响到他的广告到达率。同样是一部票房超过12亿元的国产片,《人再囧途之泰囧》的观影人次是3000多万,《十二生肖》的观影人次只有2200多万,从广告受众到达率看《人再囧途之泰囧》高出《十二生肖》三成以上。因此,影院票房所覆盖的观影人次,是广告到达率的真实反映,对电影映前广告客户应该是越来越重要的。

对于想要尝试多元化媒体投放的广告主来说,无论是票房覆盖,还是人次覆盖,优质核心影院资源综合比较成本最低,性价比高,产生的广告传播效果尤佳。因此,不断强调核心影院观影人次带来的广告投放传播价值,可以增强广告主投放意愿并形成常态投放。

创意媒体（第一辑）

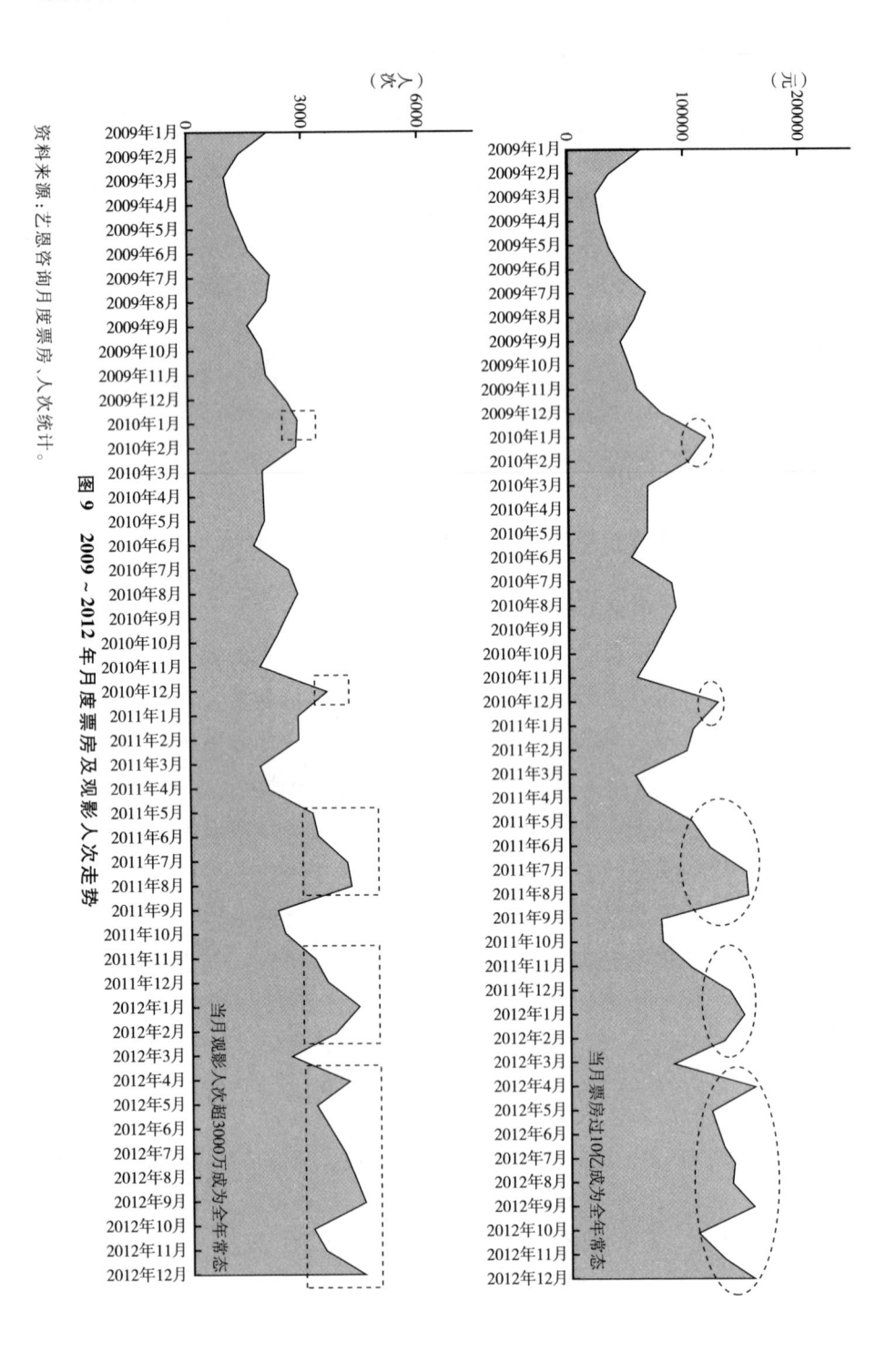

图 9 2009～2012 年月度票房及观影人次走势

资料来源：艺恩咨询月度票房、人次统计。

2. 影院娱乐平台给广告客户提供新的营销思路

时下，国内电影市场通过权威票房实时更新数据，对全国3000多家影院和47条院线的票房信息监测率高达98%，可为客户提供完整的数据参考，帮助客户选择最佳投放方案。由新生代公司CMMS和H3新富人群调查[①]提供的观影人群数据，可帮助客户了解不同人群的消费习惯、生活形态等跨媒体比较的媒体价值类信息；还提供分城市电影媒体组合到达率数据，此数据运用于客户若选择单一传统电视媒体投放后，电影院媒体作为补充媒体，可增加的新人群到达率对比。

四 电影映前广告市场的不足

电影映前广告是电影产业下游链条上的附加增值环节，并非独立的个体，与中国电影市场和电影产业化发展密不可分。观察2012年电影映前广告板块，我们可以看到其中的不足。

（一）电影映前广告缺乏规范操作细则

调查显示，国外影院的电影映前广告长度多为20～30分钟，甚至在电影放映中场休息时插播广告，观众大多可以接受。相比之下，国内电影映前广告环境就不那么宽松，播放形式也显得过于单一。

借鉴北美等成熟电影市场，我国电影产业可适当增加映前广告时长，延伸增值空间。建议：每年由电影业权威机构发布影院映前广告相关数据，评估电影映前广告对影院经营及中国电影产业链的影响，体现电影媒体在产业链中的作用，为行业有序、健康发展提供导向。例如：2012年2月出台的进口片配额文件，由于国内电影产业没有应对的心理准备及有效措施，国产片的下降等不利因素被媒体夸大，对电影映前广告市场的发展造成了不利影响，而电影传媒的声音没有得到体现。当然，可能性之一在于，映前广告时间从5分钟加长到10～15分钟，这也是观影受众可接受的底线。

---

① CMMS数据提供了15～64岁中国城市居民的生活形态、所用产品及品牌的使用状况，以及大众消费者对报纸、杂志、电视、广播、电影和户外媒体的态度和接受程度；H3新富人群是指一线城市家庭年收入8万元以上，二线城市家庭年收入在6万元以上的人群，调查内容涉及中国主要城市新富人群的媒体接触习惯、产品/品牌消费习惯和生活形态。

电影传媒时下面临的最大问题不仅有行业内同类企业间的市场竞争，还有来自产业终端平台——影院的影响。现在购买影院的广告播放成本上升太快已成电影映前广告发展的瓶颈。一方面，这与电影传媒对影院平台依附度高有关。电影传媒是一个电影内容平台，必须通过影院来传播与施行；同时也与不同的电影传媒的发展战略有关，有的公司其定位是中高端优质影院，这样在一线城市，中高端影院资源争夺就很激烈。另一方面，一些影院本身未意识到影院与电影传媒间相辅相成的依赖关系、广告给影院带来的非票房收入的作用以及对投资者的影响。电影传媒发展至今，由于没有一个行业性组织，其诉求和话语权相对较弱，需要寻找一个有效的解决办法。

（二）行业自律及共识有待完善

新生事物总是在成长与发展中存在诸多不确定性，电影传媒的发展也是如此。由于时下有关这一板块的政策法规不完善、不明确，行业内对电影映前广告市场认识不一，缺乏对于行业长远发展的共识，导致市场上电影映前广告企业间竞争恶化，主要以低价竞争争抢资源，有的出现严重后果，过低、过乱的电影映前广告刊例价使得外界对电影媒体的质疑声不断。

低价恶性竞争也导致电影映前广告品类参差不齐，与电影受众本身的"品质人群"特性相违背，无法有效实现传播品牌价值；同时低价竞争使影院所投放广告质量下滑，影响了广告的传播效果。这些都需要国家或行业内政策给以积极扶持与引导。

与北美等相对成熟和发达的电影市场相比，国内电影市场在影片排期和档期认识上缺乏信心和可公开的预期。这些对于市场提升和观影受众都有不可小视的负面影响。电影映前广告是依附在产业终端市场的一个可形成边际经济效益的板块，也会受到终端市场的负面因素影响。电影终端若没有充分释放能量的空间，市场就不可能健康、循序渐进发展。

五　2013年电影映前广告发展与展望

（一）市场大环境利好，增长可持续

1. 2013年全球经济大环境利好，广告市场青睐视频媒体

在经历了全球经济危机后，2012年经济改革调整已初见成效。预计

2013年经济环境将趋于利好,经济文化等各方面将会有所提振。

广告市场方面,广告主更倾向全视频大媒体。网络视频媒体、户外大型视频广告牌等已展现出强大的媒体传播价值。以纽约时代广场为例,时代广场一座基本空置的写字楼估值可以达到4.95亿美元,全靠LED大型户外广告支撑,仅广告位出租一项业务,这个小小的梯形建筑每年就可实现逾300万美元的收入。视频媒体受青睐凸显了电影媒体平台独特的先天优势,如银幕表现力、娱乐内容化、时尚热点、话题性等,在未来赢得广告主青睐的机会有目共睹。

中国电影产业软实力与国家名片的效应,使国家政府进一步从政策上支持电影产业的发展。这样作为产业链条下游的一个环节,电影映前广告业将迎来又一个新的发展契机。

2. 年度引进片增加,国产片实力增长

2013年引进片数量持续增加,其中从美国引进的电影配额将有可能增加至40部左右。国产影片质量提高,类型、题材的丰富,都有利于市场产品娱乐性和观赏性的提高。吸引观众、引导观众更多消费电影是2013年电影市场主旋律。

3. 尊重受众与科学调控档期

尊重观众和科学调控档期将是2013年市场的关注点。逐步形成的中国影片档期制度,对市场和观众,对电影映前广告投放广告主来说,都是福音。有了诸如2012年贺岁档《一九四二》与《王的盛宴》的失落、《人再囧途之泰囧》与《一代宗师》的前车之鉴,2013年这一状况将得到积极改观。

4. 一、二线城市影院资源优化整合

在经过近七年的快速发展,尤其是2010年爆发式增长后,未来影院建设增长势头将会维持在一定幅度。一、二线城市影院资源初现优胜劣汰。2013年全国影院开始进入整合期,如UME院线、恒大等都已进行优质核心资源的重新整合。

电影市场票房将由"唯票价论"向"人次论"转变。例如:电影传媒一直强调观影人次对于电影票房以及映前广告主的重要作用;新开影院改变思路,打出"建设升级、票价不涨"的口号;包括现在的影院特色影票推广策略和影院附加值的渠道等,都在吸引人次上寻求突破。中国电影市场各方已达成共识，不再以提高票价来增加票房。

2012年的观影人次已上升至4.72亿。2013年，票价下降幅度不会太大，对票房上升的作用不明显。以现行平均票价35元为标准，未来票价大多降至25～28元，观影人次会有20%～30%以上的增长，对票房的拉升作用较大，培养受众观影习惯，将是市场持续增长的关键。据统计，2012年观影人次4.72亿，以现有6.7亿城镇人口每人每年观影1.5次计算（美国等发达国家为每年5.7次），甚至忽略票价的因素，票房的前景也是十分美好的。因此，我们需要转变观念：只要保持观影人次增长，票房就可再次爆发，这对电影媒体的广告主的吸引力与日俱增，对拉动电影映前广告投放十分利好。靠观影人次来拉动票房，这是未来中国电影产业的趋势和愿景。

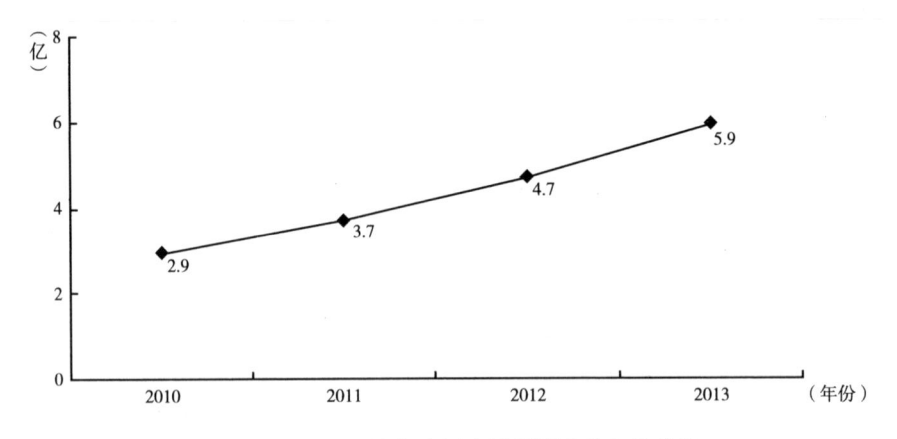

图10　2010～2013年中国电影观影人次变化趋势

数据来源：2010～2012年数据来源于《中国电影报》。

（二）电影映前广告市场持续增长，电影媒体价值进一步凸显

在2012年之前，进入中国的国际品牌尚不太了解中国电影市场，现在的中国电影市场已上升至全球第二大市场，其在世界的影响力越来越大。全球知名品牌也开始慢慢关注中国电影市场映前广告的潜力。奢侈品类影院媒体广告的集体投入，标志着电影传媒价值开始规模化显现。这是对电影映前广告行业的认可，其推动作用是积极的。

1. 电影映前广告呈常态投放趋势显现

据2012年统计数据，经过几年的经营，映前广告投放品类已由汽车类

向奢侈品、时尚潮流个性品类扩张，并呈现类型化、常态化趋势。2012年，以LV、芝华士、百利甜酒等为代表的全球奢侈品牌大力度投放电影映前广告，势必带动越来越多的时尚潮流品牌进入这一高度内容化、娱乐化和话题性媒体平台，以联想品牌为代表的广告品类的常态化投放，预示着电影映前广告的价值正在逐步体现，电影传媒的作用也有雏形。

2. 媒体与品牌的同台效应愈发凸显

品牌的规模化入驻与常态投放，既提升了电影媒体的价值，又促进品牌相互之间的合众效应，在吸引更多固有品牌加入的同时，助推新兴品牌调性上扬，给观影受众带来不同品牌共荣汇聚的"同台盛宴"。

综上所述，在经济形势利好、电影市场更加开放的积极姿态作为下，2013年的映前广告仍将继续呈现超过30%的上升幅度，同时吸引更多品牌回归，带动电影媒体良性健康发展，从而助推电影产业化进程。在未来大视频全媒体多频时代，依托影院大银幕的电影映前广告大有可为！

社交媒体铸就中国低成本
电影"盈"销新时代

刘 磊[*]

【内容提要】 回顾2012~2013年上半年的中国电影市场，电影营销已经进入了新媒体影响下的"盈"销新时代，特别是很多低成本影片运用社交媒体与消费者进行互动沟通的宣传造势，为中国低成本电影开启了"盈"销新思路。面对这种复杂的新形势，本文首先描述国内社交媒体的现状与特征，进而结合相关案例、数据解析了电影营销策略。最后提出了电影企业在社交媒体营销中存在的问题并给出了建议。

【关键词】 中国低成本电影　社交媒体　电影营销

当今世界正朝着全球市场一体化、企业生存数字化、商业竞争国际化的趋势高速发展，在以互联网、知识经济、高新技术为代表的新经济时代下，新媒体的快速发展正改变着现代社会信息的传播方式、受众信息的处理和生活方式，同时也促进了电影市场营销领域的重大变革。从广义上讲，电影市场营销是电影自身的营销，即把影片作为产品对其进行的一系列营销推广活动。[①] 而从传统时代到网络时代，营销方式也从传统的 AIDMA 法则（Attention 关注、Interest 兴趣、Desire 渴望、Memory 记忆、Action 行动）逐渐转向了网络特质的 AISAS 的模式（Attention 关注、Interest 兴趣、

---

[*] 刘磊，北京电影学院现代创意媒体学院传媒管理系电影市场教研室主任。
[①] 林俊逸：《中国电影整合营销关键报告》，中国电影出版社，2010，第1页。

Search 搜索、Action 行动、Share 分享)。菲利普·科特勒在《营销管理》中指出：技术进步、顾客强势和定制化描绘出了当今数字化时代营销传播的新趋势。①

近几年，随着中国电影产业的逐渐成熟，电影营销越来越凸显其重要性，营销方式和宣传渠道也更加多元化。尤其是在大片如潮的今天，中小成本影片也在进行不断开拓和积极的创新，越来越多的小成本电影改变以往的宣发模式，将新媒体作为主力战场，通过各种营销手段来实现电影低成本投入情况下的高覆盖和精准推广。根据 CNNIC 统计报告："2013 年 6 月底网民规模达到 5.91 亿，手机网民达 4.64 亿，不考虑重叠部分，中国网民整体接近 10 亿，10 亿网民与观影群体高度契合。"② 而以微博、微信为代表的社交媒体已成为网民最受欢迎的社会化媒体，其最大的特性就是用户决定内容，用户既是受众，又是渠道，用户自己掌握所发出的信息，使其成为一个很好的广告渠道。关注和转发的功能，又让它变成社会化媒体，其价值是直达受众、快速传播。而在电影市场营销中要充分利用好社会化媒体的特性，以满足不同"盈利模式"的目的。这种全方位营销策略，给中国低成本电影的营销提出了鲜明的盈利模式价值定位。

一 中国社交媒体的现状与特征

全球社交媒体正在进行爆炸式增长，中国无疑引领着这一潮流。麦肯锡一项新的针对 5700 名中国互联网用户的调研发现："一、二、三线城市居民的社交媒体注册率高达 95%，并且中国也拥有全球最活跃的社交媒体用户群，高达 91% 的受访者表示，最近六个月曾登录社交媒体，此一比例远高于日本的 30%、美国的 67%、韩国的 70%。"③

与世界各地的用户一样，中国互联网用户也流行发短信和分享照片，但中国存在一个突出特征，那就是社交媒体对中国消费者购买决定的影响比其他国家和地区更大。中国消费者表示，社交媒体上提到的产品，他们考虑购

---

① 菲利普·科特勒、凯文·莱恩·凯勒：《营销管理》（第 12 版），上海人民出版社，2006，第 3 页。
② 中国互联网信息中心（CNNIC）：《第 32 次中国互联网发展状况统计报告》。
③ 麦肯锡报告：《了解中国的数字消费者》，2011。

买的可能性较大；朋友或熟人在社交媒体推荐的产品及服务，他们实际购买的可能性也较大。其中部分原因与文化差异有关："中国消费者一直特别重视亲朋好友的推荐；一般而言，中国消费者对部分新闻媒体和广告提供的信息心存疑虑。"[①] 与欧美社交网站相比，中国的社交网站既有共性，更有特性：一般人反而比较依赖亲友圈和意见领袖的口碑评价，而这些信息往往通过社交媒体进行分享。

表1 中国社交网站的共性与特性

中国社交网络名称	共性与特性
微信	一款由腾讯公司推出的,支持多平台,旨在促进人与人沟通与交流的移动即时通信软件,具有零资费、跨平台、拍照发给好友、发手机图片、移动即时通信等功能
QQ空间	为腾讯公司控股所持有,结合该公司热门的互联网信息工具,用户可以通过建立个人网页来发布最新信息、照片、视频等
新浪微博	中文"微博"二字代表微型博客,在微博上可以发布140个字以内的信息、上传相片和视频,以及朋友之间互传信息等
人人网	人人代表人与人之间的沟通,最初仅流行于大学生之间,尽管已向大众开放,用户仍多为大学生和刚毕业的年轻人
开心网	该公司以在线游戏起家,主攻白领上班族,剖析中国独特的社交媒体用户行为

表2 中国社交网站用户的六大动机和行为特征

特征	内容
热衷社交型	花大部分时间经营友谊人脉,约占社交媒体用户15%
积极转发型	占15%,此类用户不发表原创内容,但积极转发笑话等,通常粉丝极多
安静阅读型	占14%,通常只看内容,不发布个人意见
发表意见型	约占14%,热衷发布个人看法,而且往往是强烈的观点,同时被转发量巨大
QQ连带型	占21%,他们的参与性很低。这类用户是因为使用腾讯QQ实时讯息服务,而连接到社交媒体,但很少实际参与
闲置静止型	约占21%,虽然在社交媒体上注册,但没有任何实质性参与

---

① 邱心怡、林璟骅、温雅力：《中国社交媒体铸就消费新时代》，2012，第2~4页。

二 社交媒体影响下的中国低成本电影"盈"销新时代

2013年上半年,中国电影票房已经达到了109.94亿元,同比增长36.2%,其中国产票房收入68.5亿元,占总票房的62.3%。[①] 经过十年的产业化改革,中国现已成为世界第二大电影市场和第三大电影生产国。内地电影市场的迅猛发展,使得越来越多的欧美影片以及中国香港、台湾影片均参与进来瓜分这块大蛋糕,美国大片进口配额的增加又加剧了这种竞争。不难想象,整个华语市场将是一个看不见硝烟的战场。而国产中小成本影片面对的不仅是国内外大片的竞争,还有众多同是中小成本影片的厮杀,可谓是在夹缝中求生存。越来越多的小成本电影正改变以往的宣发模式,将新媒体作为主力战场。而社交媒体的特性和主要用户的属性为开展Web 2.0时代的低成本电影营销提供了天然的便利,以小博大的社交媒体营销逐步成为公关广告的新宠,其中就不乏发行商通过社交媒体平台进行电影营销的成功案例。在下文中,笔者将对中小成本电影的社交媒体营销方式进行梳理和解析。

(一)点评式营销——互动性强,口碑宣传

1. 互动性强

利用社交网络的营销平台跟观众频繁互动。在使用社交网络最多的人人网、豆瓣、微博、优酷上互动引发共鸣,将影片的信息以一种容易接受的方式推荐给观众。例如:2012年《人再囧途之泰囧》在各大社交平台的数据:"泰囧"在QQ空间里被提及1600多万条,新浪微博800多万条,豆瓣电影评价20多万条,人人网15万多条。[②] 在上映阶段,视频、台词、观众影评、截图恶搞等充斥着各大社交网络,短时间内在观众脑海里不断地浮现。比如王宝强超贱表情走红,遭到了网友们的各种搞怪PS。此次《人再囧途之泰囧》的传播内容有很多来自网友的原创,大家参与的方式不仅仅是转发。可以说,《人再囧途之泰囧》占据了"天时、地利、人和",所以它的

[①] 国家广播电影电视总局,http://www.sarft.gov.cn/。
[②] 《社会化媒体成就〈人再囧途之泰囧〉票房"奇葩"》,http://www.sootoo.com/content/395431.shtml。

成功本质上是一个产品的成功,它和互联网产品非常相似。概括起来有三点:更接地气、功能简明、制造口碑,而网络口碑营销是其很大的助推器。社交网络的崛起已在相当程度上改变了中国的消费市场,口碑的影响越来越大,以往的市场逻辑与游戏规则正在变化之中。在没有互联网尤其是微博这种社交网络之前,电影这种商品原本与流行无缘,因为它有档期的时间限制。但社交网络火爆之后,电影上映后的传播速度呈几何级上涨。

2. 口碑宣传

网络视频原创独家内容辅助电影宣传。例如,影片《人再囧途之泰囧》上映前,出品方就在网上发布了系列物料,主演徐峥、黄渤等也多次发微博力荐。此后该片还在PPTV、PPS、优酷等各大网络电视和视频网站捆绑广告,在醒目位置进行宣传造势。同时,剧组在不同城市举行免费试映会,精选试映族群,并在每场电影放映后与观众交流,树立了良好的口碑,迅速在互联网上发酵,产生轰动效应。《西游降魔篇》中的《天马行空》推出周星驰、黄渤的独家对话,以及成龙和马未都主持的《龙的系列》围绕电影的幕后秘闻调动了观众的观影欲望。视频网络化已经成为发展趋势,根据CNNIC统计报告,网络视频作为一种互联网使用方式,2012年国内用户数量增至4.5亿,年增长率达到20%,网民使用率从2011年底的63.4%升至70%,相较于其他网络娱乐方式呈逆势上扬之势,它已成为我国第五大互联网使用方式。

(二)个性化精确营销——"80后""90后"

分众(Audience-segmentation)、精确(Accuracy)、个性(Individuality)、交互(Interaction)可以被定性为造成实效传播的"AAII优势",也是社交媒体能否进行有效传播的关键因素。具有一项或者几项AAII中的优势组合,就可以成为社交媒体传播的实效标志。[①] 传统媒体营销是"广而告之",没有目标受众或找不到目标受众;而精确(Accuracy)就是让受众看到合适的广告。社交媒体营销的"精确"用低成本带来传播的实效,可以让广告主的投资回报率最大化。

尤其在低成本电影营销过程中,首先要有精确清晰的目标,"知己知

---

① 姜进章:《新媒体管理》,上海交通大学出版社,2012,第275页。

彼，百战百胜"。在策划阶段，对消费者的洞察是非常重要的，要求在对目标消费者精确定位和深度研究的基础上，寻找到策划的品牌能够传递给消费者功能利益或者情感利益的关键按钮。尤其是对"80后""90后"这样在不同媒体语境下成长的一代，他们在媒体接触和消费倾向上，都有很大的变化和不同。"80后"最明显的特征就是追求思维的独立性和目标导向的思维方式，而"90后"则对于"麦当劳"和"真功夫"在情感上没什么区别。要与"80后""90后"沟通，就应该学习他们的思维方式、语言方式并认同他们的行为特征。根据调研：2009年观影平均年龄是25.7岁，到了2013年已经变成了21.7岁。21岁正是一个大学生的年纪。[1] 因此，"80后""90后"就是中国电影消费的主力军，从某种意义上讲，抓住了他们就抓住了中国电影市场。而社交媒体的营销运作是"为一个客户群寻找一个产品"，这种"量身定做"使"80后""90后"的个性化需求得到彻底的满足。同时新媒体营销可以通过互联网获得关于影片概念或效果测试的反馈信息，也可以测试顾客的不同认知水平，从而更加容易地对影迷的心理和偏好进行跟踪，并且针对目标受众群进行精确定位，将这种定位从一开始就融入剧本和拍摄执行之中，后期的推广也需迎合目标受众的喜好展开。[2] 电影是一种很纯粹地满足心理需求的产业，继而可以衍生出其他的收入来源。

（三）验证式参与营销——难以复制

验证式参与，是Web 2.0时代造就的社交媒体最关键的特性，也是新媒体营销能够带给消费者最重要的体验。曾经的单向"点对面"的营销传播模式有条件转变为"点对点"的传播。在传统营销时代，影迷与片方之间缺乏合适的沟通渠道或沟通成本太高，影迷一般只能针对现有影片提出建议或批评。此外大多数中小成本影片也缺乏足够成本用于宣传，他们只能凭借自己的认知或参考票房领导者的策略进行影片开发。而在网络环境下，这一状况有所改变。即使中小影片也可以通过线上讨论、微博或微信等社交媒体的方式，以极低的成本在影片宣传营销过程中对消费者进行即时的信息搜

---

[1] 《中国观影人群趋显年轻化 观众四年"小了"四岁》，http://www.m1905.com/news/20130621/663948_2.shtml。

[2] 文硕：《电影"盈"销传播》，清华大学出版社，2011，第7页。

索，消费者则有机会更加积极主动地表达自己的观点、传递自己的声音，即时自由地发表对影片的想法、建议或与片方进行积极的互动。这种基于与消费者互动沟通的社交媒体营销方式，对于中小成本影片的成功推广起到了巨大作用。

《致我们终将逝去的青春》上映三天票房已经过亿，首日票房超过了中国票房神话《人再囧途之泰囧》，延续了"青春文艺片"的票房奇迹。其实很多影迷并不是因为"听说这部电影好看"而买票进场的。在还没看过电影的时候，他们心中其实已经有了一层熟悉的了解，对电影基调和脉络也大概清楚。与其说是故事本身吸引影迷入场，不如说在还没看电影之前，它已四面八方地多次靠近影迷，被影迷认识。这种熟悉的感觉来自事先多次不知不觉甚至下意识地"参与"，成为整个电影预热环节的社交网络一环；在这种参与之下，买票入场已经不是单纯的娱乐，而是一种对前期参与的验证和完成。① 此外，《致我们终将逝去的青春》首映前，通过意见领袖提纲挈领式的总结，前期对大量微信、微博受众营造出的参与感和好奇心有了汇集出口，在电影上映前的最关键时刻，情绪得到了预想方向的引导，为影片票房初期爆发、营造下一步的宣传话题，储备了足够的潜在消费力。

三 中国低成本电影在社交媒体营销中存在的问题及建议

由于国内电影营销在社交媒体的领域起步较晚、市场尚未完全成熟等主客观方面的原因，国内电影的营销要从社交媒体中获取价值，面临着三大挑战。第一，许多电影企业的高管不熟悉社交媒体，也不知道如何从数据中挖掘影迷的行为洞见，或是将这些洞见转化为行动。第二，目前针对社交媒体的分析往往缺乏行动指导性。影片宣传方若想参与社交媒体这个领域，就必须建立相关的能力并强调执行力。第三，片方高管往往不确定如何将社交媒体洞见融入传统的品牌规划流程中，也不清楚应由谁来负责社交媒体，或是如何衡量其效益。探索如何通过社交媒体来创造价值的过程中，影片营销人员必须要从以下三大方面进行思考。

---

① 《〈致青春〉："验证式参与"营造的票房狂欢》，http://www.bosshr.com/shownews_39705.html。

（一）设定有效利用社交媒体的目标并建立对影迷的洞见

影片营销人员首先要确定希望通过社交媒体达到的业务目标，同时系统地追踪对同档期上映的影片的评论热潮及影迷的观点，从而掌握社交媒体的脉络，并找出对自己有影响力的重要平台和个人，特别是拥有庞大粉丝群的意见领袖。

（二）与社交媒体用户互动

电影营销人员应选择一些关键平台来建立关注度并接触目标客户，同时应该界定各平台在整体互动战略中所扮演的角色。另外，建立与影迷交流的平台并参与和影迷的双向对话也很重要，而不是宣传方自己唱独角戏。甚至主要演员应参与有趣的话题，例如通过观察影迷讨论的话题来决定参与哪些话题。此外，宣传方还可以举办活动，为具有重要影响力的用户创造亲身体验的机会，同时鼓励他们成为影片的拥护者。

（三）组织、IT配套和能力的培养

影片宣传方必须明确组织的需求，并招聘人才来填补关键能力缺口。影片营销人员可以使用社交媒体工具来了解影迷的讨论，应将对社交媒体的洞见和与社交媒体的互动纳入常态的商业流程。

结　语

如今中国电影产业日益繁荣，传统电影正在崩溃，全新格局正在诞生！互联网的出现，打破传统媒体的垄断地位，媒体进入"碎片化"时代，而社交媒体的出现，再次细化碎片，从而进入颗粒化媒体时代。电影营销的发行渠道和盈利模式也必须"碎片化""颗粒化"。推广、宣传、促销、广告的效果越来越弱；口碑、沟通、对话、分享、交流的效果越来越强，这些特性将互联网Web 2.0的特性发挥到极致，用户充分体验了即时沟通、适时共享的传播乐趣。制作平民化、载体数字化、作品微式化的兴起，是电影界融合了新技术、互联网视频、移动视频、多屏合一等元素进行跨媒体、跨终端、跨屏幕运作的结果，具有国际化的未来发展趋势。传统电影保持了100年的优势在与新媒体电影进行强硬碰撞的过程中，逐步瓦解、消失。

新媒体时代的电影营销

阎晓娟[*]

【内容提要】 随着数字化、网络化技术的普及与应用,新媒体已经渗透到人们生活的方方面面。新媒体时代的到来,给中国电影营销带来巨大发展契机的同时也带来了巨大的挑战。本文在分析传统的电影营销模式的基础上,深入把握新媒体给中国电影营销带来的巨大变革,并通过大量营销实例总结、归纳新媒体时代中国电影营销的问题,并探索性地提出解决的对策,促进中国电影营销与时俱进。

【关键词】 新媒体　电影营销　新媒体营销

电影营销对于一部影片来说,扮演着举足轻重的角色。因为就算影片拍得再好,如果没有适当的营销方式,影片就无法受到观众的瞩目而功亏一篑。电影产品质量的好坏在拍摄制作完成后便已成定局。因此除了对电影进行有效的质量控制外,电影营销还需要依赖营销策略的推波助澜。营销的概念并不是说挑选好的影片将其推销出去,而是无论一部什么样的电影,找出该片的特色,挖掘属于它的观众群,以最适合的营销策略,将其推销给观众。作为一部电影,营销了什么甚至比拍了什么更为重要。2002 年,张艺谋的《英雄》首开先河,把中国电影带入了电影的营销时代。随着互联网、手机等新兴媒体的出现和盛行,电影的营销手段变得更加丰富和多元。例如《失恋 33 天》就是凭借其成功的网络

---

[*] 阎晓娟,北京电影学院现代创意媒体学院媒体管理系主任助理、新媒体管理教研室主任。

营销获得了巨大的成功，也把中国电影的营销模式带入一个新的历史阶段。如何把握新媒体时代受众的变化，采取相应的手段来营销自己的影片，成为电影营销机构必须要面对的重要课题。

一　传统的电影营销模式

传统的电影营销主要通过电视、报纸、杂志、户外广告、广播等主流媒介来触及大众市场。此外，系统地运用电影院阵地广告、首映和明星见面会等线下活动展开公关计划，使电影能够被潜在的观众所看到和选择，以达到最终的销售目的。

在这里，我们不能不提的就是《英雄》。这部影片是在2002年底上映的。在此之前，中国的电影市场处于长期的低迷状态中，尤其是加入WTO之后，大量的外国影片涌入中国市场，电影界陷入一片"狼来了"的恐惧之中，电影人对国产电影的前途和命运深感焦虑。这一年全国的票房总额仅有6亿元人民币。而《英雄》的到来，可以说给死寂的中国电影带来了星星之火，上映10天票房飙至1.3亿元，最终拿到了2.6亿元的票房总成绩，全球的版权收益达到1亿美金。

《英雄》取得如此巨大的收益，除去影片自身的"大制作、大导演、大明星、大题材"等优势外，投资宣传方的一系列营销举措也功不可没。投资宣传方采取了高调参选奥斯卡、在人民大会堂举行盛大的首映式、包机进行全国性的巡回宣传等营销手段。《英雄》种种的营销策略不仅是当时票房和收入的保障，在现在看来，它对中国民族电影产业发展的意义更是不可磨灭，是可以作为一种标志、一种符号载入中国电影史册的。我们现在再谈及《英雄》，应该客观地对其成功之处加以肯定，特别是它的投资宣传方新画面影业公司为影片营销宣传所作出的一系列创举更是值得我们不断学习和借鉴的：我们走过了只能羡慕"好莱坞"大片的时代，现在也完全可以有属于自己的中国式大片；电影只有销量好才有发展的可能性，仅仅走"艺术电影"的道路是拯救不了中国电影的；把商业性和艺术性结合起来才是一部成功的电影——总结起来就是，中国民族电影开始了商业化营销的探索。

在此之后的数年，中国电影产业飞速发展，国产影片的年产量从2002

年的 100 部到 2010 年的 526 部，年度票房从 2002 年的不足 10 亿元到 2010 年的 100 个亿。而电影的营销模式似乎并未发生本质的变化，仍然是各种话题和落地活动的炒作、在电视报纸广播等传统媒体上面真金白银的广告投入等。直到最近两年，由于网络媒体和手机等新媒体的出现和盛行，为国产电影的营销带来新的生机和市场空间。新媒体能够把信息存储和传播的范围极大地拓展、成本极大地降低，多点对多点的分众传播取代了单点对多点的大众传播，同时改变了受众的消费准则，个人偏好和自我个性的展现更加受到重视。喜欢或不喜欢在选择产品和品牌时比好或不好更加有说服力。正是由于新媒体的这些特点，为电影这一种历史超过百年的艺术形式提供了更加丰富多元的传播和营销渠道。微博、社交网络和视频网站大行其道，新媒体悄然成为电影营销的重要手段。

二　新媒体时代的电影营销

在新媒体时代，我们仍然需要通过传统媒体的营销管道来接触观众，比如与传统媒介之间的关系要一如既往地密切，仍然需要好好经营影院阵地的宣传和线下活动这些公关工作。但是由于过多的咨询轰炸和信息的碎片化可能让观众无法注意到你的影片，或者说即使注意到也不会有很深的印象。幸好，一些新的媒介形式的出现，如网络、社交类媒体及手机等，让我们有更多的营销管道可以接触受众。例如，可以建立电影的官方网站，或是手机版的电影页面，通常这是人们寻找影片咨询的第一个地方。此外，可以让影片在搜索引擎的关键字和自然搜索优化结果上取得最佳的搜索成绩，确保影片的上映时间和相关信息及时呈现。再接下来，可以给人们欣赏由专业人员制作的海报和宣传片，激发观众的观影欲望。总之，如何才能让电影引起观众的讨论、如何渗透到主流观众生活的网络世界中去，是要贯穿整个营销计划的。

例如 2011 年底上映的《失恋 33 天》，它的网络营销做得非常成功。该片是一部地地道道的小成本电影，仅有 900 万元。它改编自豆瓣上的一部小说，讲的是都市女孩失恋疗伤的故事。没有宏大的主题，没有强大的明星阵容和制作团队，甚至是导演滕华涛的大银幕处女作。但就是这样的一部影片，最终收获了 3.5 亿元票房收入，成为 2011 年末电影人和大众的共同话题。为什么这部小成本电影能获得大票房呢?有人分析说,《失恋33天》的网络营销做得很成功,目标观众群找得很精准,并且影片的题材接地气,跟当今的社会生活热点很贴近。《失恋33天》的营销团队把宣传的重心放在社交类网站、视频网站以及微博上,内容则重点放在爱情、失恋等能够在普通人心中产生共鸣的话题上,加上原著小说本来就有一定人气,并在所谓的"光棍节"上映,使得这部电影大获成功。在这些因素之中,笔者认为最重要的是该片采用的这种新型互动平台的助力使电影获得了巨大成功。

没有微博、豆瓣、人人网这些网络社交平台之前,对一部艺术作品的宣传途径无非是通过发布会、看片会、人物专访、话题等在电视、报纸等传统媒体上进行软性宣传,配合着真金白银投入的硬广告。之后虽然花样翻新,作出各式各样耗资不菲的首映礼,但仍然摆脱不了人们"这是在做宣传,不能完全相信"这样先入为主的观念,花钱费力效果还大打折扣。而《失恋33天》宣传负责人、媒体人出身的张文伯看到:电影的宣传推广已经变成渠道之争且竞争日益激烈,在这样的宣传推广中,小成本影片根本不占优势。《失恋33天》只有200万元左右的宣传经费,因此他决定做一次"战略转移",借助微博和人人网这样的社交媒体平台直接发布有效信息,直接与目标人群进行互动。由于明确了这部影片的目标消费者是大学生、办公室白领、"80后""90后"的年轻人,张文伯试图通过一系列的创意和策划,让片子在新媒体平台上形成话题效应。常规的电影宣传是把通稿发给报纸,把材料发给网站、电视台,这是一个单向传播;但微博是互动的,马上可以看到反应,节省了大量公关时间,还能达到分享互动的目的。我们可以看到,该片的官方微博粉丝量已逾十万。影片还未上映,就拥有了数量庞大的粉丝群。《失恋33天》最开始的发酵点是制作《失恋物语》视频,并在视频网站发布。在该视频投放的一个多月里,仅仅优酷平台上的点播量就超过400万。这一数字震惊了影片的宣发方,于是他们又重新集结了一支制作团队,用3个月时间奔赴全国6个票房重镇,选取年轻人讲述自己的失恋经历,拍摄城市版的《失恋物语》。他们一边通过新浪官方微博征集愿意拍摄的普通男女,一边借助影片的广告客户珍爱网,在珍爱网的会员中寻找合适人选,边拍边修正拍摄内容和角度。城市版的《失恋物语》在各大视频平台上线三个月,点播量达到了两千万。除了片方拍摄的这几大城市的短片,网友们更自发地拍摄了 20 多个不同城市、不同方言、不同版本的《失恋物语》。"失恋"成为一个影响大批年轻网民的流行话题,进而带动了大家对电影的关注。

三 电影营销的创新思维

随着移动互联网的普及,云端技术逐渐发展成熟,数字内容时代已经来临!根据 DCCI 数据显示,目前 20～40 岁的互联网用户占 65% 以上,移动互联网用户更占 82%,其中高中以上学历占 88%,未来新媒体用户将以高学历、高收入年轻族群为主体。微时代的来临,用户收视习惯逐渐碎片化、快餐化、缺乏耐心,更多的年轻用户习惯使用手机接收影音娱乐和信息内容,超过 20% 的智能手机用户平均每天使用手机上网 4 小时。在手机应用服务排名上,实时通信、微博等占据前两名;内容服务方面,新闻、音乐、游戏、视频分别名列前茅,其中影音内容更高达 22% 的使用量。"随着 3G 费用的下降、WiFi 站点普及化、内容多元化、精致化,影音产品市场还将有巨大的成长空间!"正是由于这种改变,受众的观影方式以及了解影片的渠道皆转向新媒体平台。为了适应受众的这种改变,电影的营销方式也必然发生革命性的变化,当这些新媒体营销方式合理地运用到电影宣传中时,多能起到事半功倍的效果。

随着这两年新媒体不断发展成熟,社交媒体不断丰富、微博平台日益成熟、移动互联网快速发展等,新媒体营销的模式越发清晰,对于电影营销所带来的强大助推力也开始淋漓尽致地爆发出来,推动了国产电影的爆发。国产电影的新媒体营销模式主要出现了以下几个特点。

1. 新媒体平台是口碑营销的天然助推器

自 2011 年底的《失恋 33 天》之后,2012 年的《画皮Ⅱ》《人再囧途之泰囧》等影片也因其成功的网络营销而创造了很高的票房回报。国产电影投资大多有限,动辄投资数亿的电影始终只是小数,影片的营销成本也相对有限,营销中无法做到大片那种狂轰滥炸式的推广。这些电影之所以能够脱颖而出,得益于良好的口碑,带动观众自发地传播(包括分享、点评、讨论等),而亲友推荐是最能打动消费者、让消费者买单的方式。而且,口碑有着极强的扩散效应,口口相传聚集成话题以后,能够呈几何倍数快速扩散，所带来的爆炸性传播效果，使影片不需要拼命地去拉动观众，观众便自发地走进影院。有数据显示，2012年票房爆发的这几部影片，都在豆瓣网上有着较高的评分，这是观众口碑的一种体现。而在微博等媒体平台上，这些影片也都是当时的热点话题，网民互动非常活跃，层层扩散的传播效果显著。

2. 新媒体营销更注重话题性和互动性，更贴近观众

中国电影行业经过这些年的发展，规模不断扩大，观众的成熟度也在提升。经过多年好莱坞大片的洗礼，中国观众的大片情节正在慢慢淡化，传统的只靠巨资投入、明星大腕云集、铺天盖地推广的影片已经出现审美疲劳，观众对这类影片宣传的接受度也在下降。观众对于自身的需求有着更明确的理解，需要有真正吸引他们关注、有参与感、能产生共鸣的东西，对于电影营销内容和方式的要求也更高。

这些票房获胜的国产影片，在传播中都有比较明确的定位，结合自身内容，能够产生吸引观众参与讨论的话题，而且，内容都非常接地气、贴近老百姓的真实生活。如《人再囧途之泰囧》的无厘头搞笑，屌丝逆袭的执着，让观众开心一笑。从营销形式上来说，这些影片的营销也都具有极强的互动性、参与性，包括各种互动活动、话题，内容上都力求传播最大化。《人再囧途之泰囧》中王宝强的搞笑表情掀起一股PS热潮，这样的话题营销结合新媒体的传播手段很快便被广大的观众关注和喜爱。

3. 对新媒体平台的充分利用

新媒体的营销要充分、合理地利用所有可用的媒体形式，达到组合营销的效果。社交网站（如豆瓣微博）等是目前最为常用的电影新媒体营销平台，通过各种活动鼓励观众做影评、打分，设立官微、吸引微博大号参与互动等都是较常见的手段。这些良好的营销策略往往也能带来极好的传播效果，直达观众。除此之外，微信、移动APP等一些新兴媒体形式的应用，也已经有了一定成效。

在这个新媒体时代，一切都处于急速的变化当中，这就需要我们不断进行创新。电影的营销也是如此，必须找到契合影片自身特点的营销方式，并将之与新媒体紧密结合。笔者认为，中国电影票房逐年上升的趋势与新媒体的营销手段密不可分。电影的观影群体与新媒体的使用群体在很大程度上是重合的。因此影片的营销一定要利用好新媒体的平台，不断创新营销的手段，才能最大限度地开发一部影片的价值。

最后要说的是，"网络营销"也不只是建立官方微博、进行网络互动、号召名人在自己的微博上宣传一下这么简单，"网络营销"说到底也只是一种传播手段，在各种技巧和策略之外，最重要的还是作品质量。如果产品不行，就算投入大量费用进行微博营销，在网络上打通各种关系请名人帮忙说好话、作各种秀也无济于事。就像编剧宁财神说的，"拍电影，先别想着怎么赚钱，自己真心喜欢了，投入了，把戏拍好，然后上天请客，观众买单"。希望每部影片都能找到适合自己的营销模式，让更多的观众买票进影院，而不是选择购买盗版和下载。我们希望中国电影能一步步好起来。希望中国导演能拍出更多兼具商业性与艺术性的影片，使中国电影产业大发展大繁荣，并且在文化立国的大背景下，通过电影这样一种载体，将我们的民族传统和民族文化发扬光大。

电影项目的企业广告植入策略研究

顾洪洲[*]

【内容提要】 电影中的植入广告已成为广告业发展的新趋势,越来越被企业所重视。本文在分析国内外植入广告发展状况的基础上,结合中国电影的自身特点,对电影植入广告的传播特点进行理论分析,以多部成功运用植入式营销的国产商业影片为具体案例,运用实例分析,并辅以理论分析的方法对电影植入广告传播效果的问题进行了研究,以此探寻植入广告的发展策略。

【关键词】 电影广告　植入广告　广告传播策略

植入广告是指把产品及其服务具有代表性的视听品牌符号融入影视或舞台产品中的一种广告方式,给观众留下相当的印象,以达到营销目的。"植入式广告"是随着电影、电视、游戏等的发展而兴起的一种广告形式,它是指在影视剧情、游戏中刻意插入商家的产品或标识,以达到潜移默化的宣传效果。而电影植入广告顾名思义就是以电影为载体把产品和服务等展示给观众,达到广告主想要的效果。由于受众对广告有天生的抵触心理,把商品融入这些娱乐方式的做法往往比硬性推销的效果好得多。

---

[*] 顾洪洲,北京城市学院影视文化管理专业负责人,毕业于北京电影学院管理系,曾参与电影《七年之痒》《绝对搭档》《一生有你》《蓝调海之恋》和电视剧《新燕子李三》的制片和宣发统筹工作,参与编写《中国电影产业年报(2010)》《某大型地产集团院线以及影院投资分析报告》。

一 电影植入广告的方式和策略

（一）电影广告的植入方式

植入广告的方式目前可以细分为道具植入、台词植入、剧情植入、场景植入、音效植入、题材植入、形象植入和文化植入等。

道具植入：这种方式是产品作为电影的道具出现。例如郭敬明的电影《小时代》中可以看到的 Red Volentino、华为手机等角色道具。

台词植入：就是在电影、电视剧、小说中通过人物的对话巧妙地将品牌植入其中。《阿甘正传》里有一句经典台词："见美国总统最美的几件事之一是可以畅饮'彭泉'汽水。"

剧情植入：是指某一品牌的商品成为推动整个故事情节的有机组成部分，品牌或商品不仅仅是出现在生活场景或人物对白中，而是几乎贯穿于整个故事。冯小刚的贺岁片《手机》，几乎是摩托罗拉手机的品牌秀场，但忽略了电影情节与品牌形象和个性内在的契合性，虽增加了摩托罗拉品牌的暴露，但无助于其品牌形象的提升。

场景植入：主要是指品牌视觉符号或商品本身作为媒体内容中故事发生的场景或场景组成的一部分出现。比如电影《人再囧途之泰囧》中，泰鸟航空、RIMOWA 行李箱、三星手机、AVIS 国际租车等品牌均在影片中出现。品牌或商品的场景植入，是一种极为消极的信息传播方式，镜头一闪而过，只有成熟的品牌，才能通过这种方式将品牌印迹一次次地"植入"观众的头脑。

音效植入：通过旋律和歌词以及画外音、电视广告等的暗示，引导受众联想到特定的品牌。

形象植入：是指根据品牌所具有的符号意义，将某一品牌商品或服务，植入电影、电视或其他媒体之中，成为故事主人公个性和内涵的外在表现形式，同时通过故事情节，或生活细节，不断演绎品牌原有的意义，丰富品牌内涵，增强品牌的个性，进一步提升品牌形象。比如《电子情书》，其中浪漫的女主角每天清晨自信地走在纽约上西区的街头，总会先到星巴克咖啡店外带一杯咖啡，而每天晚上，则会打开她的苹果电脑，进入 AOL.com 开始收发 E-mail。星巴克咖啡、苹果电脑和 AOL.com 网站，这些品牌的形象、个性，以及其所具有的社会象征意义，已经成为女主人公角色演绎的道具，同时影片的剧情和女主角的形象、气质，又在不断地强化着这些品牌所具有的符号意义。

文化植入：这是植入营销的最高境界，它植入的不是产品和品牌，而是一种文化，通过文化的渗透，宣扬在其文化背景下的产品。好莱坞大片在世界横行，不管是《蜘蛛侠》、《X战警》，还是《阿凡达》，这些美国大片都在宣扬着美国精神，同时也把他们的美国式的生活和消费方式带给观众，改变了受众的品牌消费、旅游等习惯和偏好。这种文化植入注重长远利益，影响受众的消费观念，从而改变他们的消费行为，最终达到植入者的经济目的。

（二）电影广告的植入策略

电影公司和广告植入企业双方的合作策略目前可以分为搭载式策略和制定式策略。

1. 搭载式策略

搭载式策略是指当电影内容（项目）本身已经存在时，植入品牌信息，即为搭载式的 BCM（品牌内容营销），也就是说，品牌信息是搭载着电影的顺风车的。

在这样进行品牌的广告植入时，需要遵循以下原则。

（1）符合情节，深度植入

品牌或产品与植入节目的故事情节相关联，并且关联度越高，广告融合度越好，记忆度也越高，观众可以在没有抵触心理的情况下接受信息。

（2）影片第一，广告第二

作为植入广告不能喧宾夺主，不能破坏影片的内容、故事情节的完整和严谨；如果广告主不考虑影片内容，一味地要求暴露次数和时间，势必影响到影片质量，那么载体被破坏了，影片没人看，谁还会看到植入其中的广告呢？

（3）行业独家，集中植入

同行业中最好只出现一个品牌，这是提高植入式广告效果的一大关键点。如果让奥迪和奔驰一同出现在一部电影当中，都表现两者的好，那么作为竞争者的两个品牌此次植入效果必然大减。

（4）植入方式创新

因为广告效果＝媒体＋创意，所以不要采用简单的"露脸式"，而应根据产品、品牌的特点，结合情节，充分利用各种植入手段，利用让消费者感觉清新、幽默有趣或与切身相关的内容，成为人们的关注点和记忆点。

（5）舍弃字幕，彻底植入

电影片尾的字幕鸣谢是制作单位向给予帮助、支持的公司表示感谢。醒目的鸣谢字幕往往被认为是给广告主的回报之一。电影结束其片尾字幕后，一是影院会提前亮灯，二是很少有观众会坚持看完片尾字幕，更不用说后面的鸣谢单位，所以简单的字幕鸣谢对广告主几乎没有帮助。

（6）专注服务，保质保量

导演、编剧、演员等主创人员的精力是有限的，如果只分出一部分精力用于广告设计，是不会影响正常工作的，但如果植入的品牌数量众多，每个客户的要求繁杂，大家将有限的精力分散开，既要考虑创作，又要谨记广告合同中的要求，那么结果可想而知。所以制片方、广告主一定要考虑创作精力和品牌环境的问题，避免在一部影片中有过多的品牌出现。

（7）软硬结合，整合营销

植入广告要深入挖掘"片外效应"，实现"线上线下"整合互动宣传，软性硬性广告相结合，使 1＋1＞2，达到广告效果最大化。例如淘宝网在和《天下无贼》的合作中便达到了双赢的效果。

（8）事先介入，精心策划

植入式营销需要有敏锐的感觉，能够发现合适的植入载体，以高超的企划创意能力策划出最佳的植入方式。提前介入使得企业有充裕的时间来决策和策划。

2. 制定式策略

制定式是在搭载式的基础上演化而来，为客户品牌量身定制电影内容。此时电影内容（项目）本身就是为品牌而做，是先有了品牌的传播需求，然后才有了电影内容。

对于通过这种方式进行品牌宣传，电影后期发行等可以交付给专业的电影公司具体操作，但是在前期创作这一块，企业务必要保证电影内容反映品牌定位和企业文化等方面，让电影企业保证艺术质量的同时保证其企业诉求的传递。因为企业此时不是来搞慈善的，拍摄电影的目的就是为了辅助宣传营销。在西方有些企业就做得比较成功，比如孩之宝（Hasbro）与好莱坞合作的《变形金刚》系列等，而国内近几年也作了些尝试，如中国移动的《命运呼叫转移》，但是相对来说，其结果是失败的。该片作为一部电影其最基本的艺术性没有达标，中国移动的各种植入也显得那么的直接、苍白和无力，不能给观众留下中国移动所期望的效果。

二 企业如何寻求正确的电影项目进行植入广告（搭载式）

搭载式是指当电影内容（项目）本身已经存在时，向影片植入品牌信息，即为搭载式的BCM（品牌内容营销），也就是说，品牌信息是搭载着电影的顺风车的。

企业通过在电影中进行企业产品、服务或者品牌标识的植入，是整个营销战略的一部分，最终目的是为了提高植入内容的知名度，在电影受众心中形成印象或者加深印象，同时引导这种印象往企业需要的方向靠拢，从而使电影受众变成该产品或者服务的现实消费者。

电影由于其特性，无论电影内容本身，还是放映电影的影厅的特点，使得电影相比较于其他的媒介来讲，能够让观者更好地（这里当然有欣然的或者勉强的）接受其中的广告信息量，是使电影成为企业对旗下产品或者服务进行宣传的重要选择。

既然电影是企业不错的宣传媒介，那么面对市场上纷繁众多的电影项目，我们的企业到底该如何选择呢？如果只是一味地为提高曝光率，为植入而植入，那么很可能会出现"赔了夫人又折兵"的现象，不仅仅让企业白白花费了资金，减少了企业利润，更严重的是，盲目的植入，很可能会给自身的品牌带来负面影响，最终将会影响到企业整体的长期战略规划。所以企业在进行电影植入广告选择的时候，务必要小心谨慎。

其实就电影植入来讲，品牌的适用性范围较小，多数情况下只适用于知名品牌。这是因为受众需要在相当短暂的时间内准确识别出商品包装、品牌或产品外形。因此，品牌有较高的知名度和认知度是投入植入式广告的第一道门槛。

(一) 企业发展战略分析

企业发展战略有四个特征：一是整体性，二是长期性，三是基本性，四是谋略性。

整体性相对于局部性，长期性相对于短期性，基本性相对于具体性，谋略性相对于常规性。企业发展战略必须同时具有这四个特征，缺少一个特征就不是企业发展战略。企业发展战略因时而异、因地而异、因人而异、因事而异、因知而异、因智而异，没有固定的构成模式。一般而言，企业发展战略应涉及中长期干什么、靠什么和怎么干等三大方面的问题。

要很好地谋划企业中长期干什么，就是要定好位。企业要发展，定位很重要。市场已发生很大变化，连皇帝的女儿也愁嫁。"大而全""小而全"的时期已经过去，什么都搞，什么也搞不好。更不要像空中的风筝随风飘摇，没有远见、决心、魄力和毅力干不成大事业。应该运用智慧选好经营目标，持之以恒地集中力量打歼灭战。定位是为了解决核心业务问题。有些企业开展几项业务，但核心业务应该是一项。可以搞多元化经营，但不可以搞多核心经营。用核心业务带动其他业务，用其他业务促进核心业务，这是先进企业的成功之道。企业定位有阶段性，不同的战略阶段有不同的定位。定位讲究个性，每个企业有每个企业的定位。

要很好地谋划企业中长期靠什么，就是要全面发掘资源。"集四面各种资源，成八方受益事业"是企业家的使命。发掘资源是企业发展战略的一翼，没有这一翼，再好的定位也没用。要树立大资源观，不仅要发掘物质资源，也要发掘人力资源；不仅要发掘现实资源，也要发掘潜在资源；不仅要发掘直接资源，也要发掘间接资源；不仅要发掘空间资源，也要发掘时间资源；不仅要发掘智力资源，也要发掘情感资源；不仅要发掘可见资源，也要发掘无形资源。

更要很好地谋划企业中长期怎么干，即制定好战略措施。战略措施是实现定位的保证，是善用资源的体现，是企业发展战略中最生动的部分。从哪里入手、向哪里开刀、施什么政策、用什么策略、保哪些重点、舍哪些包袱、怎么策划、如何运作等，这些都是战略措施的重要内容。战略措施要符合规律、紧靠实际、超凡脱俗、提纲挈领。战略措施也要有可操作性，但这种可操作性是战略上的可操作性，与战术的可操作性具有很大的不同。

（二）企业品牌定位分析

任何一个成功的品牌都必须有一个定位，即占有一个心智资源，任何一项经营活动都是为了协助品牌去建立、加强或巩固这个定位，以此影响顾客的购买决定。

品牌战略的方法经历了三个时代，第一个时代是产品时代，在宣传时强调产品的某个特性或提出某个主张，这个特性或主张是竞争者不能或不曾提出过的，这就是非常有名的 USP 理论，即独特销售主张理论。

第二个时代是形象时代，随着产品同质化的加强，消费者对品牌的理性选择减弱，人们同时追逐功能及感性利益，宣传营销时着重赋予品牌更多的感性利益，品牌形象理论备受追捧。

第三个时代就是如今的定位时代，正如同当年的产品同质化一样，现代企业在塑造产品或品牌形象时比较类似，逐渐让消费者疲劳。顾客的心智有限，定位的本质是企业或品牌在顾客心中拥有的最宝贵资源、不可再生的"心智资源"。所谓定位，就是让品牌在顾客的心智阶梯中占据最有利的位置，使品牌成为某个类别或者某种特性的代表品牌。这样当顾客产生相关需求的时候，便会将该品牌作为首选，也就是说这个品牌占据了这个定位。"只有顾客才能造就企业。"所以抢占消费者心智成为企业目前进行宣传营销的重要任务。

如今的市场已经发生了巨大的变化，消费者面临着巨大的选择，并且已经到了无以复加的地步。市场上有几百万种品牌，而我们常用的也就几千种。我们的日常生活正遭受着巨量的信息袭击，这不仅来自品牌广告的信息轰炸，还来自我们生活的各个方面。要想让消费者在这样的环境中去识别企业的品牌或者产品是一件非常困难的事情，因为消费者可以承载和接受的信息是有限的，大部分信息被他们自动过滤。如何让自己的品牌区吸引消费者，并且能够引导他们对预期的信息留下印象，成为各品牌首要解决的问题。所以品牌的定位成为一个产品在推出前或者进行推广前必须思考的问题，只有把这个问题解决了，产品的发展之路才能顺畅。

（三）品牌宣传推广分析

在进行完品牌定位后，接下来的就是针对潜在消费者进行宣传营销推广。企业将进行大量的与品牌定位相一致的活动，以及通过各种媒介进行传播，这里就包括硬性广告和软性广告。

1. 硬性广告

企业在进行完品牌定位工作后，必然会依据企业资金作规模性的宣传推广，一般情况下，硬性广告是必不可少的。通过硬性广告把产品的品牌定位告诉大家，给消费者留下印象。一个好的硬性广告会迅速地占领人们的心智，这样在需求产生时，人们就有可能第一时间想到该品牌。但在做硬性广告宣传推广时，一定要注意媒介的选择、投放广告的内容、投放的时间等。

2. 软性广告

硬性广告由于商业味道浓，说教痕迹明显，在消费者心智已经逐渐成熟的市场上，作用相对以前来讲弱了很多，消费者逐渐失去了对硬性广告的兴趣。而软性广告是一种将产品的信息融入媒介中，使受众在不知不觉中接受了企业想要传递的讯息，从而达到广告的效果。这与一些传统的硬性广告相比更容易使消费者接受。软性广告常用的表现形式：软文、视频软性广告、电子书软性广告等。软性广告是现代广告的流行趋势，也是消费者很乐意接受的广告形式。在进行软性广告宣传时最需要注意的就是与受众的沟通方式，要达到在"润物细无声"的状态下被受众所接收，这也是软性广告最难得的一点。

3. 线下的企业活动

无论是硬性广告还是软性广告，归结到底都还是广告，而广告归根结底就是为了扩大品牌市场占有率从而从中获利。这一点很容易被看穿，而且现在的市场，任何产品或服务都会被竞争者模仿或超越，对品牌而言保持消费者的忠诚度是品牌成长后的重要任务，只有保持消费者的忠诚度才会有企业的发展和利润。

除了让产品不断满足消费者的需求，甚至为他们制造需求，还要进行线下企业活动，只有这样才能给媒体制造关注点，将信息传达给受众。正如前面所讲的，在定位完成后，一切宣传营销活动都要围绕着这个定位去做工作，除了传统的路演外，企业还可以做一些公益性的活动，从而塑造一个负责任的企业形象。虽说公益性的活动都是企业社会责任的体现，但是最好与品牌的定位相结合。儿童的产品就可以做一些关爱下一代等跟儿童有关的公益活动，比如留守儿童、贫困山区的学生之类。老年产品就可以做一些跟老年人有关的公益活动，比如空巢老人关爱行动、老年健康类的相关活动等。这些都有助于扩大产品的影响力和保持消费者的忠诚度。在这个对产品不信任或质疑的市场，药品更会让人心存芥蒂，只有真正做到言行一致，才能真正说服消费者。"护彤"定位为儿童感冒用药，该品牌通过深入关爱儿童的公益活动，并通过软文传播出去，建立了知名度，成为家长心中的放心药，获得了很大的市场。

（四）可选择影片综合分析

1. 影片的类型分析

全世界每年都有成千上万部电影被制作出来，加上电影本身信息量很大，对企业而言，选择的空间就比较大，企业应该根据自身品牌的特点和定位去选择适合的影片类型。

影片的类型有爱情片、战争片、科幻片、武侠片、恐怖片、动画片、校园轻喜剧，等等。一部影片一般都会同时包含几种类型。但是定位为"快乐"的品牌一般不要在战争片或恐怖片进行植入，相对而言在爱情片、动画片或者校园喜剧片中进行植入会更加贴切。说到底，选择植入影片应是那种与自身品牌"气场"相符合的影片。

2. 影片的定位分析

每一部影片都有自己的市场观众，就拿爱情片来说，在题材上可以分为校园爱情片、年轻人的爱情片以及中老年人的爱情片，等等。每一种题材的受众各不相同，应结合自己产品的定位去选择。比如一些时尚品牌的主要消费群体是年轻人，那么它就适合在都市爱情剧中进行广告的植入。

3. 影片的影响力分析

企业在进行广告植入时是有风险的，如果失策投给了一个我们所说的影院"一日游"的影片，那么钱基本就等于打了水漂，企业在预算允许的情况下将广告植入"大片"则较为稳妥。但是对于一些中小成本的影片，企业在抱着以小博大的心态进行广告植入的时候，就必须小心谨慎。企业需要对剧本、导演风格、人员配置、演员阵容等去作一些详细、专业性的分析，根据分析选择影片。当然这就需要企业能够具备这些相关的专业素养，或者也可以交给公关公司或者广告公司去完成。

4. 企业产品或形象在影片中的呈现原则分析

固然企业都希望在影片中能充分做到自身品牌的一个整体文化的展现，

但是若非特定为自身品牌制定的影片，这种机会是很少的。不管哪一种方式，企业需要保证的底线是要让自身品牌在电影中的呈现不要是跳戏和突兀的，要让企业产品或品牌融于影片中人物生活的环境和文化中，使得产品或品牌成为塑造角色特点的一种有效道具。如果为植入而植入，让一个公司老总开一辆吉利或让一个底层工作者用苹果产品或者 LV 的包都是不合适的。对吉利而言只能使其成为观众的一个笑柄，而对 LV 包则是在降低其档次，这些适得其反的植入宁可不做。

5. 企业产品的推广时间

企业在推出产品的时候都会选择有利的时间段，比如夏天比较适合饮料和冷饮类的推广。当企业要实施电影广告植入这项计划时，就要考虑与自己产品推广时间相配合的一些影片。所以就算根据前面几个条件选择出特别适合的影片，如果档期不合适的话也只能放弃。还是拿饮料来说，企业一般会在夏天推出产品，但是选择的可植入影片却在冬天才上映，这肯定是不行的，因为企业不能让理应在夏天推广的产品宣传到冬天才与受众见面。

6. 结合预算选择影片

在挑选出几个可植入的候选影片后，接下来的环节便是企业自身预算即钱的问题了。我们都知道大片的影响力，能够搭上一部大片尤其是好莱坞的年度大制作，如果植入广告做得到位的话，就算一个新产品都有可能被广大观众所认知。这就涉及一个预算的问题，大片对应的是高额的植入广告费用，因为去争取这个市场的商家太多了，每个想做大的企业在可能的情况下都会愿意搭乘这趟顺风车。当然就算预算足够也不一定非选大片不可，企业完全可以拿这些钱同时在几部影片中进行植入，如此反而会降低风险、扩大覆盖面。当预算相对不高时，就可以在一些中等成本或者小成本的优质影片中进行植入。《疯狂的石头》《失恋 33 天》这样的优质小成本影片的传播广度绝对可以媲美大片。

7. 事后观众反映回馈分析

这一步是非常必要的，企业要想长期发展，品牌要想保持持续的关注度，与电影项目进行结合是一个很好的选择。企业可以通过调查公司，或者通过社交网络组织起有关该电影的植入广告话题，从中了解受众对此次植入广告的印象，吸收所需要的信息。

三 企业如何制定好的电影项目（制定式）

制定式是在搭载式的基础上演化而来的，是为客户品牌量身定制电影内容。此时电影内容（项目）本身就是为品牌而做，是先有了品牌的传播需求，然后才有了电影内容。

电影定制可以分为以下四种类型。

第一种是企业文化传播，安利公司 2008 年出品的电影《志愿者》就是典型代表。安利公司希望借电影《志愿者》塑造公司积极参与志愿活动的公益形象，以提升公众对安利公司的好感度，扭转直销企业的负面形象。作品所涉题材本身不够市场化，一般很少有影视公司会开发这类项目，即便有公司涉及，也未必能完全满足安利在产品、志愿者理念、作品的思想性等方面的特殊要求，因此只有定制形式的电影才能满足该企业特殊的宣传需求。

第二种是定制电影专为企业产品宣传服务，历史上最成功的例子莫过于孩之宝公司的定制电影《变形金刚》。在同名卡通剧集大获成功之后，孩之宝公司将成功模式复制到电影领域，将产品形象设计成电影主角，整个故事以表现玩具形象特质而展开。由于玩具形象的先天性格特征增加了定制电影的表达优势，其他类别产品的形象会破坏电影的艺术性。对它们来说，参与植入式广告或许是个好的选择。

第三种——城市定制电影近两年涌现出不少成功案例。推广成都震后城市形象的《好雨时节》（高圆圆、郑成宇主演）与推广广西旅游形象的《寻找刘三姐》同属于此类。

第四种定制电影通常为纪念或庆典而作。比如我国电影《建国伟业》即为献给中华人民共和国成立 60 周年的作品。拍摄一部电影来纪念或庆祝看起来是一个奢侈行为，但相对于一些大型庆典高昂的预算，电影的投资或许不算什么，通过电影的方式反而能够更好地宣传主题。

企业在为自身品牌量身打造电影时，首先要对于企业发展战略、企业品牌定位以及宣传推广策略进行分析，这些内容跟前文在论述搭载式所进行的企业相关分析是一致的。

企业为自身打造一部电影，其实就等于去抓一个电影项目，必须具备专业性的素养并了解电影制作的流程。企业一般会与电影企业合作，让电影企业去实现企业的构想。但是全权交由专业的电影公司固然在专业制作上没有问题，但是否能够完全地展现出企业想要的效果和实现其预期就不好说了。所以企业必须全程监督和跟踪这个项目的实施，从宣传营销和品牌定位的角度与电影公司商榷，实现企业理念和电影的艺术性相结合。与搭载式不同的，定制式企业还需作如下分析。

1. 合作电影企业分析

企业在选择电影企业时，要分析其综合能力，这里包括对电影制片、发行、放映的掌控能力以及财务状况、擅长题材等。一般和电影企业进行制定式合作的企业是实力相对比较雄厚的，所以应尽量跟一些大的电影公司进行合作，比如孩之宝与派拉蒙等好莱坞电影公司的合作。这些电影公司在硬件上都是过得去的，主要看电影公司是否对企业所提出的想法或者题材感兴趣，并且有能力掌控这类题材。所以找一个好的电影公司对企业实现自身想法来讲是至关重要的。

2. 剧本

剧本乃一剧之本，没有好的剧本再好的导演也拍不出优秀的作品。这种认识应该没人去否定它，所以对企业来讲，前期一定要与电影公司一起把握好剧本，电影公司从艺术性上把握剧本，企业从品牌定位和企业形象的角度提出建议，让电影公司去修改，这是一个漫长和艰难的磨合过程，既不要因为自己是出资方而让这部电影变成一部彻头彻尾的广告片，也不能让电影公司拍成一部不能反映企业原先目的的电影；既不能因艺术性丧失了企业的原本诉求，也不能因企业的诉求而丧失了一部电影最重要的艺术性。企业在做电影项目时，一定要把握好分寸，需要在两者中间找到一个很好的契合点。不了解电影制作过程的企业在剧本阶段一定要有足够的耐心，因为对于一部电影，一般而言大部分时间是花在剧本的创作上的，而拍摄制作等相对来说并不会花费太多的时间。也只有剧本成熟了，才可能进行下一步的工作。而且在剧本阶段投入的资金也比较少，如果在剧本阶段就发现问题或者做不下去，那么就算此时撤资也不会有太大的损失。相反，剧本没能经过反复的推敲而轻易上马，进入市场后效果不好，这就损失大了。所以剧本阶段企业一定要与电影公司和企业品牌团队进行反复推敲。

3. 导演风格分析

每一个导演都有其一贯的风格，企业想要为自己的产品或品牌区专门定制一个电影，就需要了解导演的风格，与电影公司商谈后，挑选合适的导演。比如冯小刚比较擅长黑色幽默风格的电影；霍建起带有较浓厚的唯美色彩；娄烨的影片追求生存还原，裸露生命的真实状态。每一个导演都有其擅长和一贯的风格。企业和电影公司挑选了导演后，让其也参与到剧本的创作中来，通过自身专业素养和风格，结合企业的理念，使剧本更加完善和达意，也让导演在后来拍摄过程中游刃有余。

4. 演职人员分析

企业可以将这一部分交给电影公司和导演来决定，但是对演员这一块，企业需要把关，对于与企业品牌定位不符的演职人员坚决予以否决。企业还需要注意的就是演员的号召力，电影更多的时候是拼明星的，明星的加盟，才能吸引眼球，带动大众的关注。没有明星的加盟，电影就会丧失大众讨论热点，从而减少关注。有些演员虽然名气大，经常上娱乐版面，可在电影票房号召力这一方面，并不给力。

5. 档期分析

目前，中国市场的档期，分为贺岁档、情人节档、五一档、暑期档、国庆档、中秋档等，目前最火爆的档期应该算是贺岁档，其次是暑期档。进入贺岁档或者暑期档就一定有高的观众人次，因为这段时间上映的电影相对比较多，实力强的影片也比较多。企业制定电影的最大的目的并不是挣钱，而是让这部电影配合营销战略获得更大的影响力，更好地传播品牌理念和企业文化，促进企业和品牌的成长与提升。但是不挣钱的电影一般不会有太强的影响力。

对于一个处于导入期的企业或品牌来说，电影的推出一定要与其整个营销战略计划相配合，在这场营销战役中选择对产品和电影来讲最好的档期来推出。而对于已经发展得不错、处于成熟期或者稳定期的企业来说，选择对电影来说最好的时期上映是最好的，让更多的观众看到电影，从而使得企业将其想要传达的东西传递给更多的人。孩之宝公司在《变形金刚》案例中的做法值得每一个想要进入该领域的企业学习。

总而言之，企业必须谨慎选择适合企业品牌或者产品的电影进行电影植入广告活动，才能物有所值，达到预期的宣传效果。不管是通过搭载式还是制定式，企业都需要提前充分地作好调查分析；否则，盲目地实施项目非但不能给企业带来发展的动力，反而会阻碍企业的长远发展，亦会造成企业财务上的压力。电影植入广告市场的健康发展，对于广告植入方企业或者电影企业来说都是非常重要的。双方企业只有找到一个互惠互利的合作层面，才能开展长久的合作。

目前中国的电影广告植入市场还处于初级阶段，还有很大的发展空间，但是如果目前该市场杂乱无章、毫无行业规范制约的情况继续发展，广告植入方势必会逐步失去信心，损失一个可利用的宣传渠道，逐渐退出这样的市场，这对于公司的发展和产业的发展都是不利的。

·网络媒体·

微电影的发展策略研究

马　卫　史玉红[*]

【内容提要】 在"微博、微信、微故事、微……"盛行的微时代,微电影借助移动新媒体与互联网络平台,仿佛一夜之间席卷全球,如一匹黑马令人刮目相看。面对异军崛起的微电影,人们不禁开始关注起这位视频界"新宠"的前世今生:微电影从哪里来?微电影的现状如何?微电影背后的经济学是什么?微电影的未来发展又会怎样?本文将结合理论与实践案例,围绕微电影这一主题,进行深入浅出的探讨与研究。

【关键词】 微电影　传播学　经济学　发展策略

一　微电影引发的多米诺骨牌效应

(一) 微电影来了

2012年微电影成了网络热词。从3月初开始,"优酷美好大师微电影"率先在香港电影节亮相,接下来搜狐"7电影"系列、爱奇异"微电影频道"正式上线。在6月2日举行的"2012承德·土豆映像节"上,土豆网CEO王微和优酷CEO古永锵共同表示,两家网站在国内微电影及网络原创

---

[*] 马卫,北京信息职业技术学院副教授;史玉红,北京信息职业技术学院讲师,北京电影学院中国动画研究院产业经济研究所研究员。

领域近年来不断进行着有影响力的创新,其中作为土豆品牌活动的土豆映像节,见证并助推了微电影的萌生和爆发,因此今后将继续加大在这一领域的发展和推动力度。

9月3日,在长沙举行了首届中国国际微电影大赛签约启动仪式。大赛由中国国际广播电视网络台(CIBN)、国家广电总局电影卫星频道电影网、中国互联网新闻中心、全国省级电影频道联盟以及湖南乐田媒体有限公司共同主办,媒体覆盖互联网、电视、报纸、手机、IPTV等全媒体平台。此次赛事是首度整合全媒体强势媒体资源打造的"国字号"权威微电影赛事。

微电影来了!来得如暴风雨般猛烈!《"美好2012"云时代的微电影与微传播》中提到:据不完全统计,2011年共生产2000部左右的微电影。随着许鞍华、蔡明亮、姜文、顾长卫、陆川、宁浩等专业导演的涉足,微电影已不再是业余电影爱好者的舞台,许多大投入、精良制作的作品不断涌现。

近两年微博和微信的快速发展已经抢走传统媒体足够多的风头,同时微电影也在影视产业尤其是网络视频中有了一定的话语权。在这样的环境下,众多资本正在瞄准风头正劲的微电影市场。在2012年初,视频网站爱奇艺就表示将联合多家内容制造商,发力原创内容。内容方向爱奇艺提供长视频和微电影等视频内容,双方合作分成将按提供视频的点击量来计算。到了5月下旬爱奇艺正式宣布微电影频道上线。爱奇艺称,通过上线微电影频道,将从制作和播出上为微电影提供平台,并提供从内容展示到最终商业分成的支持。据了解,百度是爱奇艺的最大股东,此次开通微电影频道,可以看作资本青睐微电影的一次实际行动。

与此同时,随着网络环境的不断优化和内容的丰富,微电影的观众群正如雨后春笋般快速生长。《第30次中国互联网络发展状况统计报告》的第四章关于网民互联网应用状况提到:截至2012年6月底,中国网络视频用户规模增至3.50亿人,半年内用户增量接近2500万人,在网民中的使用率由上年底的63.4%提升至65.1%。

(二)微电影是什么

微电影是什么?有人说微电影就是微型的电影,有人说微电影是可以在各种新媒体平台上播放的、适合在移动状态下观看的短片,可谓说法纷纭。"导演陆川认为,微电影是通过广告短片演变来的,而导演王小帅则揭开其面纱，指出它就是传统的短片电影。"① 在得出一个结论之前，我们一起先来看看微电影的特征。

事实上，微电影这个名称具有中国特色，它的前身起源于国外早已有之的"短片"。微电影的"微"在哪里呢？答案是"微时长、微制作、微投资"。微时长是指影片的时间超短，通常在 30～300 秒之间，也有十多分钟的，但是鲜有超过 50 分钟。微时长是微电影最核心的本质特征，也是微电影一个非常鲜明的特征。这就要求影片在很短的时间内完成叙事，内容也就必须具有创意性，高度凝练，并有利于快速传播。微周期是制作周期比较短，一般只有几天时间，最长也不超过一个月，具有短平快的特点。微投资是指微电影成本低廉，投资从几千元到数万元即可拍摄。而传统的电影从剧本到拍摄再到发行，整个过程投资巨大，无论是专业性还是投资成本都有着极高的准入门槛。

除了这"三微"特征以外，微电影还具有以下特性："草根性、互动性、商业性。"所谓草根性是指微电影具有门槛低、投入少、制作与播放便捷的特点。只要拥有了普通的拍摄与制作设备，就可以拍出你的故事。只要你愿意，就可以做导演、当演员。昔日王谢堂前燕，如今飞入寻常百姓家。当传统电影竞相转入"高投入、大场景、大制作"的轨道时，微电影却将镜头对准了凡人琐事与真实生活中的细节，表达对普通人群喜怒哀乐的关注。

互动性也是微电影的一大特色。悦诗风吟邀请其代言人李敏镐出演的互动微电影《初恋》，其互动方式是通过官网进入"《初恋》微电影"活动页面，上传照片并输入姓名，就可以成为影片中李敏镐最爱的初恋女主角。有的微电影准备了几个不同结局可供观众自行选择，有的微电影将使用的素材同时上传至网上，网友可以根据这些原素材剪辑制作出新的微电影。

商业性是微电影的又一特点。微电影以故事的手法，传递一种价值理念，感染与影响受众。这种特点很容易植入商业品牌价值理念，悄然引导受众的品牌认同。微电影这种商业性价值不像传统电影依赖于票房与明星，而是体现在它与新媒体的结合，以及由此带来的互动性与口碑传播效果上面。这也是微电影区别于没有附加商业价值的传统短片与短视频的显著特点

---

① 杨玉洁、田霖：《微电影的美好时代》，《影视制作》2012 年第 5 期，第 15 页。

之一。

因此，微电影是指专门运用在各种新媒体平台上播放的、适合在移动状态和短时休闲状态下观看的、具有完整策划和系统制作体系支持的具有完整故事情节的"微（超短）时"（30～300秒）放映、"微（超短）周期制作（1～7天或数周）"和"微（超小）规模投资（几千至数千/万元每部，但也有数百万甚至更大的投资）"的视频（"类"电影）短片，内容融合了幽默搞怪、时尚潮流、公益教育、商业定制等主题，可以单独成篇，也可系列成剧。[①]

（三）微电影的前世今生

微电影最初应该来源于短片。电影诞生之初，卢米埃尔兄弟拍摄的短片《工厂大门》《火车进站》《水浇园丁》等成为电影史上的经典。1996年，为了纪念电影诞辰百年，世界上著名的40名导演受到邀请，用当初卢米埃尔兄弟制造的世界上最古老的摄影机拍摄了一段52秒钟的短片。此时，短片已发展成为电影的一个分支。包括奥斯卡奖在内的多个国际电影节都设有最佳短片奖。到了2003年，随着互联网络的兴起，世界著名的宝马公司看到了网络短片的商业价值，不惜巨资请来8位国际级导演（其中就包括国人熟悉的李安、王家卫和吴宇森），拍摄8部超炫的网络广告短片。这8位非常知名的导演，分别用了8个不同主题，拍摄长度6~8分钟不等的网络短片，并且放在由此专门设立的网站"Hire"上播放，网民点击流量突破了1亿。如此强大的影响力，预示着网络影音时代即将来临。

中国大陆短片市场的兴起，与DV短片的大量创作尤其是校园短片的兴盛密切相关。随着DV等拍摄器材从技术到价格的普及，越来越多的草根加入这一创作队伍。2006年初，短片《一个馒头引发的血案》开始在网络上疯传。这个由自由职业者胡戈创作的网络短片，其内容重新剪辑了电影《无极》和中央电视台社会与法频道栏目《中国法治报道》。该片只有20分钟长，无厘头的对白，滑稽的视频片段分接，搞笑另类的穿插广告，使其下载率甚至远远高于《无极》本身。

也就是在2006年前后，一批有影响力的视频网站开始创建，优酷、土

[①] 百度百科。

豆、酷6、搜狐视频等如雨后春笋般快速成长。有了肥沃的土壤，微电影也就蓄势待发，破土而出。2010年，优酷推出"11度青春"系列微电影，其中的《老男孩》一夜走红，16天点击量突破4600万。同年10月，香港彭浩翔导演，周迅、余文乐、张静初等联袂上演的系列微电影"4夜奇谭"点击率更是突破了2.1亿。同年12月，凯迪拉克联手中影集团和吴彦祖打造微电影《一触即发》，网络点击量破亿，微博转发数8万多次。此后，凯迪拉克又联手莫文蔚推出微电影《66号公路》，其网络点击量破2亿，微博转发数26万多次。这两部微电影不仅提升了消费者对凯迪拉克这个品牌的好感度，而且带动了凯迪拉克汽车销量。从此，微电影成为一匹令人刮目的黑马。

二 微电影的传播学分析

（一）受众分析

1. 受众观影习惯转变

如今是碎片化的时代，受众的视听习惯正在迁移至网络媒体与移动新媒体。快节奏的生活与紧张的工作压力，使越来越多的上班族，选择在上下班的公交、地铁上，通过手机等新媒体观看视频，释放压力、舒缓心情。

2. 受众结构年轻时尚

我国目前使用网络媒介尤其是新媒介的微电影受众，主要年龄段为18～30岁，其中又以"80后""90后"为主力军。受众的男女性别结构比为60∶40，男性比例高于女性，并呈现增长趋势。受众的学历也有逐年增高的趋势。他们更加关注当下，易于接受新事物。

3. 受众互动性较强

受众对热播的微电影互动意识较强，推荐、分享视频的途径依照使用频率依次为：即时通信聊天工具（QQ、MSN），微博，社交网站。约有2/3的受众愿意对喜爱的微电影留言评论。

4. 受众喜好多元化

从热门题材微电影影片观看数量看，受众偏爱爱情题材影片，励志、温情以及青春和喜剧片也有多部影片热播。而悬疑、动画、奇幻题材则显得较为小众,都不超过 3%。但从播放数量上看,一部喜剧片一般比其他类型片更易获得较多的播放次数。①

(二) 媒介分析

1. 数字传播技术带来变革

21 世纪初开始,伴随着数字时代的来临,数字影像技术实现了飞跃式发展。一方面,数字拍摄设备呈现出高清化、便携式、低价格的趋势;尤其是佳能 5DMark Ⅱ 的面世,使相机拍摄高清视频成为可能。另一方面,数字后期制作技术也日益普及与成熟,小制作的高清电影变为现实。同时,越来越多的高校开设影视专业教育课程,一批社会培训机构也应运而生,这就为社会培养了一大批影视专业人才。如今,只要有了好的创意脚本,"三两个人、五六条枪(拍摄制作设备)",就可以轰轰烈烈过一把导演瘾。

2. 网络新媒体传播平台

与传统的大众传播渠道不同,微电影的兴起,依赖的是视频网站、社交网站和移动新媒体。它们具有的互动传播、口碑传播等特点,使其成为微电影快速成长的传播平台。一部微电影被上传到视频网站,如果内容吸引人,就会被分享到社交网站,如腾讯 QQ、开心网,等等。如今,中国网民中,微博用户已占了一半以上。微博具有信息分享、传播与获取的功能,每位微博博主同粉丝组成了社区网络,这些社区交叉重叠、相互影响。在微博社区,博主可以同粉丝之间共享喜爱的微电影。而一旦微电影进入了社区网站,伴随着话题与口碑、裂变式的信息传递,其传播效果就会递增。"筷子兄弟"制作的微电影《父亲》,上线网络首映当日,点击率就突破 1000 万。

随着移动网络技术的提升,手机已成为微电影的亲密伙伴。作为传播平台,利用手机客户端软件,不但能观看而且能够下载微电影。手机拍摄技术的进步,使凭借一部手机就能拍摄微电影的导演梦成为可能。早在 2011 年初的第 61 届柏林电影节上,韩国导演朴赞郁、朴赞庆两兄弟凭借 iPhone 手机拍摄的《波澜万丈》获得短片金熊奖。同样,获得 2012 年第 85 届奥斯

---

① 《2012 微电影行业数据分析——受众喜好分析》,来源网址:http://www.bale.cn/content-144-1810-2.html。

卡最佳纪录长片奖的《寻找小糖人》，后期就是使用 iPhone 手机和自带怀旧风格特效的"8 毫米相机"软件完成拍摄与制作的。

3. 产业链条初具规模

如今，微电影已经初步形成投资人、创作者、播出平台这样的产业链条。首先是投资人。早期的微电影投资人往往也是创作者。胡戈拍摄的《鸟笼山剿匪记》就是自筹资金 20 万元拍摄的。如今在校大学生成为这类微电影投资模式的主体，《哇！河豚》《90 后》等一批在视频网站广受关注的微电影就是这样拍摄完成的。这些学生投资人往往学的是影视专业，依靠自身的专业技能身兼导演或编剧，有的连后期制作都"一担挑"，其目的就是为了节约资金成本。现在，企业已成为微电影投资主体。这种模式是企业将拍摄诉求委托给影视公司、视频网站或专业工作室去完成。现代汽车投资拍摄的"不可能的可能"系列微电影就属于此。还有一种就是企业与制作方联合投资拍摄。由雪佛兰赞助，中国电影集团联手优酷网共同制作的"11 度青春"系列微电影；由三星赞助，新浪微博等企业制作的"4 夜奇谭"系列微电影都是采取这种投资模式。

其次是微电影的创作者。微电影为许多草根导演提供了成名的舞台。像《老男孩》的导演肖央、王太利，《雷锋侠》的导演马史，都是依靠微电影这个平台，一夜名扬，成为业界黑马。这些草根导演大多有着在影视圈摸爬滚打的经历，或者受过专业的影视教育。当然，一些知名导演王家卫、姜文和知名演员徐峥等，也乐于在微电影领域开疆拓土，游刃有余地玩上几票。不过，由于推广、主题等原因，还有一批微电影没有受到观众的青睐，他们的创作者在默默地等待幸运女神的眷顾。

最后是微电影的播出平台。视频网站创立之初，就是依靠免费上传、浏览、分享、下载功能，聚集了一大批短视频与微电影资源，汇集了一批微电影的原创作者，吸引了大批网民。应该说优酷、土豆、酷 6 视频网站是微电影的首推播出平台。社交网站也是微电影的重要播出平台。据优酷网的一项调查显示，72% 的优酷网民有转发、引用视频的习惯。为此，视频网站普遍设置了与社交网站的链接分享，通过新浪微博、腾讯微博、人人网、开心网等主流社交网络，将微电影迅速传播出去。作为传统媒体的电视台，如今也看到了微电影的影响力。以青海卫视、厦门卫视为代表的一批卫视台，相继开辟了微电影栏目《幸福微剧场》《东娱微剧场》，中央电视台《爱电影》

栏目也推出了主打微电影的《爱优微》子栏目。这些微电影不但丰富了电视节目，而且也吸引了一批年轻的观众，对传统媒体电视台来说，是一件既叫好又叫座的事情。

（三）传播效果分析

微电影的异军突起，既为观众带来了新的视频创作感受，同时又为企业带来了新的广告创作模式与营销传播模式。微电影的传播效果、特点主要表现在以下几方面。

第一，微电影传播中的议程设置更加灵活。议程设置理论是由 20 世纪 70 年代美国学者麦库姆斯和肖提出来的传播学理论。该理论认为，传播媒介以赋予各种议题不同程度"显著性"的方式，影响着公众瞩目的焦点和对社会环境的认知。传播媒介给予的强调越多，公众对该问题的重视程度越高。对于传统媒体电影、电视来说，议程设置的主题是单一的，受众只能被动接受。不过微电影的传播媒介——互联网络具有天然的开放性与互动性。在这种环境下，网络媒体与网民都既是信息的传播者，又是信息的接受者，议题的设置不再是媒体的专利，网民也可以进行议程设置。一部微电影只有引起网民兴趣，才可能被广泛传播。否则，即使有网络媒体的推介，网民照样可以不买账。网民的兴趣成为议程设置的关键。

第二，微电影传播注重"以情动人"。好的微电影注重从情感上拉近与受众的距离。《老男孩》反映的"70 后""80 后"中青年观众的人生情感与经历。《马格回家》则是直击"北漂"春节回家所面临的亲情、感情的纠葛。其预告片直言"马格即将回家，北漂你，准备好纸巾了吗"，以此引起"80 后""90 后"网民的关注与共鸣。情感对于人们心理的重要性，恰如美国心理学家 W. 巴克教授所说："态度扎根于情感之中，所以可能变得很持久。虽遭非难，人们仍倾向于坚持自己的心理倾向，增加的认知几乎不会改变人们的态度。"[①] 微电影正是注重在"情"字上做文章，因而能够在极短的时间内吸引大批观众。

第三，微电影传播树立的是品牌整体形象。微电影的衡量标准不是传统意义上的电影票房，而是网络点击率与转发量。显然，微电影中植入的广告不

---

① 李彬：《传播学引论》，新华出版社，2003，第 189 页。

能生硬与露骨，它类似于品牌广告，以树立产品品牌形象、提高品牌的市场占有率为直接目的，突出传播品牌在消费者心目中确定的位置。因此，微电影注重通过故事内容与情节的设计，凸显品牌的内涵。如微电影《妈妈的谎言》，通过阐释主题"爱心妈妈，呵护全家"，树立了舒肤佳进入中国20年的品牌诉求。此片播出一个月，点击量就突破336万次，舒肤佳产品出货量同比上年就增加了30%，创下同期最高纪录。

三 微电影井喷式发展背后的经济学

（一）微电影的可营销性

首先，微电影搭建了广告主与受众之间的桥梁。微电影可以根据广告主的要求，量身定做。只要微电影的主题符合品牌内涵与精神即可。同时，聪明的广告主善于将自己深埋于微电影的故事之中，依靠的是清风拂面、润物无声的情节打动观众。比如女性时尚期刊《ELLE》投资拍摄制作了《520我爱你》女性系列微电影，每部微电影中都会巧妙地出现"520"这个数字。原来，每月的5日与20日都是《ELLE》出刊的日子。

其次，微电影与观众有良好的互动。一个成功的微电影在拍摄之初，就会结合观众的口味创作剧本。有的创作机构通过互联网络等平台，公开待拍摄的微电影脚本，征询观众的点子与建议，从而使作品更加贴近观众的需求。从拍摄题材上看，微电影与现实题材的结合比较紧密，话题关乎人们生活，具有广泛的讨论性与可传播性。优酷携手联想制作的《末日过后》《末日来电》等系列微电影，就是以2012年玛雅预言的世界末日为背景，以勇敢的爱为主题，因而被网民欣赏迅速蹿红。

再次，微电影的制作成本相对较低。微电影快速发展至今，尽管也有投资过千万元的大制作，但是投资几十万甚至几万元的中小制作依然占了大多数。与只有15秒钟的电视广告，动辄数百万甚至上千万的投入相比，几十分钟的微电影投入产出比还是相当划算的。同样，与依靠"大投资、大制作、大推广"的电影相比，微电影依靠网民的相互推广与传播，就能够创造很高的点击率。2010年底出品的"4夜奇谭"系列微电影，点击总量超过了2.1亿次——而中国大陆一年所有电影的观影人次差不多只有3亿而已。

（二）微电影的商业盈利模式

目前主流的微电影商业盈利模式主要包括用户生成内容（UGC）、广告定制微电影、微电影中的植入广告，它们所生成的产业链也有所不同。

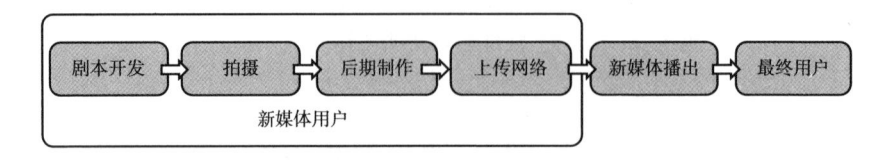

图1　用户生成内容产业链示意图

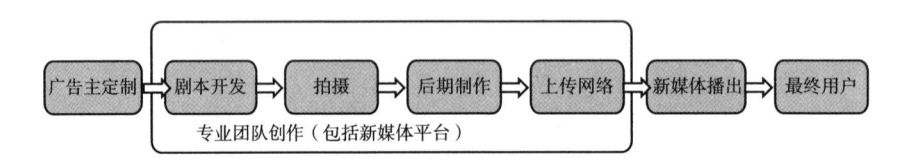

图2　广告定制电影模式产业链示意图

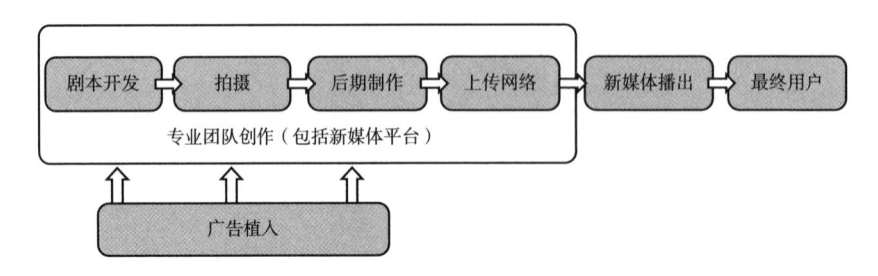

图3　微电影植入广告模式产业链示意图

广告定制和植入式广告是目前微电影赢利的主要来源。虽然也有过微电影版权成功拍卖的先例，但习惯了免费观看视频的用户，很难一下接受付费观看的模式。不过坚冰终被打破。"免费+收费"的视频观看、下载模式已开始在优酷、乐视网实行。

2012年6月19日华谊兄弟宣布携手中国电信旗下天翼视讯传媒公司共建国内首家付费微电影微剧频道。此次合作，表明双方将利用各自在明星、导演、制作与传播平台方面的优势，开拓微电影新的付费盈利模式。同年的11月20日，国内首部付费微电影《身度》在北京举行首映礼,制片人黄灿明表示,尝试做付费微电影,是想为微电影寻找新的出路。

可以预见在不久的将来,微电影的商业盈利模式将会破除单一向多元化方向发展。

四 微电影的未来展望

(一) 微电影广阔的发展空间

微电影市场未来发展的空间有多大?据《2011年度中国手机视频服务发展状况研究报告》称,2010年手机视频市场收入为6.67亿元,预计2013年将达116.1亿元,由于手机用户大多利用碎片时间,微电影将成为主要内容,充分分享手机视频的增长空间。若年复合增长率不变,预计2014年微电影手机视频用户付费收入可能达300亿元,较2010年增长约45倍。在广告方面,微电影广告收入2014年可能达450亿元,较2010年增长9~10倍。[1]

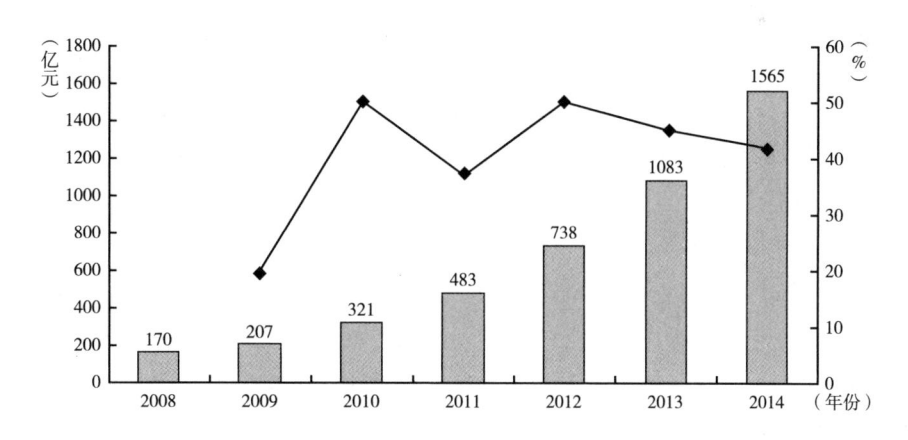

图4 中国网络广告稳定上升率(2008~2014年)

资料来源:艾瑞咨询,中投证券研究所。

---

[1] 以上数据援引自广州艾之媒信息咨询有限公司《2011年度中国手机视频服务发展状况研究报告》。

高涨的预期，使越来越多的企业与媒体加入微电影的创作中。在众星捧月之下，微电影在制作上的发展也呈现出两大方向。一个方向是偏艺术性的原创作品。这类微电影多以草根原创为主，投资规模较小，作品的质量良莠不齐，但题材贴近生活、关注现实。另外一个方向是偏商业性的剧情片。这类微电影一般由企业投资，有名导演、名演员加盟，制作精良，不过主题却要符合企业的品牌诉求。有的微电影植入广告太露骨，倒了观众的胃口。

（二）微电影发展中的瓶颈

1. 门槛偏低，缺乏规范

微电影的热潮，如今已发展成人人都想参与的"电影运动"。由知名导演到初出茅庐的草根，微电影的创作队伍可谓鱼龙混杂。这样拍出的微电影，虽然数量突飞猛进，但是质量却参差不齐。企业过度营销，影响了微电影的形象。香港导演彭浩翔因拍摄微电影"4夜奇谭"系列而名声大噪。可是在过去的一年，他却推掉了至少20个微电影项目，"品牌恨不得希望镜头里全是他们的产品，这令人反感极了"。究竟应该如何处理商业与艺术的关系，如何确立行业规范，是新兴的微电影面临的一个难题。

2. 盈利模式较单一

微电影至今还没有找到很好的多元化的盈利模式。完全依赖广告植入的商业模式，使微电影被有些人称为"加长版广告"。收费模式难以推广的原因，是缺乏微电影的版权保护。另外，收费渠道不畅，收费后如何分配也是个棘手的问题。

3. 人才培养没有跟上

微电影的发展离不开专业人才的培养。与传统媒体不同，微电影的创作者不但要懂电影，而且要掌握广告学、网络传播与影视制作技术。就目前来看，微电影人才的培养还没有到位，行业内缺少对微电影创作人才的有效资助，没有形成"微明星、微名导、微品牌"效应。

（三）微电影的未来发展策略

1. 创意引导，故事为王

随着微电影的大量拍摄，创意就显得十分重要。一部微电影要想得到观众的认可，必须要有好的创意与策划。无论是编剧还是导演首先要熟悉微电影的受众兴趣点。马史 2011 年电影学院导演系毕业后，经过对微电影市场的调查研究得出微电影走红的"秘籍"：必须有高超的视频技术、俗气的草根文化、完美的创意想法和令人感动的故事情节。如果能够做到其中 3 条，成功机会就会大大增加。① 果真马史的《雷锋侠》火了，他也凭此跃升为新锐导演。

一个好的微电影首先是能够打动观众，让观众记忆深刻的作品。观众对国产电影不买账，却对好莱坞电影趋之若鹜，原因就是我们的电影不会讲故事，让观众感到乏味，而好莱坞却是讲故事大师、梦幻工场。这就要求微电影的创作者树立故事为王的理念。"'好故事'就是值得讲而且世人也愿意听的东西。"② 无论是"11 度青春"系列还是《梦骑士》这样的微电影，都是故事讲得好，才会红遍网络，受到观众追捧。

2. 特色优势，品牌提升

"微电影的优势在于，通过故事化、情节化的内容，全面展示品牌内涵，突破了 5 秒、10 秒、15 秒甚至是 30 秒常规电视广告的限制，从而实现品牌与消费者多层面、深层次的沟通。"新浪全国销售总经理李想如是说。同时，微电影的特色在于"微"。

"微"优势之一是快速与便捷。传统的电影拍摄与制作的周期都比较漫长，一般都在一年以上。微电影则不同，从创意策划到拍摄制作完成，短则几天，长则十天半个月就可完工。同样，传统电影的发行推广，从拍摄之初即开始，到影片上线之后还在进行。微电影的推广则十分便捷，通过视频网站的链接分享，可以迅速在社交网络制造话题，尤其是微博的博主既是接受者又是宣传者，这些层层传播可以通过鼠标的轻轻点击瞬间完成。这也是好的微电影一夜之间点击过百万的原因所在。

"微"优势之二是鲜活。微电影能够做到快速观看和便捷传播分享的同时，运用创意讲述一个令人叫绝的故事。"微"就是生活，柴米油盐酱醋茶与我们密不可分。微电影的题材来源于生活，可以做到随时随地关注"百姓身边的故事"。同时，伴随着各种节日、重大活动，我们都可以推出与之匹配的微电影。不仅如此，制作人可以利用网络平台，随时与网民沟通，获

---

① 张翼：《微电影大改变》，《光明日报》2012 年 4 月 27 日。
② 〔美〕罗伯特·麦基：《故事》，中国电影出版社，2001，第 25 页。

得微电影的灵感与创意。

"微"优势之三是特色品牌。微电影属于影视界的轻骑兵，它不需要承载产品和服务的所有信息，它只需要专注于某一观众感兴趣的点，提供可讨论的公众话题即可，正所谓一滴水可以见太阳。同时，要创造自己的品牌，微电影创作不能只追求昙花一现般的瞬间灿烂，要把品牌形象如松树般植入消费者心中，常绿长青永不枯竭。俗话说"船小好掉头"。微电影要始终把握受众的心理，迎合受众的口味，做到"小生活，大立意"。要不断推陈出新，形成自己的"微明星、微名导、微名剧"。

3. 衍生产品，赢利创新

影视行业中的衍生产品包括：同名小说、漫画、游戏、戏剧、音乐、玩具、服饰、景点等。衍生产品一直是影视行业中的高附加产业。在美国，衍生品的收入高达电影总收入的70%，远远高于电影票房；而在国内，电影收入的90%~95%都来自票房和植入式广告，很多电影的衍生品收入竟然是零。美国电影《星球大战》三部曲全部票房收入为18亿美元，其衍生品入账却超过45亿美元。迪士尼动画电影《狮子王》前期投资仅4500万美元，却收获了7.8亿美元票房，衍生品收入更高达20亿美元。目前，微电影市场的规模已接近了四五百亿，开发衍生品市场时机已经成熟。

如今，国内试水微电影衍生市场已不乏其例。微电影《老男孩》走红后，就开发出话剧版，其票房、口碑都不错。2012年浙江绍兴旅游集团为推介当地的旅游资源，投资拍摄了4部微电影。令投资方没想到的是微电影网络播出后仅7个月，绍兴景区接待游客数为278.39万人次，同比增长19.59%，门票收入同比增长27.25%，增收数百万元。

微电影要打破依赖广告的单一模式，就必须要树立整合营销的理念。要做到这一点就必须打破各媒体之间的界限，做到强强联合、优势互补。华谊兄弟与天翼视讯合作建立微电影频道后，推出的微电影收费平台已初获成功。2012年8月15日微电影《伦敦魅影》全网上线，短短3天时间，前两集的网络点击量累计超过1000万次，手机播放量超过300万次；8月23日，天娱、优酷、湖南卫视联合出品的"勇敢爱"系列微电影上线，其影响力更不必说，几乎每一部作品都会在上线当周就登上芭乐微电影排行榜。可以预见，通过开发微电影衍生品市场和付费收看这两种方式，微电影一定能够走出赢利困境。

4. 教育创新，选拔人才

微电影的发展离不开人才的选拔培养。高等院校与影视培训机构，都应该在这方面有所作为。在人才培养模式上，也应该采取大学科的视野与观念，使学生能够将影视制作、网络传播、广告营销等学科融会贯通。正如一位业界人士所言：学会制作微电影还不够，更要懂得营销、推广微电影。

不仅如此，各大网站、影视机构纷纷通过举办"微电影节、选拔大赛、影人计划"等挖掘各路人才，正如中国国际微电影节宣传口号所言："发掘电影新力量，探索电影新方向。"

的确，从文化产业发展的历史规律中我们可以看出：微电影产业的生存与发展核心是人才的培养与挖掘。

结　语

2012年2月颁布的《国家"十二五"时期文化改革发展规划纲要》中强调，要加强新兴媒体建设，制作适合互联网和手机等新兴媒体传播的精品佳作。有了时代的大背景，微电影就具备了初生牛犊不怕虎的精神。随着"百花齐放，百花争鸣"政策的推广，从创作内容上讲，更多类型的微电影会涌现出来；从作品形式上看，微电影制作的动画片、音乐MV、3D影片等也会开发出来；从融媒体发展角度，微电影衍生出的电子小说、戏剧、音乐、游戏等会大量生长出来。微电影是属于艺术还是商业并不重要，重要的是它能够带动文化创意产业的发展，为广大观众带来更多更精彩的影片。

2012年台网联动现状和发展趋势

赵梦萍[*]

【内容提要】随着"三网"融合的持续深入,电视台与视频网站之间的联动愈演愈烈。本文通过分析2012年台网联动的发展状况和背景因素,提炼总结出台网联动的发展趋势。

【关键词】电视台 视频网站 发展策略

台网联动,原本是一个用来描述电视台与有线网络公司合作的词语,在新形势下的"网"更多地被用来代表了电信网、互联网,逐渐地被用来定位电视台与视频网站的关系,所以台网联动往往是指电视台与网站之间的联动,主要包括从内容、制作、推广、播出、营销等方面进行合作。

2012年网络视频行业经历了大洗牌和重组,先后经历了优酷、土豆的合并,百度收购PPS将其纳入爱奇艺品牌下等大事件,行业巨头进行强强联合、优化资源配置,网络视频用户在这一年继续保持稳定的增长。与此同时,最近数据显示电视机的开机率连年下降,其中北京地区电视机开机率从三年前的70%下降至30%;"限广令"和"限娱令"的出现给各大电视台带来冲击,各电视台也开始积极地寻求新的出路。在这种情况下"台网联动"有了更深入的发展,大量的台网联动的典型案例不断涌现。

---

[*] 赵梦萍,北京电影学院中国动画研究院产业经济研究所助理研究员。

一 台网联动出现和发展的背景

(一) 视频网络成为用户观看视频的重要选择

随着视频网站近几年的不断发力,经历了上市、重组、兼并,国内第一和第二大视频网站优酷、土豆的合并,百度收购 PPS 并将其纳入旗下的爱奇艺品牌;视频网站的强强联合使视频网站行业出现几大巨头鼎立的局面,网络视频的内容、用户量、用户体验不断提升,逐渐成为广大用户收看视频节目的另一重要平台。

网络视频用户连续六年保持稳定的增长,据 CNNIC 数据,中国网络视频用户呈现持续稳定的增长态势,2012 年底用户规模达 3.72 亿人,与 2011 年底(3.25 亿人)相比增长 14.5%,净增 4652 万人(见图 1)。

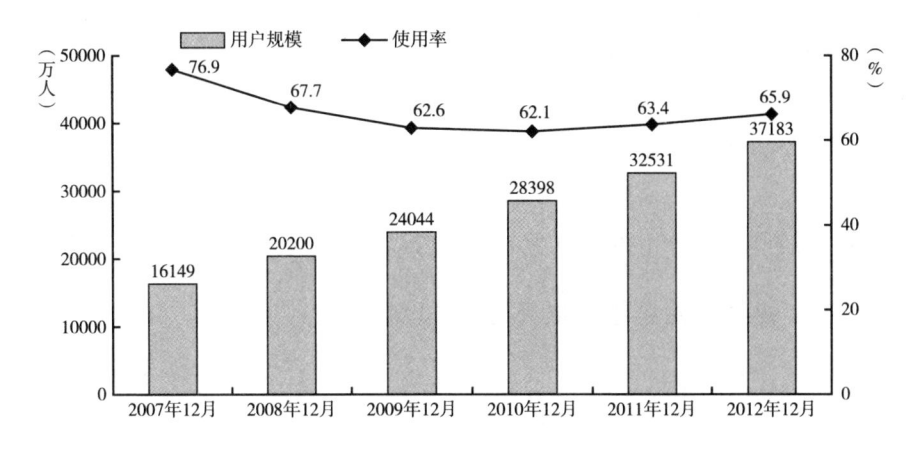

图 1 2007~2012 年中国网络视频用户规模和使用率

数据来源:中国互联网信息中心,《2012 年中国网民网络视频应用研究报告》。

(二) 传统电视观众流失,电视台危机意识强烈

与网络视频日益增长的用户数量形成鲜明对比的是电视近几年的开机率呈下降趋势,艾瑞咨询调查数据显示,在北京电视开机率仅仅为 30%。2011 年,上海地区电视开机率平均值为 27.2%;2012 年以来继续缓慢走

低,上半年上海电视开机率已跌到了27%以下。① 视频网站的发展对电视构成了一定的威胁,观众被分流,大量年轻观众逐渐远离电视,广告市场份额增速放缓。

在这种情况下,台网联动被重视,电视台也希望通过此种方式拓宽节目的播出渠道、实现节目的增值。2012年颁布的"限娱令"和"限广令"更是令以综艺娱乐节目为主的电视台雪上加霜,使广大的广告主将投放目标转向视频网络。

(三) 电视台与视频网站存在较强的互补性

视频网站与电视台的受众有明显的差异,在年龄层次、覆盖区域等方面形成了有效的互补。根据 CNNIC 中国网民网络视频应用研究报告数据显示,网络视频用户年龄层级主要集中在 10~39 岁之间,占比达 80.6%,网络视频用户呈现年轻化的态势,而电视的观众年龄层级主要集中在40岁以上,用户呈现出老龄化趋势。视频网站的用户主要集中在网络覆盖率较高,宽带速度较快的一、二线城市,而电视用户主要集中在三、四线城市。

台网联动能够大大地提升电视节目的覆盖范围,将电视节目全面地渗入广大的受众人群,不仅仅能够提升网站的流量、扩大电视台的品牌和传输通道,还能给广告主带来更为有效的营销推广。

(四) 视频网站希望与电视台合作

虽然电视台的开机率连年下降,但电视台的品牌优势、精良的制作能力和高到达率、覆盖率还是令视频网站望尘莫及。昌荣传播报告显示,2013年上半年,中国消费者电视接触度稳定在 90% 左右。虽然年轻的电视观众被网络视频和移动 APP 所分流,但是数据显示观众花在电视媒体上的时间依然远超过移动设备及视频网站 (见图2)②。可见电视台的主流地位在短时间内难以被撼动。

---

① 李燕京:《电视开机率越来越低 观看者越来越"老"》,《中国消费者报》2012年5月23日。
② 《2013 年上半年中国电视媒体市场回顾报告》,http://chinamedia360.com/newspage/20130814/1/D8F1741DB63B0A42.htm。

虽然最近版权价格泡沫破碎、趋于合理，但内容版权仍然占视频网站成本的重要部分，如何降低采购成本是视频网站面临的问题。于是台网联动给视频网站以契机，与电视台的联合采购、联合播出或联合营销，降低了视频网站的采购成本。视频网站希望借助电视台的强势媒体的品牌优势与内容制作能力提升自身影响力，一方面通过与电视台合作来打造电视节目，利用电视台精良的制作团队打造高质量的内容，并与电视台同步播出；另一方面增强自身自制剧力量，打造出众多观众喜闻乐见的、高点击量的自制节目，并反向输出到电视平台上播放。

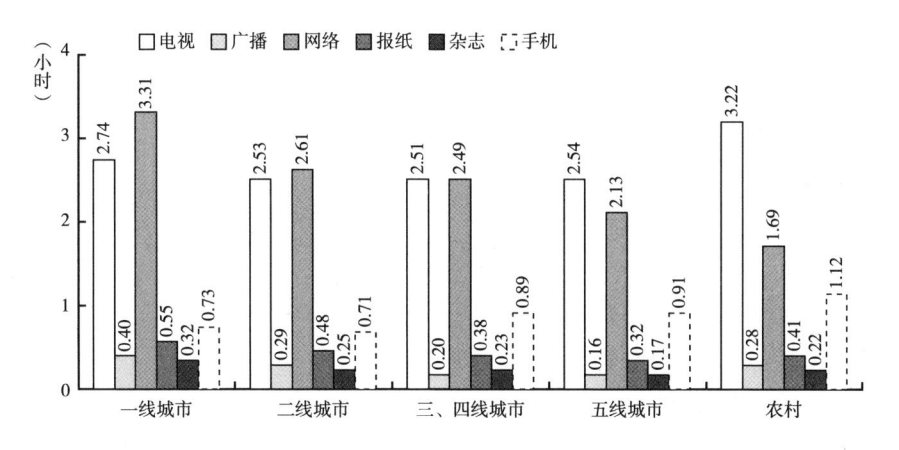

图2 不同区域用户的每日媒体使用时间

二 2012年台网联动的现状

（一）联动模式更加丰富

早期的台网联动只是台网联播，网络和电视共同播放一个节目，是基于版权层面的合作。各大电视台自己制作的节目授权网络播出，并没有起到 1+1>2 的效果。在2012年所推出的很多台网联动有了更深入的模式和特点。

台网联合走向共同投资、策划、制作、宣传、播出的深入合作模式。搜狐视频与湖南卫视深度合作的《向上吧！少年》是台网联动的经典案例。《向上吧！少年》与天天向上剧组合作，并由其主持人欧弟主持，台网两方不再仅仅是联合购买、联合发行，而是同为创作者和参与者，共同参与到节目创意、策划、生产、宣传各个环节，共同打造、包装艺人，为该档节目的品牌负责。据相关数据显示，《向上吧！少年》36 小时倒计时直播迎首场百强大赛，一举创下 500 万总点击数纪录，其中时长为 120 分钟的首场晋级赛直播则创下逾 200 万 VV（视频播放量）。《向上吧！少年》2012 年 5 月 25 日在搜狐视频的首播，创下了高收视率，在搜狐网络平台上选出了水平较高的选手，积累了超高的人气，为 7 月 1 日登陆湖南卫视奠定了较好的基础。于 7 月 8 日晚播出的《向上吧！少年》第二期节目，更是以 0.5% 的收视率和 3.13% 的收视份额，跃居全国第四位。

"AB 剧"联动模式的新尝试。湖南卫视与腾讯视频合作的《童话二分之一》成为台网联动的新尝试，虽然这次联动还是以传统的推广宣传为主，但是"AB 剧"联动模式确实吸引了不少人的眼球。AB 剧是指该部电视剧有两个结局，在湖南卫视播放 A 结局，腾讯视频播放 B 结局。官方公布两种结局，网友通过在腾讯网进行投票决定剧集的结局，观众换位变成了编剧，吸引了更多的用户参与进来，有效提升了观众的互动性与参与性。

（二）视频网站进入返销时代

购买电视台和影视公司制作的热门节目、大剧好剧来扩充自己的视频内容是视频网站吸引用户的主流形式。2009 年视频版权费用开始快速上涨，视频版权一路高歌，到 2011 年发展成上百万买一集的现象，给视频网站带来了巨大的压力，尤其是一些小型视频网站不得不面临转型或被收购的命运。

面对如此情况，视频网站开始意识到自制剧的重要性，纷纷投资电视剧、综艺节目、微电影的制作。各大视频网站也将自制剧看作是应对视频内容同质化现象、进行网站本身差异化发展、体现自身特色的一大手段，以期培养一批忠实于自身品牌的用户。

2012 年出现的大批自制剧，其中不乏广受用户喜爱的视频内容，优秀的自制剧开始被电视台关注并采购到电视平台进行播放。土豆网独立打造的电视剧《爱啊哎呀，我愿意》返销深圳电视台，其电视版权价格每集达到五六十万元，于 2012 年 3 月 12 日在深圳卫视和土豆网同步播出，成为首部被卫视购买的视频网站自制剧,从此视频网站返销卫视便拉开了帷幕。优酷自制、高晓松跨界主持的漫谈式脱口秀节目《晓说》于9月登陆浙江卫视黄金档;优酷自制娱乐资讯节目《优酷全娱乐》输出到北京卫视、上海东方卫视;同年7月爱奇艺网自制剧《奇异家庭》被江西电视台影视频道采购;截至2012年爱奇艺累计向各级电台、电视台反向输出自制节目内容时长已超过4万分钟,输出不同节目形态超过10档,输出至电台及电视台机构共计近30家。[①]

(三) 电视节目与社交电视应用

随着移动通信技术的发展、3G和智能终端的普及,传统的互联网企业抢滩移动互联网,各大视频网络公司把占据移动终端作为公司战略的重点。作为国内视频网站龙头的优酷网发布了最新移动流量数据报告,报告结果显示,截至2013年3月,优酷移动端日视频播放量(VV)达到1.5亿次,流量季度环比增长50%,日独立访问用户(UV)高达2000万人,人均日访问时长70分钟,月度覆盖用户达到1亿人。这是继2013年1月1日,优酷宣布移动端日视频播放量过亿之后的又一次大幅增长。又如大量社交电视应用层出不穷,如火花电视剧、蜗牛视频、野火视频等,以其新颖的产品设计和良好的用户体验不断地吸引用户。

据CNNIC数据显示,2012年用户主要通过PC电脑(台式机/笔记本)上网看视频,使用比例达96%;使用移动设备(手机/平板)上网看视频的比例也达到了49.4%。随着移动设备性能提高、无线网速加快,以及视频客户端操作设计的优化,移动网络视频也将逐渐被人们接受。

面对互联网如火如荼地开拓无线市场,传统的电视台跃跃欲试,开始考虑传统电视与移动互联网的结合,推出基于电视台的手机APP,将电视台搬到移动终端上,用户可通过手机APP观看电视节目。比如湖南卫视的芒果TV手机客户端、中央电视台的CNTV手机客户端等。另外有的电视台还开发推出社交手机APP,实现电视与手机APP的互动。其中

---

① 迟有雷:《自制剧也疯狂:多家视频网站转战自制内容》,http://video.iresearch.cn/sharing/20130629/203247.shtml。

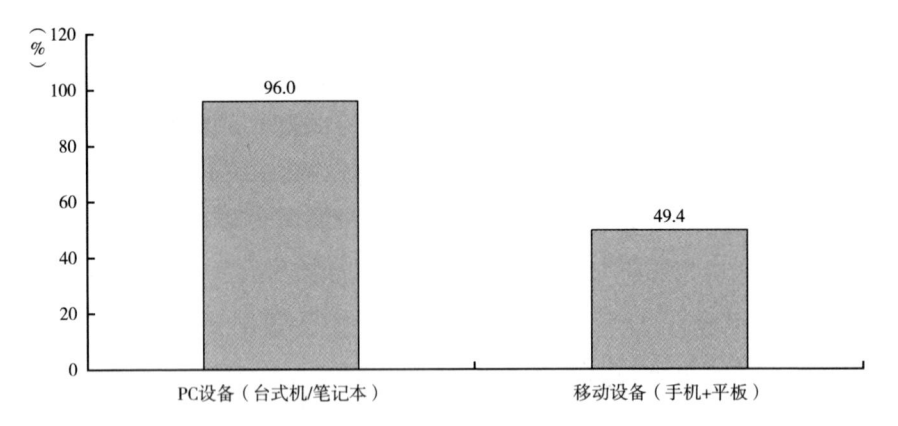

```
    %
   120
   100   96.0
    80
    60                    49.4
    40
    20
     0
     PC设备（台式机/笔记本）  移动设备（手机+平板）
```

图3　2012年网络视频用户终端设备使用率

数据来源：中国互联网信息中心，《2012年中国网民网络视频应用研究报告》。

湖南卫视又是走在前面，在2012年底跨年晚会上首次推出了一款基于电视互动的移动社交应用"呼啦"。该应用由湖南卫视负责整合自家卫视节目，实现边看电视边与好友进行聊天互动功能，通过二维码拓宽了用户反馈的渠道。良好的激励机制促使用户紧跟湖南卫视的电视节目，实现了电视与手机的联动，提高了湖南卫视节目的黏度。据悉，截止到2013年上半年，移动应用"呼啦"已积累用户600万人，与此同时"呼啦"不断地进行产品的升级，又推出"呼啦Ⅱ"，周平均用户活跃度超过50%。

另外一款具有电视交互功能的应用是酷云TV。与"呼啦"通过二维码打通线上线下互动不同，酷云TV通过语音识别技术能够识别当前播放的电视节目，根据不同的节目内容推送相关的信息内容，如进行投票互动，推送广告链接，等等。

电视社交应用的兴起逐渐改变观众看电视的习惯，观众不再是被动的接受者，可以通过社交应用进行及时的互动，跟好友进行讨论、对PK类的节目进行投票、进行结果的竞猜，一定程度上改变了电视单向线性传播、互动性差的弊端。同时广告自动识别功能改变了传统电视枯燥的广告播放形式，用户与手机上的广告"玩"起来，用户可以从中获得优惠券、赠品等惊喜大礼，并可一键转到淘宝商家进行购买，大大提高广告的转化率，所以无论对观众、广告主还是电视台都是有益的。

三 台网联动模式的发展趋势

(一) 从台网联动到网台联动

台网联动主要是指以电视台为主，网络处于相对辅助地位，在台网联动中网络媒体往往是出于比较积极的心态，电视台凭借丰富的品质内容和高到达率、强有力的品牌效应，吸引视频网站积极与电视台进行合作联动。随着视频网站的崛起，视频网站从资金、制作力量、受众和覆盖度等都有大幅的提高，视频网站涌现出越来越多的高品质自制剧，电视台与视频网站进行合作的愿望也越来越强烈。"网台联动"这一词开始频繁地被用来描述视频网站与电视台的合作关系，视频网站也会在以后的联动中扮演越来越重要的角色。

(二) 继续加大对电视互动性的探索

2012年电视社交应用开始出现，如湖南卫视的"呼啦"、东方卫视的"哇啦"，给用户观看电视带来了更丰富的交互体验。在未来，电视台会更积极地利用互联网和移动网络提升内容的互动性，增强受众黏度。在通过微博、微信、网络视频、移动社交APP进行宣传互动之外，互动性电视也是传统电视台未来探索的渠道。

(三) 继续加大对高质量视频的投入，建立完善的版权视频库

2012年视频网站涌现了大量高品质的自制剧，从热播三年的优酷自制《泡芙小姐》到已超4亿播放量的搜狐视频自制《屌丝男士》，从爱奇艺向电视台输入超过4万分钟的内容到56网的《微播江湖》遭多家电视台不同程度的侵权事件的发生，我们可以看到视频网站自制剧的影响力不断加大，视频网站未来会更多地利用自身制作团队或通过与相关制作公司或电视台联合投资制作推出更高品质的视频内容，丰富视频版权库，实现从渠道向内容集成服务商的转变。

·创意设计·

浅析互联网品牌中的动漫形象

曹 鑫[*]

【内容提要】 当今社会，越来越多的互联网公司或者产品选择动漫形象作为其品牌的代言，这种现象的产生与互联网企业自身和动漫形象本身的特点有着很大的关系。本文将对这种关系进行一定的分析，并对常见的动漫形象与互联网品牌的结合案例进行一定的分类研究。希望本文对互联网时代的动漫产业的转型起到积极的推动和促进作用。

【关键词】 动漫形象 互联网品牌

自20世纪90年代互联网革命爆发以来，互联网已经成为与电视广播等媒体一样重要的传播媒介，而随着智能手机的流行和普及，移动互联网也越来越成为我们每个人日常生活中非常重要的组成部分。越来越多的互联网公司或者产品采用动漫形象来为自己的品牌进行代言，如今许多知名互联网公司的主力产品都纷纷推出各自的动漫形象作为自己品牌的代言或者作为营销推广的重要组成部分，例如腾讯公司的著名动漫形象"小企鹅"，淘宝公司的动漫形象"淘公仔"，以及新浪公司的"大眼睛"，等等。这种现象已经越来越成为互联网公司中盛行的一种品牌设计潮流，因此对这种现象的研究，十分有助于动漫产业界以及互联网界进行创作和合作，从而互相推动各自产业的发展，在这个动漫发展的新兴领域实现共赢。

---

[*] 曹鑫，北京工商大学艺术与传媒学院讲师，北京电影学院中国动画研究院产业经济研究所副研究员。

浅析互联网品牌中的动漫形象

首先我们要问的问题就是，为什么互联网企业开始偏爱动漫形象呢？这是由互联网自身的特点所决定的，互联网和移动互联网产品具有传播范围广和传播速度快的特点，每一个用户（或受众）都可以在网络连通的情况下，随时随地快速地获得信息，因此无论是深处万里之外的美国还是在中国，用户都可以跨地区跨时区地进行信息传播。因此我们常说互联网使得人们获取信息变得更加公平了，从传播速度上来说互联网也具有无与伦比的优势。与有固定播出时间的电视和电台广播相比，互联网用户不用等到特定的时间来接收所要传达的信息，而是可以在互联网上信息发布的第一时间就能获取信息，因此互联网的传播速度往往具有"燎原之势"。而且互联网产品的特点还在于可以使用户进行双向的互动，传统的电视广播和纸质媒体，用户只能相对被动地接受信息，而不能将信息与之交流，也不能在用户之间互动交流，而互联网这个平台使得身处世界不同地点的人也可以方便地交流信息，因此和真实的人类社会一样，在互联网上还存在着一个"虚拟"的社会。正是因为互联网的传播范围广、速度快、互动性强这些特点，使得互联网的产品市场竞争非常激烈，不但新产品日新月异，而且互联网公司互相抄袭产品功能的情况也十分普遍。一个具有原创精神的新兴互联网企业一旦获得成功，就会迅速出现大量的模仿它的公司出来争夺市场，例如当前在大众中还很火热的互联网产品，可能很快就会被新崛起的产品或者自己的"山寨"版本所取代。因此每个互联网产品为了保住自身的地位，除了不断地在功能上对自己的产品进行完善，推出新的服务之外，另一个急切的问题就是建立和巩固自己的互联网产品的品牌，通过品牌来对自己在用户心中的形象进行区分，并通过建立用户对品牌的忠诚，来尽可能地使自己的产品在用户中长盛不衰。

要建立自己的互联网品牌，首先就是要使得自己的品牌能够从众多功能同质的产品中脱颖而出，使得自己的产品具有独特的"气质"，在传统的品牌营销之中，企业和公司往往首先会建立一套企业形象识别系统（CIS），而其中的企业形象识别系统最重要的一点就是视觉形象系统（VI），这其中包括这个品牌的商标和标识的设计，相关的色彩设计等相关视觉规范的设计。一个标识要想在人们心中产生深刻的印象，首要的一点就是要有一定的历史积淀，或者说传播期，在这个过程中，产品的标识变得越来越深入人心。例如德国奔驰公司的代表"海陆空"的经典三叉星标识，就是在奔驰公司百年的历程中，逐渐地在大众的心中建立起其强大的品牌魅力的。但是在实践中，大多数互联网公司的视觉标识设计都无法快速给用户以非常长久的印象，这是因为互联网公司大都是非常年轻的企业，大都没有长久的历史，因此大都缺少具有历史意义的标识作为它们的形象识别的标志。因此由于没有历史积淀，用户也很难从已有的记忆和知识信息背景来了解这个公司所特有的魅力，因而达不到品牌识别的目的；另外，新兴互联网公司大多是依托高科技技术发展起来的，因此在自身的标识设计上也十分地偏爱抽象的图形符号，而由于这种抽象的图形符号大都不很容易使人留下印象或者记住，也就很难将其作为自身公司形象的表达。例如深受我国人民喜爱的网络聊天软件QQ的母公司腾讯公司，作为一个高科技公司也是选择了简洁的基于字体变化的标识作为自己企业形象的标志，但是很显然这种标识不足以传播其公司的形象，而必须借助更加具有特异性和传播性的标识才能在用户心中产生较为深刻的印象。

为了使得这个产品能够一炮打响，快速传播，除了抽象的商标标识以外企业惯用的另一个选择就是使用名人形象来进行代言，名人代言如果使用得当，通常可以快速地提高企业产品的知名度，快速地让用户产生印象，从而达到品牌识别的目的。但是互联网企业的初创阶段，往往没有较多的广告营销预算，很难拿出大量的资金来找名人进行代言，并且如果要想请到知名度高的名人形象，就需要付出巨大的经济代价。例如如今炙手可热的阿根廷足球明星梅西的代言费要价高达500万欧元（约5000万元人民币），这个代言费用甚至超过了很多中型互联网公司的总投资额，但是如果找知名度较低的名人进行代言，虽然代言费用较低，却难以达到公司预定的品牌传播目的。名人代言的另一个危险在于，越是有名的名人，为了追求自身经济利益的最大化，往往会选择给多家公司或者产品进行代言，对于所代言的企业来说，会降低这个名人在受众心中的品牌区分度。也就是说，用户往往会分不清这个名人是为哪家公司或者哪个产品进行代言的，例如我们刚才提到的著名阿根廷球星梅西，代言了从汽车、软件到时尚服装等众多企业的产品品牌，因此受众有时很难分清梅西到底是哪个品牌的代言人，从而不利于所代言的企业在受众中进行自身品牌的区分。

那么当传统的企业识别系统和名人代言都无法完成互联网产品品牌这个特殊的代言形象的时候，许多互联网公司就开始选择动漫形象作为其品牌的代言，并且都取得了相当不错的品牌识别效果。例如：从大型门户网站来说，新浪公司选择"大眼睛"作为自己公司的吉祥物小人，搜狐公司选择小狐狸作为自己的形象代言，百度公司的"Hi"网络聊天软件选择"气泡熊"动漫形象作为自己的形象代言，淘宝公司也推出了自己的"淘公仔"动漫形象，谷歌公司的安卓操作系统使用了一个小机器人动漫形象来为其智能手机平台进行代言。除了自创的动漫形象，摩托罗拉公司还曾经找来著名的动漫形象"兔斯基"作为自己的品牌的形象代言，而腾讯公司QQ聊天软件的"小企鹅"形象更是深入每一个用户的心中，成为动漫形象代言互联网公司品牌的经典案例。

为什么动漫形象会如此受到互联网公司的青睐呢？动漫形象首先具有很强的艺术夸张性，因而可以构建出在视觉上具有特异性的视觉形象，这就容易使其代言的形象能够有较强的视觉上的区分，例如著名的网络下载软件公司迅雷公司推出的"蜂鸟"的形象，就很好地与其他品牌千篇一律地强调"下载"这个较为抽象的概念的形象进行了区分。其次动漫形象具有虚拟的生命力，虽然动漫形象并不是真实存在的事物，但是通过艺术的表达，却往往也具有鲜活的生命力。例如迪士尼公司经久不衰的动漫形象角色——米老鼠和唐老鸭，虽然不是真实的活物，但是它们却一直活跃在动漫爱好者的心中，并且不像名人形象那样容易受到生理状态和自身表现的影响，因此优秀的动漫形象不但具有和名人形象接近的魅力而且也可以在很大程度上规避名人形象的一些弊端。再次动漫形象具有很强的娱乐性，这是因为动漫形象的产生就是从受众娱乐的需求开始的，因而受众就会更加容易接受有趣且具有娱乐性的动漫形象，因而优秀的动漫形象具有非常强的亲和力，非常有助于通过这个动漫形象来将这个角色介绍给用户，在用户之中进行传播。这里最成功的例子，莫过于腾讯公司的"小企鹅"动漫形象，通过这个非常可爱的动漫形象，腾讯QQ软件也被介绍到了千家万户，这个动漫形象老少皆宜，人见人爱。由于这种动漫艺术风格的流行，以至于人们一旦看到这个可爱的小企鹅就会想到腾讯公司的QQ产品，很多人都不知道腾讯公司是什么，或者它的标识是什么，但是却将QQ这个形象深刻地印在了心里，通过这个小企鹅在用户心中建立了动漫形象和QQ产品的深刻印象。最后一方面，在互联网公司中使用动漫形象，尤其是使用自己公司原创开发的动漫形象，可以相对容易地控制预算，因为动漫形象的设计或代言费用相对大多数名人形象的代言费较低，与动辄数百万数千万的名人代言费用相比，动漫形象代言对互联网公司的成本控制有着极大的经济意义。那么动漫形象与互联网公司品牌的结合有哪些常见的形式呢？每种结合的方式其特点是什么呢？接下来笔者就将对市场上常见的大型互联网公司的动漫形象代言状况进行分析。

当前的互联网产业主要有传统互联网和移动互联网两个主要的发展区域，传统互联网产品主要在个人电脑平台上，而移动互联网产品主要在智能手机平台上，从产品类别的方向来说当前的互联网公司主要有门户网站（例如新浪、搜狐），即时通信类公司（例如腾讯），还有电子商务公司（例如淘宝），网络下载类公司（例如迅雷），以及网络安全类公司（例如360安全卫士）等诸多门类。通过上面的介绍我们可以发现，现在的这些大型互联网公司有很多都已经采用了动漫形象作为自己的品牌代言，但是我们可以发现其产品功能或者品类与其选择的动漫形象之间并没有直接的关联，因此笔者选择通过以下三个方面来对这些动漫形象代言互联网公司的案例进行分类和分析，第一是从动漫形象与其所代言的互联网公司的用户之间的关系来分析，第二是从品牌特色和其选择的动漫形象之间的内在关联的角度进行分析，第三是从视觉识别系统与其选择代言的动漫形象之间的关系进行分析。

第一个思路是从动漫形象与其所代言的互联网公司的用户之间关系的角度分析。很多互联网公司所选择的动漫形象设计，本质上是基于其特定用户群体"亚文化"的动漫形象设计，这些动漫形象通过满足其受众的"亚文化"动漫审美诉求来建立其品牌形象与受众的连接。每一个互联网公司的产品都有其特定的用户群，而互联网公司的主要用户群，尤其是新兴的互联网公司的用户群体都较为年轻，这些新兴的"80后""90后"，甚至"00后"用户们，都具有较为鲜明的个性特色和时代特征。他们有着自己特定的爱好范围和生活形态，与他们的父母一辈的爱好和所处的社会形态都很不同，因而形成了属于这一代人所特有的"亚文化"。正是因为这些互联网公司选择了与用户具有相同"亚文化"背景的动漫形象，才使得这些动漫形象有效地建立了与其用户受众的连接，从而很好地起到对品牌的传播和推动作用。

以腾讯QQ聊天软件的动漫形象"小企鹅"为例，这个软件的主要用户群体是出生于20世纪的"80后"和"90后"群体，一方面他们追求个性，爱好幻想，正是因为他们追求个性的这个特点，使得他们在一定程度上有些排斥主流文化那种缺少个性追求共性的特征，每个人都有非常多样性的"亚文化"爱好，希望看到变化和不同；另一方面很多人都是从小看动漫长大的，对于动漫有着一种自然而然的爱好，而对于动漫文化的这种共同的文化爱好，又使得有着不同的"亚文化"爱好的青少年群体在爱好动漫这一点上具有了很强的共性，使得这一群体具有了相对统一的共性。在这个"亚文化"层面上来说，这些青少年具有共同的审美诉求。从这个"小企鹅"动漫形象来说，它本身就具有很强的"亚文化"特征，它所代言的本来是一个非常技术性的进行网上交流的高技术工具，但是腾讯公司没有选择更加具有指代意义的，代表"下载"和"交流"的抽象符号来作为产品标志，而是选择了非常独特可爱的"小企鹅"形象来作为代言，小企鹅这个角色本身的"憨态可掬"就表达了很强的可爱和友善的感觉。而且更为重要的是，赋予了这个小企鹅一个动漫化的形态，而这种动漫艺术风格再一次地迎合了QQ聊天软件用户的"亚文化"审美诉求，因此这才是"小企鹅"大受欢迎背后的秘密所在。

  还有一个经典的例子就是我国最大的电子商务企业淘宝网的"淘公仔"，此形象的推出也极大地起到了宣传这个互联网公司的作用。淘宝网的主要用户群体是社会上具有较强购买力的群体，他们也有与腾讯的用户相同的对于动漫的"亚文化"审美诉求，而更进一步的是，淘宝网的策划部门对此作了更加深入的分析。在当代的青少年动漫爱好者中，有很大的一部分是玩偶的爱好者（香港地区叫做"公仔"）。"公仔"是20世纪港澳地区动漫产业高速发展的产物，特指动漫影视、游戏、角色形象的衍生实物产品，这种人形玩偶产品本质上来说是一种玩具，但是这种玩具不但被儿童喜欢还被成人所喜爱，这也是一种"亚文化"的体现。例如当今的"80后"青年人，按照社会主流的文化和价值观来看，早就已经应该对这种"儿童玩具"不再喜欢和迷恋，但是很多"80后"在步入成年之后，仍然十分狂热地收集这些玩具，这些爱好者们有着自己特定的圈子，排斥他们长辈所倡导的主流文化。而淘宝网的很多青年用户正是这种"亚文化"的代表，他们喜欢从互联网上购买各种各样的服装、小玩具或者小饰品，而且淘公仔的设计更加有趣的一点是，虽然这个动漫形象具有一样的形态，但是却可以由用户任意地进行外表图案的设计，这也很好地满足了这一代人的追求与众不同、追求个性的心理诉求。因此通过这个"淘公仔"动漫形象角色，淘宝网很好地满足了用户的"亚文化"诉求，并加强了与用户之间的关系。在当前的互联网动漫形象设计的案例之中，这种借助于动漫形象与用户的文化共性来进行设计的案例最为常见，与此相同的还有"百度Hi"网络聊天系统的"气泡熊"动漫形象等例子。

  第二个思路是从品牌特色和其选择的动漫形象之间的内在关联的角度进行分析。由于互联网产品的高科技特点，使得很多互联网公司选择的动漫形象，常常是其公司高科技产品或技术的一种拟人化或者隐喻化表现。推广一个高科技产品品牌，最大的难题就是，很难让用户理解或者向用户去解释这种概念，而动漫形象由于其艺术风格天然的亲和力，就很有助于互联网企业向其受众来解释或者阐述其中的理念。

  其中最为常见的一个案例，就是美国的谷歌公司为旗下的智能手机平台Android（中文称作"安卓"）系统推出的"小机器人"形象。这个"小机器人"形态非常简洁，只保留了一个机器人的最基本的一些特征，但是却很好地诠释了谷歌公司自动化、科技化为人服务的理念。"安卓"智能手机平台的科技理念虽然较难令人理解，但是有了这样一个动漫化的拟人形象，这个看似冷冰冰的高科技产品一下子就变得容易让人理解和喜爱了。国内的著名网络安全软件公司的"360安全卫士"，也在自己的产品中加入一个绿色小机器人动漫形象。"360安全卫士"是一个较为人性化的网络防火墙和杀毒软件，很多操作都是"一键完成"，也就是说用户可以不管其中的技术细节，只要点击就可以。但是在实际的用户使用中，有些技术选项仍然需要预先告知用户，而且有时候软件也会出现一些错误，那么这时这个绿色的小机器人形象就可以很友好且人性化的方式出现，对用户进行一定的引导，很友好地建立了用户和软件之间的桥梁。

  还有一个例子则是，迅雷公司的迅雷下载软件产品的"蜂鸟"动漫形象。在迅雷公司使用这个新形象之前，使用的是由三个"飞翼"的形状构成的一个较为抽象的形态，这使得用户较为不好理解这款软件的特点和特色是什么，而这个蜂鸟的动漫形象就十分贴切地表达了其中的意思。就是用户可以了解到迅雷软件可以像蜂鸟到许多花朵去采蜜一样，多通道地收集资源，从而为用户提供尽可能快的下载速度。通过这个形象，迅雷公司原本高科技的技术理念也一下子变得容易理解起来。与上两个例子不同的是，"安卓"手机平台和360安全卫士软件中的小机器人动漫形象是对高科技的一种物化表现，而迅雷的"蜂鸟"这个案例却是利用了蜂鸟的采花行为对其公司的技术进行了一种功能的隐喻。无论是拟人化的动漫形象还是隐喻化的动漫形象，本质上来说都是通过动漫形象将高科技互联网公司的技术特色对用户进行了更加易于理解的解释，拉近了用户和高科技的距离，使得高科技的产品也具有了亲和力。

第三个思路是从视觉识别系统（VI）与其选择代言的动漫形象之间的关系的角度进行分析。现在很多互联网公司所采用的动漫形象直接来源于其公司的标识，是其本身品牌标识的动漫化演绎。这种情况在我国当前的新浪和搜狐两大门户网站所采用的动漫形象标识中显得尤其突出。新浪公司本身的形象标识就是一个"大眼睛"形态，这个大眼睛的标识本身也被拟人化为公司的动漫形象，成为一个"新浪小人"，而搜狐公司的品牌标识中有一个部分就暗合公司名称"搜狐"中"狐"的狐狸尾巴，而搜狐公司品牌的动漫形象也正是一只可爱的小狐狸。在这个案例里面，我们可以发现，这两个公司的品牌标识和其动漫形象也连接得十分紧密，换句话说，这两个动漫形象实际上是其公司基本品牌标识的另一个动漫化的版本。而这样做的好处就在于，当需要应用在较为严肃正式的场合时，可以用公司的主要标识来进行展示，而当需要以有趣有亲和力的形象出现的时候，则可以用动漫形象来进行展示。还有一个原因在于，新浪和搜狐两大门户网站本身所面对的用户群体几乎涵盖了所有的互联网用户，其中既包括喜欢动漫的青少年，也包含中年甚至老年互联网用户，因此保持动漫形象与品牌标识的一致，满足了各个年龄段用户的审美诉求。

基于以上的分析，我们可以发现，由于动漫形象作为一种特殊的富有较强表现力的艺术风格，及其在满足受众"亚文化"审美诉求中的优势，使得其在传达互联网品牌这种特殊的高科技品牌内涵，建立起与受众之间的具有亲和力的传播关系上具有特殊的优势。如今越来越多的初创互联网企业选择动漫形象作为其品牌的代言，并且在其用户受众群体之中起到了很好的识别和宣传作用，对这种现象的深入研究，必将有利于动漫产业在互联网时代的转变和发展。

参考文献

李明合、王怡、史建：《品牌传播创新与经典案例评析》，北京大学出版社，2011。
朱健强：《品牌形象识别与传播》，厦门大学出版社，2010。
魏中龙、郭小强：《品牌形象与设计》，机械工业出版社，2008。
任伟峰、张然：《动漫艺术基础教程：动画角色设计》，苏州大学出版社，2012。
李喜龙：《卡通角色设计》，天津大学出版社，2009。
艾尔布莱特·罗赛切（A. Rothacher）编著《品牌背后的故事：企业文化与全球品牌》，黎晓旭译，广西师范大学出版社，2006。

·演艺娱乐·

中外影视产业基地对比研究

李明嵩*

【内容提要】 本文通过对国内外典型影视产业基地的基本概况的对比分析，总结出我国影视基地困境及存在的问题，主要体现在老影视基地盈利堪忧、仅靠剧组赚钱收支难以平衡、本土影视主题公园难获认同，而探究其发展困难的主要原因，首先是缺乏对现有市场竞争环境的重视；其次是影视产品销售渠道单一，缺乏市场调研；最后是缺乏长期有效的促销宣传手段，经营模式单一。我国影视基地要想保持可持续的健康发展，就必须借鉴国外主题公园自我维持的系统。

【关键词】 影视产业基地　主题乐园　衍生产品　软实力

一　我国影视产业基地与影视主题公园

产业基地是由政府或者民间组织、机构自发或者规划筹办的富于规划的且具有产业集群效应的经济体。产业基地因产业属性而异，规模不一，并表现出多元化特征。我国各类影视产业基地不断出现，但是在学术上影视产业基地与影视主题公园之间的界限还不是很清晰，在国家的文件中只有对文化创意产业基地或动画产业基地的界定。影视主题公园，即不以影视拍摄功能

---

* 李明嵩，北京电影学院现代创意媒体学院电影制片教研室主任。

为主，而是以影视拍摄场景、场地、道具、服饰、片段等为资源，以影视文化为主题的娱乐公园。国外最著名的影视主题公园即好莱坞环球影城。环球影城是世界上规模最大的围绕电影拍摄场景建立的主题娱乐公园，是一个能够让游客走入电影，亲身体验电影拍摄的神奇世界。经过不断完善和发展，好莱坞环球影城已经成为游客游览好莱坞必不可少的一个景点。目前我国国内的影视主题公园很难达到如环球影城一样的规模和影响力，但仍有一些具有独特的吸引力、发展较为成功的案例。本文把影视产业基地与影视主题公园归为一类加以分析。

以下简要介绍我国十大影视产业基地。

横店影视城是亚洲最大的影视拍摄基地，已有近千部影视作品在横店取景拍摄，有"东方好莱坞"的美誉。每天都有剧组在这里演绎着上至帝王将相，下至黎民百姓的悲欢离合、酸甜苦辣。每周日的上午，在明清宫苑都会举行一场明星见面会，在横店拍摄电影的剧组都会轮流出现在这个活动上。

上海影视乐园又被称为"车墩影视基地"或"松江影视基地"，以老上海风情场景著称。这里有十里洋场的繁华，也有石库门里弄的市井。置身其中，恍若隔世般穿越时空回到20世纪30年代灯红酒绿的旧上海，黄包车、有轨电车、老爷车穿梭在灰白色的街道中；"外白渡桥"、"黄浦江"、天主教堂，这里曾经上演的爱情故事将引领人们重温那段若即若离的乱世爱情。

中山影视城是围绕国父孙中山的生平而建，集中反映了孙中山先生领导的中国民族、民主革命进程。影视城包括中国景区、日本景区、英国景区、美国景区，走进中山影视城，除了全面而详细地了解孙中山的革命足迹，更能寻觅到不少民国题材电视剧中熟悉的场景。

长影世纪城是我国首家电影制片工业与旅游业相结合的电影主题公园，是借鉴美国好莱坞环球影城和迪士尼游乐园的精华建造而成。特效电影是长影世纪城最具特色的旅游娱乐产品，又被人们誉为"世界特效电影之都"。

北普陀影视城距故宫直线距离16公里，是一座集旅游观光、影视拍摄、影视培训、会议招待、文化交流于一体的大型多功能影视城，是继中央电视台无锡影视城、涿州影视城之后新崛起的，以明、清建筑风格为基调的第三大影视外景基地。其中最著名的要数"苏州园"，据说引发狂潮的《还珠格格》第一部有90%的戏份都是在这个院中拍摄完成的。

象山影视城因电视剧《神雕侠侣》拍摄的落户，一下子成为万众注目的热点。踏入影城，仿佛就踏入了武侠的世界，古战场、作坊区、村街区、归云庄、活死人墓、陆家庄、襄阳城、蒙古包等八大景点各具特色。

镇北堡西部影视城，镇北堡历经数百年沧桑，以其雄浑、古朴的风格，成为贺兰山东麓风景旅游景观，并以它那特有的神秘韵味，引起了中国许多著名电影艺术家的浓厚兴趣，被艺术家们称赞为"神秘的宝地"。更难能可贵的是，两座影视城中的城堡，本身就是拥有数百年历史的古迹。城里的瓮城被电影界称为"幸运之门"，曾出现在几十部影视剧的镜头里。

焦作影视城以春秋战国、秦汉、三国时期文化为背景的仿古建筑群著称，主要景点由文化广场区、周王宫区、市井区、楚王宫区、古战场区等多处影视拍摄景观组成。宏大的基地规模，丰富的拍摄场景，吸引了国内影视导演们纷纷率剧组前来焦作影视城取景拍戏。

涿州影视城主要围绕三国背景建设，最宏伟壮观的当属铜雀台景点，集亭、台、楼、阁、廊、桥、院、阙于一体，气势雄伟，历史的硝烟味就弥漫在身边。

二 国外主要影视基地介绍

1. 环球影视城

好莱坞环球影城位于美国加利福尼亚州洛杉矶市市区西北郊。20世纪初，电影制片商在此发现理想的拍片自然环境，便陆续集中到此，使这一块土地逐渐成为世界闻名的影城。1908年好莱坞拍出了最早的故事片之一《基督山恩仇记》（另译作《基度山恩仇记》）。1912年起相继建立制片公司，到1928年已形成了以派拉蒙等"八大影片公司"为首的电影企业阵容。三四十年代是好莱坞的鼎盛时期，大量在电影史上堪称代表作的优秀影片问世，并使美国电影的影响遍及世界。同时好莱坞亦发展为美国一个文化中心，众多的作家、音乐家、影星及其他人士会聚于此。第二次世界大战后，制片厂陆续迁出，许多拍片设施闲置或转手电视片制作商。60年代初，好莱坞成为美国电视节目的主要生产基地。

2. 迪士尼主题乐园

迪士尼乐园（Disneyland Park），是一个位于美国加州安纳罕市（Anaheim）的主题乐园。该迪士尼乐园是由华特迪士尼公司（The Walt

Disney Company）所创立与营运的一系列主题乐园与度假区中的第一个，离洛杉矶市中心大约有 20 分钟的车程（高速公路）。到今天，除了加州洛杉矶迪士尼乐园外，迪士尼公司还建造了奥兰多迪士尼乐园、巴黎迪士尼乐园等主题公园。

3. 平壤电影城

在平壤市郊绿树如盖的兄弟山地区，有一片占地 100 万平方米、建筑典雅别致的影视剧摄制基地——朝鲜艺术电影制片厂，人称"平壤电影城"。朝鲜历史上许多著名的电影，都是在这里拍摄完成的。这座影视基地创下多个朝鲜历史之最。

平壤电影城是目前该国最大的影视基地，朝鲜党和政府非常重视该基地的发展，有计划进一步扩大影视城的面积，引进更多、更先进的设备。目前，影视城里的每条摄影街都有专门的管理员，他们负责建筑的清扫和日常维护，也会应拍摄需要对建筑进行翻修。这些年来，这个朝鲜电影的摇篮还培养出了多名"功勋级"的影视人才。虽然该基地对朝鲜本国人开放，但是由于离市中心有些远，相对于其地位和规模而言，游客人数还是比较有限。

4. 印度电影产业基地——宝莱坞

1974 年，印度电影界领军人物门博布·卡汗、毕马尔·洛伊和沙克提·萨曼塔等人在宝莱坞圈起 230 英亩（约 93 万平方米）土地，着手建立电影基地。1977 年，马哈拉斯特拉邦政府投资 3000 万卢比建成了影城。影城由邦政府管理，在此拍片的公司向它交租金。宝莱坞这个名称大约是 80 年代中期开始由媒体叫出来的。许多电影人厌恶这个词，因为它暗示了对好莱坞的模仿，他们更愿意用"孟买电影业"、"印度电影业"或"印地语电影业"的说法。但这个名字在世界上获得了广泛的认可，进入了《牛津英文词典》，无疑将会继续沿用下去。

三 我国影视基地的困境及存在的问题

现在影视基地每个省都有，但成形的不多，能够正常运作的只有十四五家，还有十几家不成规模，但已经立项通过审批的影视基地有 110 多家，95% 的影视基地投资过亿。据不完全统计，全国影视基地总投资至今或已接近 400 亿元。

综合来看，我国影视基地很多都陷入了经营的困境，主要体现以下几个方面。

1. 老影视基地赢利堪忧

有相关调研数据表明，央视投资建设的五大影视基地全部处于亏损状态，勉力维持；河南焦作影视城建立以来更是拖欠工程款上亿元，只能寻求经营权整体出让；而云南天龙八部基地建成后仅接待过几个剧组。80%以上的影视基地处于亏损状态，15%的影视基地勉强持平，仅有5%的影视基地可以做到微利。

中国艺术研究院影视研究所的陈强，既是研究者，又是电影人，对影视行业了解颇多。他告诉记者，目前国内的影视基地，只有浙江的横店影视城、宁夏的西部影视城以及北京怀柔影视城等运转较为良好，大部分影视城，少有剧组进驻，游人也寥寥无几。

横店等几家都建得早，有品牌优势，设施、服务也完善。怀柔离北京主城区近，而且大部分的影视制作公司都在北京，有地理优势。据横店影视城统计，目前在横店拍过戏的剧组为全国最多，横店总收入里占比重大的还是旅游。虽然在影视拍摄上，横店每年也会有几千万元的收入，但仅修复剧组拍摄时破坏的外景建筑，一年就得好几千万元，影视方面的收入，连维修费都还不够。由此可见，目前影视城的数量已经远远超出了影视拍摄的需要。

2. 仅靠剧组赚钱收支难以平衡

据了解，目前国内影视城的收入主要来源于两方面，一是影视剧外景拍摄的场租、提供的配套服务以及剧组食宿消费，二是旅游收入。然而，在现实中，大多数影视城却遭遇"剧组不足、旅游不旺"的"冷遇"。目前国内还未形成完整的、高度市场化的影视产业链，近年来拍摄的大多数电影电视都难以收回投资，而类似于影视城这样的下游产业，就更加难以赢利。

一般的小成本电影，为了节约成本，是不会选择影视城进行拍摄的；而名导演们拍摄的那些大制作，大都愿意自己搭景，即便去影视城，也就选几个景拍拍。因此，驻扎在影视城里拍摄的大都是中等规模投资的电视剧，其中又以历史戏、古装戏居多。之前广电总局限制古装戏拍摄，许多影视基地都受到了不小的冲击。

3. 本土影视主题公园难获认同

在国外，影视基地主要呈现两种模式，一种是影视主题娱乐公园，即围绕品牌及电影、卡通人物开发多功能体验式大型游乐项目及衍生产品，如迪士尼乐园和环球影城等；另一种是影视产业功能聚合中心，即将电影筹拍、后期制作、出品等影视专业功能聚合在一起的产业中心，如美国的好莱坞、印度的宝莱坞等。

国内目前的影视基地大多呈现一种中间状态，即外景地拍摄加旅游观光，与国外相比，建设得既不专业也不"专一"。许多影视城在吸引不来剧组的情况下，只得转投旅游产业，然而，大量的人造景观、单一的观赏模式又很难吸引游客，最终陷入了一种尴尬的困局。

当然，国内电影业也不乏尝试学习国外经验、尝试新模式者。2005年建成的长影世纪城，便是由长春电影制片厂借鉴美国好莱坞环球影城和迪士尼乐园，打造的中国首家电影主题公园，汇聚了当时世界最先进、种类比较齐全的特效电影，如4D特效电影、立体水幕电影、激光悬浮电影、动感球幕电影等。游客不仅能体验不同形式、不同风格的特效电影，还能参与电影特技制作。此外，长影世纪城还开创了一些延展性项目，如玛雅古城历险、"神舟号"过山车等特色娱乐产品，将动态体验和静态观赏结合起来。

可惜的是，这种开先河之举似乎并未得到市场的认可。创意虽好，只是在长春这样一个半年为冬季，也算不上热门旅游城市的地方，建立投资如此巨大的影视主题公园，似乎有些"偏题"。除去地域因素外，在中国电影业"软实力"尚弱之时，缺乏文化支撑、内容积累，也成为中国式影视主题公园难以逾越的鸿沟。

根据分析，我国影视主题公园发展困难的主要原因包括以下方面。

1. 缺乏对现有市场竞争环境的重视

在市场还处于非充分饱和状况下，主题公园率先打出新的影视产品有利于主题公园在市场上占有利地位，对整个市场起到主导性作用。然而由于在旅游界，进入这个行业的门槛相对比较低，当一个吸引市场的旅游产品出现后，就会出现一大批模仿产品出现，从而很快使旅游市场处于极大的竞争状态。而在我国，一些新创影视产品的主题公园对新近跟进的竞争者不是充耳不闻，就是听之任之，而更为短视的是一些主题公园在市场处于饱和状态下仍然短视，继续跟进，结果导致其主题公园建成之时就是其破产之日。例如：早在20世纪80年代，影视旅游刚刚兴起，《西游记》的热播吸引了许多观众对西游记拍摄的强烈兴趣，央视无锡影视基地及时跟进花费40万元收集西游记拍摄遗留下来的布景道具建造了西游记艺术营，取得了很大的成功，效益也非常好，结果吸引了很多竞争者加入影视基地的开发。到了1997年初，大大小小的影视基地、形形色色的人造景观，在华东甚至全国，已是遍地开花，仅"西游记艺术宫"，全国就达460个之多。

2. 影视产品销售渠道单一，高度雷同，没有竞争力

投资巨额的影视城靠的是规模效应，而一些人造的拍摄外景地，由于仅仅是为了满足拍摄需要，建设缺乏统一规划，制作粗糙，设计水平不高，文化内涵体现得不够，难以对旅游者产生吸引力，更难说吸引回头客了。例如一般北方游客都有浓厚的"亲水情节"，而央视无锡影视基地虽然占据了太湖最美的1800亩水面，却没有相关的水上游览项目。这导致很多旅行社根本不推荐无锡影视城；另外，过度雷同的影视产品导致很多主题公园在消费者心目中留下千篇一律的感觉后，游客对主题公园产生了去过一次之后就不想再去第二次的排斥感。许多主题公园仅以昂贵的门票价格作为收入的主要来源，使得许多游客对其产品的性价比期望较高。但公园所提供的产品过于单一，没有组合性的产品来吸引游客的参与，从而导致游客的满意度大大降低。

3. 缺乏市场调研，选址不当，可进入性差

我国主题公园建设中普遍存在的问题是缺乏科学的市场调查与研究，盲目投资，重复建设。例如，地处江浙沪的吴兴兴建了一座耗资8亿元耗时3年的"福禄贝尔"娱乐园，可是开业仅一年时间，稀落的游客难以支撑巨额的开支，不得不关门，就是由于缺乏必要的市场调研。公园建于离城市1~2小时车程的郊外，造成可进入性差，不便的交通阻碍游客的到来，偏远的地方难以吸引游客。

4. 很多主题公园只是依靠散客，没有在渠道上进行合理的安排布置

散客对于主题公园来说是很不稳定的。在旅游行业里，稳定的客源主要还是来自旅行社的推销。而有些主题公园占着店大欺人的心理，对旅游分销渠道特别是旅行社态度傲慢，并没有真正与旅行社进行有效沟通，同时对于自身的直接独家销售又缺乏长期有效的控制。

5. 政府缺乏有效的宏观调控和管理，配套法规不健全

国家没有专门的主管单位、部门对主题公园进行管理、监督和调控，经常产生资金流失、土地被占用等问题。由于主题公园是高投入、高风险的行业，政府等相关部门一定要起到引导和监督的作用，不能听之任之，使其任意发展。

6. 缺乏长期有效的促销宣传手段

主题公园往往利用影视产品在各大媒体上产生的轰动效应招徕顾客，殊不知影视事件产品与一般的旅游产品有很大的不同。其生命周期并不是十分长久，一般在半年到一年之间，因此主题公园要想在其生命周期处于黄金阶段时获得最大的利益，必须强化促销方式，吸引更多的游客。而我国的这些主题公园抱着小富即安的思想，或害怕促销宣传所带来的财务费用支出，放弃运用各种手段来提高自己的知名度。

7. 文化含量低，设施落后，门票过高等因素导致重游率低

一些主题公园存在主题没有吸引力、静态观赏性项目过多、景点缺乏文化内涵、游乐设施落后等问题，这些都是导致游客重游率低的原因。另外，我国大多数主题公园的门票在120元左右，这种高价位的经营策略使一些游客望而却步，而相当部分游览过主题公园的游客也因门票过高而采取"一次游"形式。抽样调查表明，游客在"世界之窗"的重游率不足18.5%，在中国民俗村的重游率不足15.79%。

8. 经营模式单一，综合收益低

我国主题公园门票收入占整体收入的80%以上，来自餐饮、娱乐等方面的收入很少。而国外主题公园的门票收入在整体收入中占50%～60%，餐饮和购物占30%左右。我国主题公园由于高门票价格在公园旅游者的消费构成中占了非常重要的比例，旅游者的实际旅游消费支出很少，旅游消费所满足的旅游效用也大大减少。我国的主题公园很少像国外那样经营酒店、娱乐中心、度假胜地等，综合收益低。

四 国外主题公园可持续发展的成功经营模式分析

主题公园虽有其个性化的特点，但其运作流程是基本相似的。国外主题公园是一个自我维持的系统，主循环是主题策划、制作、项目运营、收益和再投资，资金是其启动力量，并有内部管理和市场开发的支持，各环节不可缺少。

（一）严密、独特的主题策划

主题策划包括市场调研、可行性分析和主题规划三个部分。

1. 调研和可行性分析的严密性

大型主题公园的经营成败取决于是否符合市场规律。因此，国外的主题公园可行性研究的花费通常占总投资额的15%，可行性研究耗费时间也相当惊人，例如洛杉矶迪士尼乐园的前期研究工作长达9年。在这样的严密策划指导下，国外主题公园能够避免盲目投资带来的损失。

2. 主题规划的独特性

国外主题公园的主题独特性有两个方面，一方面是利用现有素材，如迪士尼、环球影城等主题公园的题材很多都来自其卖座的影片和卡通形象，形成了独特的主题风格。另一方面是充分发挥想象力，将自己的主题色彩与其他主题公园区分开来，如迪士尼带有明显的童话和科幻色彩，而环球影城则以震撼性为特点。这种主题的差异性使国外的主题公园能够保持独特吸引力。

3. 真实细致的场景制作

"舞台真实"是主题公园文化的核心。主题公园的文化有着典型的电视文明的特征——在最短的时间内给人最强烈的信息冲击。因此，国外的主题公园在场景的设计上很讲究真实性，如"迪士尼世界"中一座城堡内的装饰挂毯，全部使用金线织成，原因只是因为它所模仿的原画就是用金线织成的。高科技手段也是国外主题公园经常采用的，一方面满足了消费者的猎奇心理，另一方面也使场景的真实性大大加强。

4. 项目的循环投资

主题公园初期投入大，投资回收周期长，保持足够的客流量是其维持运营的基础。因此，国外的主题公园普遍采取循环更新的模式，将收益的相当一部分用于对现有项目进行改造。如迪士尼多年惯用的"三三制"，每年都要淘汰1/3的硬件设备，新建1/3的新概念项目，由于项目经常更新，回头客构成了其主要客源。

5. 高品质的内部管理和维护

主题公园内设施的良好运行状态和高品质的服务是保证游客满意度的前提，因此，国外的主题公园员工和维护费用所占的比重很高。在美国，工资占了总成本的 45%～60%，维护费用占总营运费用的 7%～15%。通过标准化的服务规则和处在最高效运行状态的设施，游客能够得到最大程度的满足。

（二）迪士尼的成功经验

一是"一切都是动态的"。东京迪士尼乐园有五个主题乐园：维多利亚王朝时代街景的世界市集、冒险和传奇的探险乐园、西部开拓时代的西部乐园、梦境和童话的梦幻乐园、科学和宇宙的未来乐园。这五大主题乐园中共有 35 项精彩的表演，其共同特征是一切都是活动的，有声有色的。奇怪、新颖、惊险、激烈的情景和人物，会使游客忘掉现实，进入另一个世界。而使之成为可能的，是日本自己研制出来的"电子音响动作装置"。在这种装置的驱动下，全园总数在 2000 个以上的人偶和动物个个惟妙惟肖，达到以假乱真的程度，使人身临其境。

二是"永远建不完的迪士尼乐园"。从开园到现在，东京迪士尼乐园就实行了以不断添增新的游乐场所和器具及服务的方式来吸引游客和让来过的游客重新再来的经营策略。

通过对中外影视产业基地的对比研究我们可以发现，我国影视基地困境及存在的问题主要体现在老影视基地盈利堪忧、仅靠剧组赚钱收支难以平衡、本土影视主题公园难获认同，而探究其发展困难的主要原因首先是缺乏对现有市场竞争环境的重视；其次是影视产品销售渠道单一，缺乏市场调研；最后缺乏长期有效的促销宣传手段，经营模式单一等问题阻碍了我国影视基地的健康发展。我国影视基地要保持可持续的健康发展，就必须借鉴国外主题公园自我维持的系统，主题策划、制作、项目运营、收益和再投资，资金是其启动力量，内部管理和市场开发的支持等各环节不可缺少。

·文化会展·

浅谈我国文化会展业发展现状及其作用

李南南[*]

【内容提要】 作为都市型的朝阳产业，会展业不仅自身能产生可观的经济价值，同时可以促进信息文化的交流与传播、提高城市知名度。本文主要就会展策划对文化产业腾飞的直接促进作用进行探究。

【关键词】 会展　文化产业　区域经济

会展业是指通过举办各种形式的会议、博览会、展览而获取经济效益的行业，一般包括大型会议、展览、交易会和节事活动等，国际上称为"MICE"，即 Meeting、Incentive、Convention、Exhibition 的首字母缩写。从世界会展经济在全球经济中的地位来看，近年来国际会展业呈现平稳发展的趋势，2013年世界会展业的直接经济效益超过3000亿美元，已经成为全球经济中占有相当比重的新兴产业。会展业对于经济的强势拉动作用在国际上有1∶9的说法，即会展业可以带动交通、旅游、餐饮、住宿、通信、广告、演艺等国民经济相关产业的收入，达到会展业本身直接收入的9倍。会展业所带来的社会效益不可限量，一个有创造性的会展活动可以提高主办城市知名度，从而吸引更多其他行业的投资。

会展业是现代服务业和文化创意产业的结合，在创意与推广上涉及新闻传播、影视制作、艺术设计、数码技术等领域，因此会展业从属于文化产业

---

[*] 李南南，北京电影学院中国动画研究院产业经济研究所助理研究员。

又对文化产业的发展具有直接促进作用。文化会展业有着地区经济发展新"引擎"的美誉。从世界会展经济在全球范围内的发展来看，发达国家凭借其在科技、交通、通信、服务业方面的优势，在世界会展经济发展过程中处于主导地位。其中，欧美是国际会展业最为发达的地区，也是文化会展业的发源地，在会展实力、国际化、专业性等方面都值得我国会展业参考借鉴。文化产业的概念源于德国，在后工业时代与文化消费市场不断扩张的影响下，这一概念与文化消费、视觉、电子文化等结合起来，逐渐发展成为一个产业部门。本文主要论述的是以文化产品作为主要展示对象的文化会展业，在促进文化产业繁荣、经济社会发展和国际交流上的作用。

一　国际会展业状况

目前在世界范围内展览业最发达的两个地区是西欧和北美，但是它们的发展模式也不尽相同。欧洲各国以德国的展览业最为发达，各大商业会展公司极尽所能；美国的展会则往往由行业协会与商业展览公司共同举办。会展业造就了德国汉诺威、美国拉斯维加斯、瑞士日内瓦、法国巴黎、英国伦敦、新加坡以及中国香港等世界著名的会展城市。会展不仅为这些城市带来了经济效益，更值得一提的是会展业为城市创造的品牌及辐射效应。在经济发展的同时，这些会展城市不但提升了知名度还培育了城市特有的文化品格。

（一）德国：会展业成就世界展览之都

德国是世界上重要的展览举办国，全球重要的150个专业展览会有近八成是德国举办的。世界上最大的计算机和信息技术博览会CeBIT的主办城市汉诺威，就是依靠举办会展而成为"世界展览之都"的。展览不仅为全世界提供了一个沟通交流的机会，也给举办城市带来了财富。德国会展业名副其实，总结德国的会展经验，具有以下可取之处：（1）全国性的行业协会做为背景；（2）展会均拥有长期的规划；（3）非常注重宣传，具有会展品牌意识；（4）展览场地设施先进，配套设施完善；（5）交易会、研讨会和展览相辅相成，相互促进；（6）拥有专业素质相当高的策展工作人员。

（二）法国：注重会展品质，坚持策展分离

法国的会展业和其他国家不一样，展览公司不拥有场馆，而场地公司独立，既不主办展会，也不参与展览经营。法国坚持认为这种策展分离的模式能够促进会展公司之间的公平竞争，也有利于场馆公司专心做好自己的场馆服务工作。法国拥有160万平方米的展馆，分布于80个大中小城市。每年举办1500场展会，包括只允许专业人士入场的专业展和对公众开放的大众展。近年来法国大型展会的国际参与程度不断提高，国外参观者占参观总数的30%以上。这其中有久负盛誉的戛纳电影节以及阿尔勒国际摄影节等，独特的定位以及经营模式吸引着来自世界各地的参展商和专业人士。

（三）英国：市场化主导的会展业朝气蓬勃

英国的会展业高度国际化。首先，几乎所有专业展会都有大量国外公司参展；其次，英国的展览组织者大都来自大型会展公司，除在英国策展之外，在全球范围各行各业都有涉足。值得一提的是，广告界最高级别的展会——戛纳国际广告节虽然在法国举办，但却是由英国的会展公司主办策划的，会展的组织策划，如场地销售和广告宣传往往通过在全球的代理合作伙伴完成。英国会展业覆盖最多的是艺术、文化、创意、体育以及生活服务业，有统计显示这些行业的比重达到42%。在英国，会展业主要遵循的是优胜劣汰的自然法则。举办展览完全是商业行为，各展览公司举办展览的内容只要合法均可自行确定，不需要额外审批。英国以市场化为主导的会展业也在相对宽松开放的环境下充满创意、生机勃勃。

二 我国会展业状况

我国会展业的产生与欧洲会展一样源于商业和集市交易，并一直持续到19世纪末。清末和民国初期，旧中国举办具有一定规模并有现代特征的博览会和贸易展，例如北京的"劝工陈列所"、天津的"劝业场"展会、南京的"南洋劝业会"、上海的"中华国货展览会"、杭州的"西湖博览会"等就是我国会展业的雏形。新中国成立后，在计划经济的大背景下，会展业在国内经济中失去发展的土壤，仅存的个别展会也是贸易性质的，例如广交会

从 1957 年以来已经举办了 100 多届。近几年来，随着我国改革开放的不断深入，市场经济推动了我国会展业极大的发展，使其逐渐形成为行业。会展业以年均 20% 的速度持续增长，从会展收入看，广东、北京和上海占据了垄断地位，占全国会展收入的近 90%。目前，我国举办各类展会直接收入超过 100 亿元，间接带动旅游、餐饮、交通、广告、娱乐、房地产等行业，收入高达数千亿元。

我国的会展业除了涉及传统行业之外，文化会展业这几年大有赶超之势。近年来，中国文化会展业从无到有、从小到大，实现了量与质的突破性进展。2012 年文化部出台了《"十二五"时期文化产业倍增计划》，提出加大发展文化创意产业的力度。随着文化产业各门类的日益壮大，展示发展成就、培育新平台的行业博览会应运而生，文化会展业在传统行业展会的基础上已经在我国一些城市生根发芽。演艺、影视、动漫游戏、创意设计、网络等领域均已有了自身的专业博览会，例如上海国际电影节、北京文化创意产业博览会、中国国际数码互动娱乐展览会、中国国际动漫产业博览会等，并被列入《倍增计划》重点发展的文化产业展会节庆目录。这些由文化部和各省市共同主办的行业博览会，一方面促进了该行业门类的创新发展和市场成长，另一方面也给地区文化产业发展带来了新的机遇。

除了作为文化产业中重要的一个门类直接创造经济效益外，文化会展业还在很大程度上担负着活跃国内文化市场，搭建文化产业展示、交易和融资平台，优化文化产业结构等重要使命。作为文化产业的重要组成部分，文化会展业的发展不仅本身能够带来很大的社会影响和经济效益，而且还可以通过搭建成熟的展览交易平台带动文化产业其他门类的发展，对地区经济的发展具有积极的刺激作用。

三 搭建文化会展平台，助力文化产业腾飞

我国文化底蕴深厚，拥有丰富的自然和文化资源，文化会展业作为文化产业的一个重要"引擎"，发展势头蓬勃，呈现出专业化、品牌化、市场化、国际化的趋势。会展业在品牌展示、技术交流、深入合作及人才培养等诸多方面对文化产业起到推波助澜的作用。为了扶持文化会展业的发展，打造文化产业展示服务平台，近年来文化部重点培育扶持中国国际文化产业博

览交易会等重要会展,打造精品会展品牌,进一步发掘传统节庆文化内涵,提升新兴节庆文化品质,努力培育一批群众参与度高、经济和社会效益好的会展节庆活动。

作为集展览交易、项目推介、洽谈合作、信息发布等功能于一身的综合性展会平台,通过搭建优质平台为国内外参展商以及专业人士提供交流合作、共谋发展的商机方面作用十分显著。特别是将不同区域间具有各自特色优势、处于不同发展层次的企业和项目吸引汇聚到一起,对于文化产业界的交流互鉴、合作共赢意义重大,这也有利于构建文化产业优势互补的区域差异化发展格局。此外,国内文化企业和文化产品走入国际市场的道路正在拓宽,有浓厚中华民族特色的文化产品正在延伸到广阔的海外市场。

文化作为一个国家或者城市的名片,世界各国尤其是发达国家特别注重对外的文化交流与合作,借此弘扬本国文化,扩大对外影响。利用文化提高国际竞争力和影响力,间接带动经济的发展已逐步成为各国的重要战略决策。文化会展业的发展带来了巨大的人流、物流、信息流、资金流,对于举办城市与各国、各地区之间的文化交往、科技交流起着积极的促进作用。通过发展文化会展业,可以加深城市与各国各地区人民之间的彼此了解,促进各地方文化的相互交融。

文化会展业的发展不仅有利于城市经济的发展,也有利于推进城市文化产业和文化事业的发展。在北京、上海、广州、深圳、大连等一些第三产业发达的城市已迅速崛起并初步形成以珠江三角洲、长江三角洲、京津唐为中心的三大会展经济产业带。实践证明,会展经济已成为我国国民经济发展的新增长点,对于促进我国文化产业的发展有着重要的作用。然而,在快速发展中,我国会展业也存在着不少问题:会展市场秩序混乱,参展商鱼龙混杂,会展场地配套设施不够完善、功能单一。究其原因,除了经济体制转轨、策展经验不足等方面的因素外,一个很重要的原因是会展从业人员的专业技能和管理水平欠佳。无论是会展的策划者、组织者、营销者、管理者还是为会展提供其他服务的人员的素质总体来看不高,观念更新较慢,应用高新技术的能力滞后,分工不够明确。

目前我国会展业存在着品牌优势不明显、可持续发展能力欠佳的特点。除了需要政策扶持、产业依托、城市资源、品牌营销、运作经验、综合配套支撑之外,如果缺乏优秀的创意策划和优秀的展示平台,不论资源怎样丰富,将难以转化为产业的"卖点"。如何尽快培养出更多高素质的策展人才和高水平的会展公司,则是文化会展业突破瓶颈的根本。文化产业与相关各学科的视界融合与创新是文化产业创新的关键所在。文化产业的发展,面临着一个从资源优势到产业优势的转化过程。由此,加强对会展专业人才的培养,鼓励高校和会展企业联合,安排相关专业学生参与会展活动,提高学生实践能力,并为会展企业输送优秀人才,是我国文化会展业走向成熟的必经之路。国外文化产业的繁荣离不开会展业的推广,引进国际先进的人才培训机制和理念,并有计划地选派专门人员到国外会展业发达城市和地区学习,充分借鉴其运行规则和先进经验并积极探索适合我国文化产业的会展机制有利于我国会展业的推广。培养满足会展产业发展需要的高级服务人才和管理人才,是打造优质会展平台的第一步,也是我国文化产业腾飞远航的风帆。

动漫展览在移动互联网时代的
设计传播研究

王馨欣[*]

【内容提要】 动漫展览是动漫产业进行集中式品牌营销与形象推广最为重要的媒介手段,依托移动互联网设计建构新式的"移动展览"展示平台,是融合现场展示、品牌推广、无线传播和社会化营销等形式于一体的最佳整合化营销模式。本文首先系统分析了我国动漫展览APP应用程序在关键词检索、名称策划、视觉设计、系统版本等方面的应用标准与设计细则,然后从产品定位、模式创新和营销创新等角度对动漫展览移动应用程序进行了定位分析与营销创新研究,以求构建适合动漫展览的新型"移动展览"模式。

【关键词】 动漫展览 移动互联 移动展览 APP

2012年是中国动漫产业里程碑式的一年,既是十七大以来中国动漫产业成果进行总结展示的一年,又是"十二五"时期动漫产业发展大幕开启的一年。一方面,我国动漫产业的整体良性发展是动漫产业发展的先决条件,不仅从国家级动漫产业基地和全国动漫企业的数量,到动漫产业从业者、动漫专业学生总量都实现了显著提升;而且在动漫作品总产量、播映时间、经济效益和产品类型等方面都进入高速发展的快车道。另一方面,以国

---

[*] 王馨欣,北京第二外国语学院会展系讲师,北京电影学院中国动画研究院产业经济研究所副研究员,主要研究方向为展览展示与传播。

家十部委为首的政府机构的大力支持，是动漫产业发展的有力保障，特别是2012年7月文化部颁发了《"十二五"时期国家动漫产业发展规划》，以及年底公布了首批"国家动漫品牌建设和保护计划"的20个动漫品牌与30个动漫创意品牌，都起到了极好的标杆作用。在社会主义文化大发展大繁荣和文化产业倍增计划的大背景下，我国动漫产业当下最重要的是要把握时机、找准定位、弥补短板、寻求突破，通过移动互联良好的媒介传播平台，设计建构新式的"移动展览"展示平台，将中国动漫产品推向国际市场，打造成具有世界影响力的品牌，向动漫强国的目标前行。

一 移动互联背景下我国动漫展览的发展前景分析

动漫展览是动漫产业进行集中式品牌营销与形象推广最为重要的媒介手段，是融合现场展示、品牌推广、无线传播和社会化营销等形式于一体的整合化营销途径。近些年我国政府对动漫产业的政策扶持与资金支持，极大地带动了各地方政府对于动漫类节庆展览的举办热情，在全国34个省、区和直辖市中已有超过九成举办过动漫类节庆、展览或比赛，既有独立的动漫主题展会，也有附属于其他展会的动漫活动。据不完全统计，全国各地在2012年举办的动漫节展活动总数超过了70个，举办地点囊括了全国24个省、区和直辖市，广东省和浙江省以各自举办了9个展会位居全国之首，其中举办了5届及以上动漫节展的高达24个。①

值得一提的是，在2012年度举办的所有动漫展会中，有87.1%的主办单位是由政府或有政府背景的事业单位承担的，由此看来各级政府依然是我国动漫节展的主要推手，也正是因此动漫展会才能够获得比以往更多的新闻关注度和媒体曝光率，动漫展会的营销模式也从以往的电视、报纸、杂志等传统媒介，逐步走向互联网、手机以及电子阅读器等新兴媒介，并开始有意识地通过网络虚拟展览、社会化媒体、移动互联软件等进行营销推广。例如2012年3月在国家博物馆举办了由文化部主办的"十七大以来中国动漫产业发展成果展"，不仅利用了文字、图片、图表、实

---

① 程丽仙：《在展会中扬名，在银幕上成长——2012~2013中国动漫回顾与展望》，《中国文化报》2013年1月16日第5版。

物、多媒体展示技术、动漫生产技术模拟演示环境等手段，全面展现了动漫产业取得的各项丰硕成果；而且还在中国网络电视台的央视新闻网开设了网络虚拟主题展览（http://dongmanzhan.cntv.cn/），将此项展览四大主题所属的四个展厅在网站上进行了全方位、立体式虚拟再现。利用网络虚拟展览进行整合营销已经成为当下很多实体展览重要的营销手段，除了官方网站之外，一多半动漫展览也开始注重利用微博博客、即时通信、社交网站、社区论坛、位置签到等社会化网络媒体，通过各类线上线下的互动活动进行深度营销，获得了良好的传播效果与用户体验。

在社会化网络媒体大踏步发展的同时，移动互联网作为极其重要的传播媒介之一，相比基于 PC 平台的互联网而言具有更多的巨大潜能优势，主要表现在移动互联的"三件客"身上，"三件客"是指硬件方面的"移动基站"、固件方面的"智能终端"和软件方面的"手机应用"。首先硬件方面：都市无线信号不仅覆盖范围和网速效果获得显著提升，而且伴随着 4G 时代的到来，很多城市已经在金融商务区、旅游度假区、公共交通设施等区域逐步开始提供免费 WiFi 热点；其次固件方面：人们对于智能手机的使用率和认可度获得充分提高，来自瑞典著名的市场研究公司 Berg Insight 最新的预测报告分析表明，智能手机用户的增长预示着未来主流的消费群体，已经开始从传统 PC 电脑向着智能手机与平板电脑转移[1]，我国互联网络信息中心发布的最新统计数据也显示出这一强劲趋势，截至 2012 年 12 月底，我国手机网民规模已经达到 4.2 亿人，网民中使用手机上网的人群提升至 74.5%[2]；再次软件方面：海量基于移动终端的 APP 软件研发，以美国苹果公司的 APP STORE 为例，截止到 2012 年底接受的应用总数突破了 100 万款，已经获准上线的应用也达到了 77 万多款，全球累计下载次数更突破了惊人的 400 亿次大关，足可见其巨大的市场潜力与需求；另外，以智能手机和平板电脑为代表的移动终端，已经成为比传统 PC 电脑更具用户黏合性的电子产品，其强大的功能定位、智能的系统管理和简易的操作使用获得了大量用户的广泛认可，并在信息获取、移动购物和虚拟消费等方面引

---

[1] Berg Insight 官方网站：http://www.berginsight.com/。
[2] 中国互联网信息中心：《第 31 次中国互联网络发展状况统计报告》，http://www.cnnic.net.cn/。

领着新的生活时尚。因此，对于动漫展览而言，就要学会尽快掌握新时代社会群体的需求转变，紧紧抓住移动互联大潮强势来袭的契机。

二 我国动漫展览在移动互联领域的应用现状与设计细则

我国动漫展览的网络营销模式主要分为：网络广告、电子邮件营销、主题网站营销，以及社会化媒体营销；而移动互联领域的营销模式，确切地说应该是传统网络营销的一个重要组成部分，是将互联网与移动通信结合之后的一种新型模式，终端设备由PC电脑转移到了以手机和平板电脑为主的移动终端上，因而它既具备了一些传统网络营销的特征方式，同时也具备了适用于移动终端的创新形式，主要表现为简称APP的手机第三应用程序（Application的缩略）和适配于手机浏览的移动网页。

(一)世界手机电子应用商店分类与说明

目前，经营销售各类手机应用程序的电子商店数目繁多、水平也参差不齐。主要的分类方式包括以下几种（见图1）。第一类，按照APP程序所在应用商店的归属公司可分为三类：以苹果、黑莓、诺基亚等为首的手机制造商，以中国移动、中国联通、美国A&T等为代表的移动通信运营商，和以谷歌、微软、GetJar等为首的互联网公司。第二类，目前世界最著名的六大电子应用商店分属六种不同的手机操作系统，包括苹果App Store应用商店，及其所属iOS系统；谷歌的Android Market应用商店，及其所属安卓系统；微软的Windows Marketplace for Mobile应用商店，及其所属的Windows Phone系统；诺基亚的OVI Store应用商店，及其所属塞班Symbian系统；Palm的App Catalog应用商店，及其所属PalmOS系统；黑莓的App World应用商店，及其所属BlackBerry系统。

(二)我国动漫展览APP程序的应用标准与设计细则

第一，动漫展览应用程序的目标关键词与长尾关键词。

电子应用商店都选用开放方式关键词检索方式，每一个应用程序可以设置与本程序内容相关的数个至数十个关键词，许多应用程序为了增

代表	分类		操作系统	应用商店
苹果黑莓诺基亚等为代表	手机制造商		苹果系统 iOS	苹果的App Store 电子应用商店
			安卓系统 Android	谷歌的Android Market 电子应用商店
中国移动中国联通美国A&T等为代表	移动通信运营商	第一类别 电子应用商店 第二类别	微软系统 Windows Phone	微软的Windows Marketplace for Mobile 电子应用商店
			塞班系统 Symbian	诺基亚的OVI Store 电子应用商店
谷歌微软GetJar等为代表	互联网和销售开发商		PalmOS系统	Palm的App Catalog 电子应用商店
			黑莓系统 BlackBerry	黑莓的App World 电子应用商店

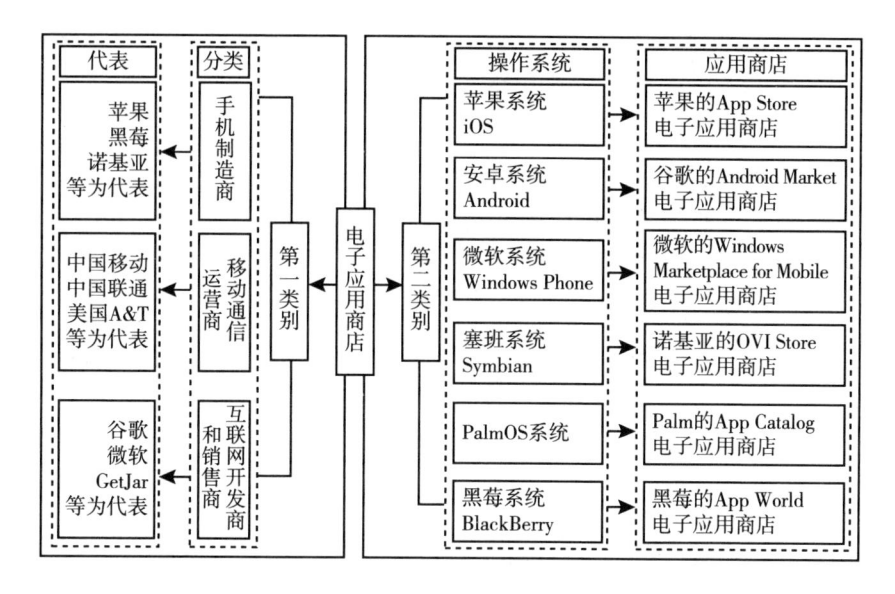

图 1　世界手机电子应用商店分类概览

加检索率和曝光率，通常采用目标关键词和长尾关键词相结合的方式进行设计。

目标关键词主要是指与自身品牌、定位、行业、受众等目标群体直接相关的关键词，其优点是目标准确、直接、明了，这是绝大部分动漫展览 APP 程序所普遍采用的方式。本文对世界最著名的六大电子应用商店进行有关动漫展览的关键词检索，包括苹果的 App Store 应用商店、谷歌的 Android Market 应用商店、微软的 Windows Marketplace for Mobile 应用商店、诺基亚的 OVI Store 应用商店、Palm 的 App Catalog 应用商店，以及黑莓的 App World 应用商店，并根据过去几年在国内举行的数十个动漫展览的名称进行关键词简化，选择了包括动漫类的动漫、动画、漫画、游戏、玩具、模型、数码、娱乐、电子、电玩等关键词，以及展览活动类的会展、展会、展览、展览会、展销会、交易会、贸易会、大展、博览会、节、艺术周、嘉年华等关键词，并将其重新进行了排列组合，组成了动漫、游戏、电玩/游艺/玩具/模型/礼品、数码娱乐等四大组关键词组来检索动漫展览 APP 应用（见图 2）。结果，其存在的问题也是显而易见的，首先表现为"关键词群组"的"覆盖率"不高，主要体现在没有对本行业使用频率很高的关键词群组进行总体规划设计，而只是选择某一种关键词，例如在动漫展览 APP 程序使用率很高的台湾地区，他们非常青睐于使用"展会"一词作为关键词使用，因此仅注册使用了"动漫展会"的关键词，而"动漫会展"或"动漫展览"等没有注册使用的关键词是无法检索到其程序的，这种情况非常不利于其自身的推广和宣传；其次表现为"中英文"名称通用率不高，有些品牌展览只使用大家熟识的中英文名称中的一种，例如国际知名的 ChinaJoy 游戏展的应用程序，有关其名称的目标关键词仅可通过"ChinaJoy"检索出，而有关中文全称"中国国际数码互动娱乐产品及技术应用展览会"的各种中文缩略名称是无法检索出的，这是品牌营销的一大缺失。

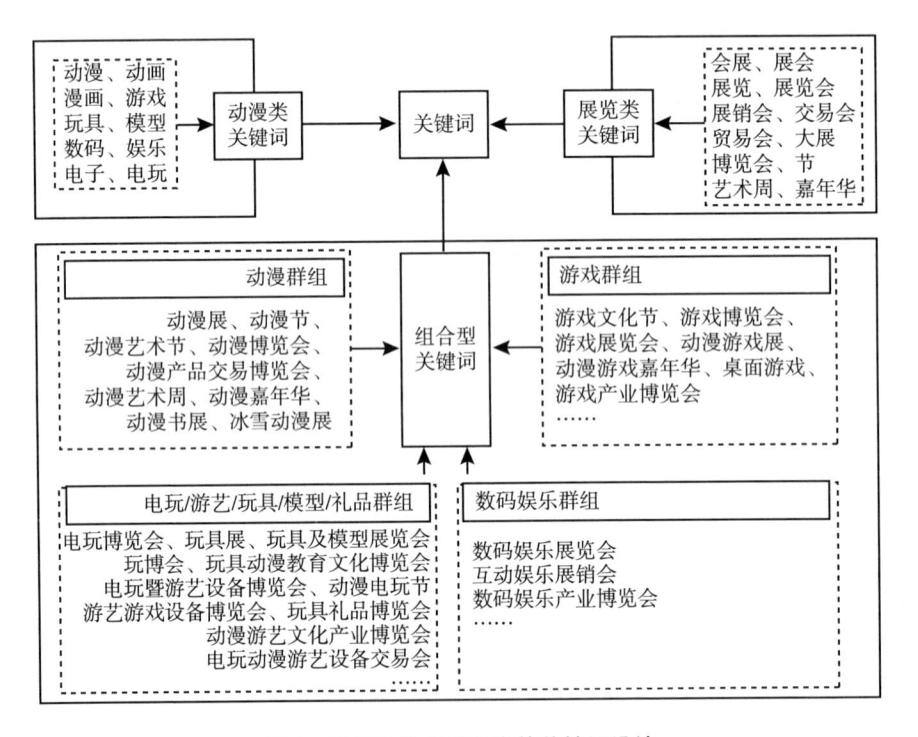

图 2　动漫展览应用程序的关键词设计

长尾关键词是相对于传统目标关键词而言，它的目标精准性更好、点击转化率更高，更受市场的欢迎。其广受青睐的原因在于很多"目标关键词"因为检索率和受关注度极高，成为众多"匹配度"很低的 APP 程序热衷采用的检索关键词，特别是展览 APP 程序相对于那些游戏、娱乐、教育类等受众面很广泛的应用程序而言，无论在"下载量"还是"使用率"上都弱很多，因而当这些关键词被采用时，动漫展览的 APP 应用程序就会因为应用商店的"排名机制"而被排到靠后的位置，对于用户而言他们检索到排名靠前的其实都属于"垃圾"和"无效"程序。正是基于这个问题，更加精准和针对性强的长尾关键词在一定程度上解决了以上难题。有一点必须要注意的是，现在很多商业化运作水平很高的游戏、娱乐、教育类应用程序，常常实时地对各应用商店的热点关键词检索进行归纳和整理，并通过程序更新等形式不断变更热点关键词，以求获得更高的曝光率和检索率，那么对于动漫类展览的应用程序而言，就需要根据自身品牌特性与展览名称做出更加精准的长尾关键词设计。

第二，动漫展览应用程序的名称策划与内容提要。

"名称命名"是应用程序的"灵魂"。应用程序的名字既是品牌形象的窗口，也是信息展示的平台。在进行应用程序的名称设计时，其原则应该是以简洁和精准为上，名称采用最被认可的中文缩略、英文缩略或中英文混合方式，最适合字数为 3~6 个汉字（12 个英文字符），太少无法精准表达出品牌名称，太长（超过 6 个）则在移动终端上显示不全（在手机或平板电脑上只能表现为"首位三个汉字 + 省略号 + 末尾两个汉字"），最佳命名方式是从关键词群组中选取 2~3 个关键词，组成一个 5~6 个汉字（或 10~12 个字符）的名称。

"内容提要"是应用程序的"精髓"。内容提要是人们在考量是否下载应用程序时最重要的文字依据，因而如何通过简明且全面、特色且系统的文字来吸引人们的兴趣就显得尤为重要。一方面，在程序商店中一般仅显示内容提要的前 150 字左右，因而需要将本应用程序最精准、明确、特色的内容呈现出来，诸如本动漫展览中英文全称、官方唯一应用、实时动态信息、全面内容介绍等最受用户青睐的内容与文字，从而吸引用户进一步点击"更多"按钮，以了解更全面的内容；另一方面，对于动漫展会的 APP 应用而言，除了简要介绍本展览的概况和内容外，更应该将内容重点放在此应用程序的功能和内容介绍上，诸如参展商介绍、产品电子名录、展场地图导视、最新消息花絮，以及社交功能和个性化定制等，而绝不要将简介局限于对展览自身的概况介绍上。此外，国际性动漫展览也应该同时具备中英文内容摘要，在这一点上内地动漫展览应用程序绝大部分缺乏英文介绍，而在港澳台地区举办的动漫展览的应用要明显好于内地。

第三，动漫展览应用程序的 ICON 标识与应用截图。

"ICON 图标"是动漫展览应用程序的"眼睛"。目前 APP 应用程序的 ICON 图标样式主要分为图形、文字和图文结合三类，图形主要是最能代表应用程序内容和属性的装饰图案或标识 LOGO，例如动漫图书展应用程序肯定具有书籍样式等；文字主要表现为中文或英文的缩写或简称；而图文结合类多采用设计图案或标识组合。对于动漫展览而言，最佳选择便是使用标识 LOGO、标识组合或吉祥物。

"应用截图"是动漫展览应用程序的"导视牌"。在所有应用程序商店，除了有关 APP 程序的文字介绍外，最形象直观的图像介绍就是应用截图，它是用户在选择是否下载程序前，了解 APP 程序的首页、介绍、功能、特色最重要的视觉载体。目前各类 APP 应用程序普遍呈现的一个问题就是，大部分截图类型集中于对首页截图和宣传页面的介绍，而缺少应用内部系统的功能布局介绍、操作使用介绍以及特色内容介绍，尤其是对于同质化倾向比较严重的应用程序，展现出自己的优势与特色就显得尤为重要。

第四，动漫展览应用程序的类别设置与版本支持。

动漫展览应用程序的分类设定应该遵循科学化、系统化的方式，目前可检索到的动漫展览应用程序的分类类别包括：动漫、公司、旅游与本地出行、教育、娱乐等，其分类的差异化主要在于该应用程序的设计与开发单位的区别，如果开发者是展览的承办公司或展览场馆，那么其应用程序常设定为"公司""教育"；如果开发者是展览组委会或其委托单位，那么其应用程序则偏向于设定为"动漫""旅游与本地出行"等。有一点需特别强调的是，因为涉及应用程序上报与审批程序，很多应用程序的"开发商"为此程序的实际设计与开发单位，而非展览的主办或承办单位，这也会影响应用程序官方信息的权威性，因而最好的办法是让展览主办或承办单位以应用程序"开发商"身份进行申报和制作。

动漫展览应用程序的版本支持，是在手机软件系统更新速度逐步加快的情况下显现出的一个重要问题。艾媒咨询集团 2012 年度报告显示，中国智能手机市场中，安卓系统智能机占据 68.6%，苹果 iOS 系统占据 12.8%，塞班系统占据 12.4%，微软 Windows Phone 系统占据 3.8%，其他占据2.4%。① 各大软件系统为争夺市场和客源，带给用户更多更好的用户体验，其系统内部的更新与换代的频率在急速前行，越来越多更智能、更人性的功用被不断地研发问世，人们对于新系统的追捧和更新也相应变得越发显著。根据美国著名的科技博客TechCrunch统计，在苹果iOS6系统发布一天以后，就有15%的用户完成了系统更新，第二天达到了25%，一周之内就突破了50%，其中iPhone用户采用率为17%、iPad为13%、iPod Touch竟也高达9%②；由于系统的大幅更新与体验提升，支持原有系统性能的应用软件已经无法适应新的软件系统，容易出现闪退、乱码、错位等各种各样的问题，因而及时进行更加符合用户使用与体验需求的新型软件版本研发也就越发必要。此外，还有一点特别需要注意的是，智能手机的硬件市场的竞争更趋白热化，个性化屏幕尺寸不断呈现、Retina等高清视网膜屏幕不断涌现，让软件程序适应高清硬件显示的需求也不断涌现。

三 我国动漫展览在移动互联领域的定位准则与营销创新

第一，动漫展览移动应用程序的产品定位。

首先，从动漫展览应用程序的研发单位分类来看，不同的承办主题对于应用程序的功能设置需求不同。展览场馆和行业协会制作的应用程序适合"广度"传播，进行动漫产业各类展会节庆等综合性信息的发布；而各类展览公司制作的应用程序适合"深度"传播，以自身组织实施或亲身参与的展会活动内容为基准，搭建一个动漫产业信息的深度营销平台；动漫展览的组委会制作的应用程序适合"综合"传播，针对本届展览进行全方位、立体式、多元化的信息发布与综合应用。

其次，从动漫展览应用程序的搭建平台分类来看，手机APP与移动网页各具优势。手机APP程序客户端是目前选择率较高的一种方式，具有便捷、迅速、即时性的信息发布与推送功能优势，其问题在于碎片化特征明

---

① 艾媒咨询集团：http://www.iimedia.cn/catagory/400/0.html。
② 美国科技博客TechCrunch：http://www.techcrunch.com。

显，应用程序的检索、下载、使用频率相对较低；基于 HTML5 的手机网页是未来有望超越 APP 的一个强大挑战者，它具有内容系统全面、点击使用率高、维护方便快捷等优势，特别是目前流行的自适应网页模式，比起传统网页的 Flash 模式更加节约电量和内存；但其主要问题在于前期研发难度较高，所以目前基于 HTML5 的手机网页的动漫展览网站应用率几乎为零，绝大部分都是由手机浏览器或搜索引擎转化为适合手机浏览的页面，这样在页面设计与功能显示上会大打折扣。除了基于手机的 APP 和移动网页，平板电脑不仅是被誉为将来能够完全取代台式电脑和笔记本电脑的最佳替代品，更因为其在观赏效果、界面设计、功能应用上比手机显示更加清晰细致，具有向深度化和系统性方向发展的巨大潜能，是现在很多展览特别推崇的优质化展示平台。

再次，从动漫类展览的性质分类来看，贸易、消费和宣传三种展览对应用程序有不同的定位与需求。贸易类动漫展览作为以产业交流信息、洽谈贸易为主的展览，应该将其展览 APP 应用程序定位为"移动黄页"，将即时性的贸易信息交流和系统化的贸易展商宣传作为其主要功能；消费类动漫展览是为公众举办可直接购买各类动漫周边消费品为主的展览，应该将其展览 APP 应用程序定位为"移动商场"，以为公众提供最新消费推介和最佳信息咨询为主要功能；宣传类动漫展览主要是动漫产业成就展、精神文明建设展、动漫教育成果展等形式，应该将其展览 APP 应用程序定位为"移动展窗"，以全面主题内容展示和最佳品牌推荐为主要功能。

第二，动漫展览移动应用程序的模式创新。

除了目前比较流行的 APP 应用程序和基于 HTML5 的手机网站模式外，还可以在传播模式上进行新的创新。

模板样式。移动互联盛行的时代，也是 APP 应用程序大行其道的时候，很多企业都期望能够借用 APP 潮流进行品牌营销。但其制作成本较高、开发周期缓慢、数据维护烦琐等问题，已成为困扰很多单位开发利用 APP 的一大瓶颈。现在很多互联网公司具有各种可选择性的 APP 应用模板，可以根据展览公司需求进行快速、便捷、廉价的模板式应用程序制作。

定制模式。相比前者更高一级，目前国内已经开始有专业性会展信息互联公司构建出一整套系统完整的自助式 APP 制作平台，仿照网站的 CMS 全动态网站内容管理系统架构方式，根据客户需要进行全自助定制式 APP 程序设计研发，根据不同的功能需求进行专业性定制，满足客户的各种个性化程序应用要求，拥有以即时性信息发布为主的模式、以交互式信息交流为主的模式，或者以宣传性展示位为主的模式等多种定制模式。

一键式模式。除了专业的 APP 软件开发之外，还可以将各动漫展览官网自动生成基于安卓或 iOS 系统的桌面程序链接，增加通过移动终端的点击率和利用率，例如早期的博客、微博客户端和后来的网站客户端等都是这种模式。

第三，动漫展览移动应用程序的营销创新。

首先，二维码推广是一把可用性极高的"营销利器"。可将展会专属的移动展览 APP 应用程序的下载地址制作成二维码，然后将其印在各类网站图片、广告、名片、宣传单等大众载体上进行传播推广，当用户使用手机扫描二维码时就可以下载程序到手机，针对性更强。

其次，SNS 社会化媒体营销是一种高关注度的"黏合工具"。一方面，利用新媒体对客户社会关系管理（Social CRM）模式进行创新，既可以通过微博、微信和社交网站等为代表的社会化媒体注册官方账号，进行包括移动应用推广在内的各种营销与推广；也可以通过在应用程序中加入社交功能，设定手机号码与姓名注册登录，或与著名社交网站进行账号绑定，将用户在展场发布的图片文字等信息进行实时社交化展示，此时每一位应用程序的安装用户都可视为忠诚度很高的专业观众，可利用其极强的用户黏合性、高度关注度以及良好的交互功能实现精准营销，树立展览自身多维度、立体式的品牌形象。

最后，大数据分析是未来最重要的"参照砝码"。可以通过应用商店提供的信息平台，对全球用户的下载、安装、使用、活跃率等进行实时的信息统计与监控，帮助主办方和参展商进行展场运营信息的数据分析；并利用像 Google Alerts 这样的社会化媒体监控工具实现"大数据"的视觉化图表制作，为后续的程序开发与设计制作提供重要的参考依据（见图 3）。

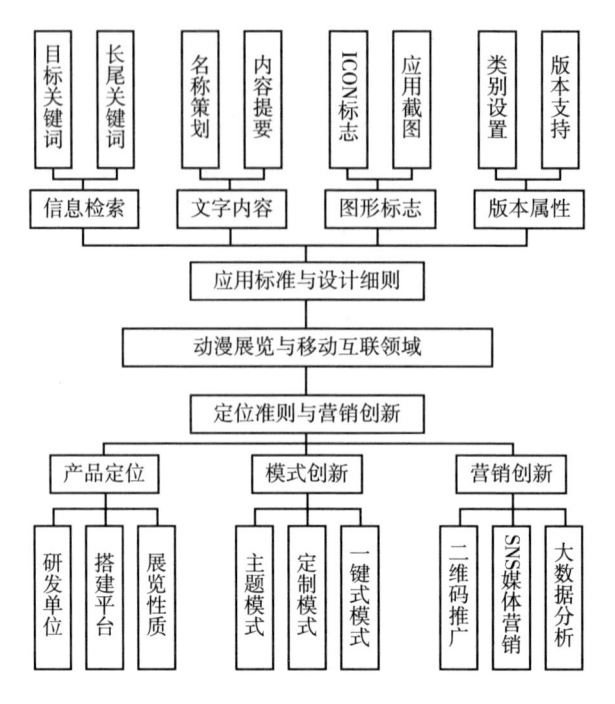

图3 动漫展览在移动互联领域内的设计应用与营销定位

四 我国动漫展览在移动互联领域的未来发展与趋势展望

从三网合一到三屏合一。2010年是三网合一元年，电信、互联网和广播电视的完美结合实现了信息互通互融的创新变革，而从2012年开始电视屏幕和平板电脑、智能手机的三屏合一趋势，更加促进了信息的交流融合。日后，我国动漫展览有望实现全媒体的整合式营销推广，既可以通过电视屏幕进行品牌营销与信息推广，也可以通过平板电脑屏幕实现文图视频和社交网络的推广，还可以通过手机屏幕实现精准营销与信息统计。

从物联网技术到位置定位。物联网技术实现了线上与线下、网络与现场的互动交流，用户可以通过手机程序在动漫展览现场进行精准位置定位和针对性信息浏览，同时场外的观众也可以通过卫星定位系统，寻找展览中各动漫参展商与用户位置最近的衍生品商店。

　　从全球化到虚拟化。移动互联网络进一步拉近了"地球村"的距离,通过移动互联传播平台可使得自身展览品牌推广更加全球化,通过看不见的移动互联网络打造出一个更为庞大、虚拟、无形的"移动展览"平台,这一定是未来最具生命力和影响力的新式传播模式。

《创意媒体》征稿启事

《创意媒体》是由北京电影学院现代创意媒体学院主办的影视媒体类社科丛刊,由社会科学文献出版社出版,每年出版1辑,定于每年第4季度出版。《创意媒体》目前设置有创意设计、影视传播、出版传播、演艺娱乐、动漫游戏、网络媒体、艺术品、广告营销、文化会展等栏目。来稿要求如下:

(1) 文章必须为首次发表。

(2) 文章一般篇幅在一万字以内,需附中文摘要、关键词,摘要两百字左右。

(3) 论文所涉及的课题如为各级基金项目,应在文章首页地脚以"基金项目:……"作为标志注明基金项目名称,并在圆括号内注明其项目编号。

(4) 文章中出现的外文专门名词(人名、地名、作品名称等),除了特别常见的以外,一律附外文原文,用圆括号标明。

(5) 文章所引资料的注释必须规范,准确标明作者、著作(文章)名称、出版社或出版物的名称、出版或发表的时间、页码等。注释一律采用页下注"①……"。

(6) 中文资料或中译本的注释一律使用汉语,例如:

姜进章:《新媒体管理》,上海交通大学出版社,2012,第275页。

尹鸿:《"分离"或是"分制"?——对广电制播分离改革的思考》,《现代传播》2010年第4期。

岩泉:《"大片时代"终结了吗?》,《经济日报》2013年7月21日第5

版。

王建磊:《2012年中国IPTV发展报告》,《中国新媒体发展报告(2013)》,社会科学文献出版社,2013,第357页。

尼尔森:《半数上海消费者在收看电视的同时使用多屏媒体》,尼尔森中文网,http://cn.nielsen.com/news/digital.shtml。

（7）外文材料的注释一律用外文原文,不必翻译成中文。书名与刊物名一律用斜体标出,文章名加引号,但不用斜体。

（8）来稿请注明作者姓名、工作单位、职称、研究方向、联系方式、电子邮件地址。

《创意媒体》对所有来稿实行三审制,由执行编辑初审,同行专家复审,主编终审。来稿请自留底稿,三个月内未收到录用通知者可自行处理。

来稿请电邮至lubin@188.com或niu@daucy.cn。

《创意媒体》编辑部

图书在版编目(CIP)数据

创意媒体. 第1辑/王鸿海，卢斌主编. —北京：社会科学文献出版社，2014.6
 ISBN 978 - 7 - 5097 - 5877 - 9

Ⅰ.①创… Ⅱ.①王… ②卢… Ⅲ.①电影事业 - 研究 - 中国 Ⅳ.①D992

中国版本图书馆CIP数据核字（2014）第067149号

创意媒体（第一辑）

主　　编/王鸿海　卢　斌
执行主编/牛兴侦

出 版 人/谢寿光
出 版 者/社会科学文献出版社
地　　址/北京市西城区北三环中路甲29号院3号楼华龙大厦
邮政编码/100029

责任部门/人文分社（010）59367215　　　　责任编辑/周志静
电子信箱/renwen@ ssap. cn　　　　　　　　责任校对/张俊杰
项目统筹/宋月华　周志静　　　　　　　　　责任印制/岳　阳
经　　销/社会科学文献出版社市场营销中心（010）59367081　59367089
读者服务/读者服务中心（010）59367028

印　　装/三河市东方印刷有限公司
开　　本/787mm×1092mm　1/16　　　　　印　张/17.75
版　　次/2014年6月第1版　　　　　　　　彩插印张/1
印　　次/2014年6月第1次印刷　　　　　　字　数/315千字
书　　号/ISBN 978 - 7 - 5097 - 5877 - 9
定　　价/89.00元

本书如有破损、缺页、装订错误，请与本社读者服务中心联系更换
▲ 版权所有　翻印必究